검찰조서로 본
대한민국

탐욕이 춤을 추는 사회

한흥희 지음

검찰조서로 본
대한민국

초판 1쇄 찍은날 | 2015년 4월 20일
초판 2쇄 펴낸날 | 2015년 11월 19일

글쓴이   한훈희
펴낸이   서경석

편집부장   권태완
마케팅   서기원, 권병길
관리·제작   서지혜, 이문영
디자인   이용석, 박보라

펴낸곳   청어람 M&B
등록   2009년 4월 8일(제313-2009-68호)
주소   경기도 부천시 원미구 부일로 483번길 40 (14640)
전화   (032)656-4452
팩스   (032)656-4453
전자우편   chungeorambook@daum.net

ⓒ 한훈희, 청어람M&B 2015

ISBN 979-11-04-90124-9 03300

검찰조서로 본
대한민국

탐욕이 춤을 추는 사회

한훈희 지음

목차

들어가며

　우리나라가 6·25전쟁이라는 동족상잔의 비극을 딛고 경제적
으로 비약적인 발전을 이루어 1인당 GDP가 20,000달러를 넘었
고, 곧 10대 경제대국이 된다고 한다. 세계 어느 나라도 이렇게
짧은 기간에 경제대국이 된 나라가 없다고 하니 대한민국의 국
민으로서 너무나도 자랑스럽고 뿌듯할 때가 많다. 몇 년 전 친
척이 살고 있는 시카고를 방문하여 대형마트에 갔다가 삼성전자
와 엘지(LG)전자 제품이 제일 눈에 잘 띄는 장소에 전시되어 비
싼 가격에 팔리고 있는 것을 보면서 대한민국의 경제적 위상이
대단하다는 것을 실감할 수 있었다.

　이렇게 짧은 기간에 경제대국이 되어 물질적인 풍요를 누리고
살게 된 것은 여러 가지 원인이 있겠지만 특히 우리 국민의 부지
런함과 잘 살아보겠다는 의지, 배움에 대한 열정과 교육열, 베트
남 전쟁으로 인한 특수 등이 어우러져 이루어낸 결과라고 생각

한다. 그리고 이렇게 놀라운 경제발전의 이면에는 비참한 환경 속에서 장시간 노동을 하고서도 저임금을 받으며 고통받고 살아온 우리 형제자매들의 눈물겨운 희생도 큰 몫을 했음을 부인할 수 없을 것이다.

그러나 이렇게 유래를 찾아볼 수 없을 정도로 짧은 기간에 경제발전을 이루다 보니 과정이 생략되고 결과로 모든 것을 판단하는 가치관이 자리 잡게 되었다. 특히 돈이 모든 가치를 대변하는 세상이 되어 이에 따른 부작용도 많음을 알 수 있다. 따라서 탈세 등 편법을 사용하여 수단 방법 가리지 않고 돈을 번 사람들이 성공의 모범이 되고, 심지어는 이런 사람들이 부러움의 대상이 되는 세상이 되어버렸다. 또 돈이 모든 가치를 대신하면서 아름다운 전통이나 공동체 의식이 무너져 이웃의 고통이나 아픔에 대한 공감과 배려가 사라지고, 나만 잘 살면 된다는 이기심과 욕심이 앞서는 세상이 되어 극히 기본적인 가족 간의 돈독하고 끈끈한 유대관계마저 무너져 가고 있다. 그리하여 1주일에 1회 꼴로 자기 부모를 폭행하거나 죽이는 사건이 발생하고 있다고 한다. 또 분쟁이 발생하면 대화와 타협 대신 고소와 소송을 남발하여 일본과 비교할 때 민사소송이 6배, 형사 고소는 사건 수로 57배이고 인구 대비로는 155배나 되며, 한 해 형사 고소를 하여 입건된 인원이 60만 명, 민사소송을 제기당한 사람이 12만 명이나 된다고 한다.

　2009년 로이터-입소스 공동여론 조사에 의하면 "당신은 돈이 인생 최고의 성공 증표라고 생각하는가?"라는 설문에 한국인의 69%가 그렇다고 응답한 것으로 나타나 조사 대상 9개국 가운데 중국이 우리와 같은 1위이고, 인도가 3위(67%), 일본이 4위(63%), 미국, 프랑스, 네덜란드, 스웨덴, 캐나다 같은 다른 나라 사람들은 27~33% 사이로 나타났다고 한다. 그리고 중·고등학생들을 상대로 한 설문조사에서 "내게 돈이 주어진다면 감옥에 갈 수도 있다"는 생각을 가진 학생들의 수가 늘어나고 있다고 하는 충격적인 뉴스도 있었다.

　경제발전을 이룬다는 것, 즉 물질적으로 풍요롭고 잘산다고 하는 것은 우리가 인간으로서의 기본적인 욕구를 충족하며 존엄성을 갖고 인간답게 살면서 행복하게 살기 위한 것이라고 할 수 있다. 그런데 과연 우리가 이룬 물질적인 풍요가 위와 같은 삶을 충족시켜 주고 있는지 한 번쯤 뒤돌아볼 필요가 있다. 우리나라가 경제대국이 되어 잘 살고 있다고 하지만 복지제도가 미약하여 아직도 끼니를 걱정하며 살아야 하는 사람들이 있는가 하면 심지어 생활고를 이기지 못하고 삶을 포기하는 극단적인 선택을 하고 있는 사람들이 많은 것이 현실이다. 특히 2013년 현재 우리나라의 65세 이상 노인 빈곤율은 47.2%로 OECD 평균 노인

빈곤율 12.8%에 비해 3.4배 이상 높고, 노인의 자살률은 인구 10만 명당 70명으로 OECD 국가 평균 노인 자살률에 비해 3배나 높다고 한다.

이 책을 쓰고 있는 동안 세월호 참사가 발생하여 온 국민이 절망하고, 분노하고 슬퍼하며 지냈다. 배가 140분 동안이나 기울고 있는데 구조의 책임이 있는 선장은 어린 학생들을 비롯한 승객들을 내팽개친 채 먼저 탈출하여 많은 희생자를 냈다. 이것도 다 돈이 모든 가치를 대신하면서 나만 잘 살고 내 목적만 이루면 된다는 가치관 때문에 생긴 현상이라고 생각하니 참으로 안타깝고 절망스럽다. 세월호 참사와 관련하여 어떤 교수는 세월호 사고는 수락석출(水落石出)의 계기를 우리 사회에 제공했다고 하면서 "기초 사회 안전망의 부재, 관과 이익 단체의 부적절한 밀월, 윤리의식을 상실한 기업인, 책임의식을 결여한 리더십, 대형 사건을 수습해 내려는 정부의 의지와 전략의 부재 등 그동안 우리 사회의 수면 아래 아슬아슬하게 숨어 있던 돌들이 물이 빠지면서 일제히 수면 위로 드러났다"(2014. 5. 11. 매일경제 '매경서평' 참조)고 했는데 전적으로 공감한다. 세월호 참사로 인해 사망한 모든 분의 명복을 빌고, 이 사고로 인해 고통받고 상처받은 분들에게 이 책을 통해 심심한 위로를 전한다.

이 책은 필자가 검찰청에서 수사관으로 근무하면서 직접 조사하거나 실제로 있었던 사건을 재구성해 검찰청에서 사용하는 조서 형식으로 썼다. 인간의 탐욕과 정욕을 채우기 위한 욕망 등으로 인해 저질러지는 범죄를 통해 죄에 대한 속성이 무엇인지 한 번쯤 생각해 보고, 이를 통해 우리 모두가 자성하여 인간성을 회복하고 인간답게 살 수 있는 세상이 되었으면 하는 마음이 간절했기 때문이다. 그리고 이 책은 법률 전문가를 위해 쓴 것이 아니라 누구라도 쉽고 재미있게 읽을 수 있도록 썼다. 따라서 죄명이나 법률용어 등을 자세히 설명하지 않았고 양식도 과거 검찰에서 사용하던 것을 그대로 사용했다.

어느 시인이 썼듯이 "내 마음의 모두를 더욱 아리고 슬픈 사람에게 줄 수 있는 날들이 짧아진 것을 아파하고, 기꺼이 내 살의 어느 부분도 떼어주고 가는 삶을 살다가 가고 싶어 하는 사람이 많아져, 서로를 배려하고 아픔을 나누는 사람들이 많아지는 사회"가 되길 소망해 본다.

Chapter 1

매춘부 무고 사건

매춘부 무고 사건

이 사건은 매춘부로 일하다가 어떤 남자를 만나 동거 생활을 하며 장차 결혼하기로 약속하고 혼인신고까지 했으면서, 다른 남자와 결혼하기 위해 동거남을 처벌받게 할 목적으로 그가 강간을 하고 자기 몰래 혼인신고를 했다고 허위로 고소하여 "매춘부 무고 사건"이라고 했습니다.

옛날에 필자가 서울북부지방검찰청에 근무할 때 서울 강북구 미아동에 술집이 밀집되어 있는 곳이 있었는데 이를 속칭 '미아리 텍사스촌'이라고 부르기도 했습니다. 당시 미아리 텍사스촌에 있는 술집에서는 손님이 아가씨와 술을 마시고 노래를 부르다가 마음에 들면 즉석에서 성관계를 갖는 식으로 영업을 했습니다. 그래서 어떤 사람들은 미아리 창녀촌이라고 부르는 사람들도 있었습니다.

그 유명한 미아리 텍사스촌에 아주 빼어난 미모를 가진 21세의 꽃다운 김가련이라는 아가씨가 제 발로 찾아가 "불야성"이라는 술집에서 여종업원으로 일을 하고 있었습니다. 말이 여종업원이지 매춘부로 일한 것입니다. 김가련은 고등학교 다닐 때에도 가출을 하여 미아리 텍사스촌에서 일하다가 부모님이 알게 되어 집으로 데리고 가 가출을 못하도록 머리를 두 번이나 박박

깎았는데 다시 가출을 해 단골손님이 많은 소위 잘나가는 매춘부가 되었습니다.

어느 날 이장구라는 청년이 친구들과 함께 불야성에 갔다가 김가련과 짝이 되어 술을 마시고 노래를 부르며 놀다가 성관계를 가진 후 정이 들어 단골손님이 되었습니다. 김가련은 남자라면 누구나 한 번쯤 품어보고 싶은 욕망을 느낄 정도로 미인이었는데 단골이 된 이장구도 김가련의 미모에 반했는지 그녀와 사랑에 빠져버렸습니다. 그리하여 당시 김가련이 업주에게 진 빚 2,000만 원을 대신 갚아주고 혼자 생활하던 자기 집으로 데리고 가 동거 생활을 하게 되었습니다.

이장구가 출근하고 나면 집에 혼자 남아 있던 김가련은 퇴근할 시간을 기다리며 간절한 마음을 담아 사랑한다는 편지를 써놓았다가 이장구가 돌아오면 주기도 하고, 맛있는 반찬을 만들어 정성들여 밥상을 차려주며 나름대로 아내로서의 역할을 잘 해냈습니다. 그리고 동거 생활을 한 지 1년이 지나 김가련은 이장구의 고향에 가 부모와 친척들 앞에서 약혼식을 한 후 혼인신고까지 해 비록 결혼식은 안 했지만 정식 부부가 되었습니다.

부모님 몰래 이장구와 함께 동거 생활을 하면서 혼인신고까지 한 김가련이 부모님의 허락을 받고 정식으로 결혼식을 하기 위해 오랜만에 부모님을 찾아갔습니다. 딸의 소식을 몰라 걱정을 하며 지내던 김가련의 부모님은 오랜만에 딸이 찾아오자 반갑게 맞이해 주었습니다. 김가련은 부모님한테 그동안 이장구와 있었던 일을 털어놓고 곧 결혼식을 올리고 싶다고 하자 부모님이 남자를 데리고 오라고 하여 며칠 후에 이장구를 데려가 부모님한테 정식으로 인사를 시켰습니다. 김가련의 부모는 사위 될 사람이 잘 생기지도 못하고 그저 그런 직업을 갖고 월급을 많이 받지 못하는 등 여러가지로 마음에 들지 않았지만, 다 큰 딸이 동거 생활을 하고 있는 남자와 결혼하겠다고 하니 적극적으로 말리지는 못하고 속으로 사위 될 사람을 못 미더워했습니다.

당시 김가련의 집은 모 대학교 근처에 있었기 때문에 그녀의 부모님은 대학생들을 상대로 방을 빌려주고 월세를 받거나, 하숙생들을 두어 생활비를 벌어 썼는데 하숙생 중에 법학과 4학년에 재학 중인 김범생이라는 학생이 있었습니다. 그런데 평소 김가련의 부모는 명문대를 다니는데다 공부도 잘하고 근면하며 잘생긴 김범생이 자기 사위가 되었으면 좋겠다는 생각을 하고 있었습니다. 그래서 딸이 집에 올 때마다 결혼은 현실이라며 은근히 이장구와 헤어지기를 종용하면서 김범생을 불러 과일을 깎아주고 차를 대접하며 자연스럽게 딸과 같이 있을 수 있는 기회를 만들어 주었습니다. 김범생은 워낙 예쁘게 생긴 김가련을 보자마자 첫눈에 반하게 되었고 김가련도 김범생을 만나면 만날수록 좋아하게 되어 갈등을 겪게 되었습니다. 처음에는 김가련이 혼인신고까지 한 이장구와 헤어질 수 없다고 생각했는데 차츰 김범생을 만날 때마다 호감을 갖게 되어 이장구보다 더 좋아하게 되었습니다. 그리하여 어느 날 어머니에게 이장구와 헤어질 수만 있다면 헤어지고 김범생과 결혼하고 싶다는 말을 내비치면서 어머니의 의중을 떠보다가 이장구와 혼인신고가 되어 있어 어쩔 수 없다며 체념을 하기도 했습니다. 딸이 이장구와 헤어질 생각이 있다는 것을 안 어머니는 반색을 하며 방법을 찾아보자고 한 후 김범생에게 자기 친구 딸이 어떤 깡패를 만나 어쩔 수 없이 동거 생활을 하게 되었는데 그 깡패가 여자 몰래 혼인신고를 해 이러지도 못하고 저러지도 못하고 있다면서 남의 문제인 것처럼 말을 하며 해결할 방법이 있는지 물어보았습니다. 김범생은 법학도답게 사실이 그렇다면 그 깡패를 문서위조죄 등으로 고소하여 처벌받게 한 후 그 처벌한 근거를 가지고 혼인을 무효화시킬 수 있다고 알려주었습니다. 그리하여 김가련은 어머니와 짜고 이장구가 강간하고 몰래 혼인신고를 했다며 허위로 고소장을 작성하여 제출했습니다.

어디에선가 "기도하지 마라/ 떠난 사람은 돌아오지만/ 떠난 사랑은 돌아오지 않는다"라는 시(서정란의 물망초)를 본 적이 있습니다. 사랑하는 사람을 떠나보낸 경험이 있는 사람이라면 누구라도 실감할 수 있는 시라고 생각합니다. 이런저런 인연으로 서로 친하게 지내다가 어떤 이유에서든 헤어진 사람들은 서로를 만나고 싶어 하고 찾지만, 서로 사랑하다가 누군가가 마음이 돌아서서 헤어지면 다시는 만나서는 안 된다고 생각하는 것이 일반적이라 그런지 이 글이 마음에 와 닿는 것 같습니다. 자기의 은인이요 한때 사랑했던 사람을 허위 사실로 고소까지 하는 사람이 있어 시인은 떠난 사람은 돌아오지만 떠난 사랑은 돌아오지 않는다며 떠난 사랑이 돌아오기를 기도하지 말라고 한 모양입니다.

고 소 장

고 소 인   김 가 련(800709-2000000)

서울 성북구 안암동 365

연락처 : 02)367-****, 016-988-****

피고소인   이 장 구(760206-1000000)

서울 도봉구 도봉동 18 황당빌라 105호

연락처 : 02)987-****, 011-865-****

고 소 취 지

피고소인은 미래전자 주식회사의 서비스 사업부에서 전자제품 수리업을 하는 자로서, 고소인을 강간하고 고소인 몰래 혼인 신고서를 위조한 후 도봉구청에 제출하여 혼인신고를 한 자이니 조사하여 처벌해 주시기 바랍니다.

고 소 내 용

1. 고소인과 피고소인의 관계

피고소인은 고소인이 강북구 우이동에 있는 은밀 단란주점에서 종업원으로 일하고 있을 때 가끔 술을 마시러 와 알게 된 사이입니다.

2. 피고소인의 강간

2005. 1. 4. 23:00경 피고소인이 고소인이 일하는 은밀 단란주점으로 술을 마시러 와 고소인과 함께 술을 마시다 시간이 늦어 집으로 가기 위해 밖으로 나와 택시를 타려고 도로가에 서 있었습니다. 그런데 단란주점에서 먼저 나와 앞에서 택시를 탄 피고소인이 고소인 앞에서 차를 세우더니 집에 데려다 주겠다고 해 동승하게 되었습니다. 피고소인이 고소인을 집에 데려다 준다고 해 택시를 같이 탔는데 피고소인의 집 앞에서 고소인을 내리게 하더니 자기 집에 가서 이야기나 하고 가자고 해 엉겁결에 따라갔습니다. 피고소인은 고소인한테 음료수를 주고 친절하게 대해주며 이런저런 이야기를 하다가 갑자기 고소인을 껴안고 입술에 키스를 하면서 침대 위에 눕혀 놓고 강제로 옷을 벗긴 다음 강간을 했습니다.

3. 사문서위조 및 위조사문서 행사

그 후 위 은밀 단란주점을 그만두고 집에서 놀고 있던 중 아버지의 권유로 아버지의 친구가 운영하는 회사에 입사하기 위해 주민등록등본과 호적등본을 발급받아 보니 피고소인이 2005. 3. 2. 고소인과 결혼한 것으로 혼인신고를 했습니다. 그래서 도봉구청에 찾아가 어떻게 혼인신고가 되어 있는지 알아보니 피고소인이 고소인의 허락 없이 혼자 혼인신고서를 작성한 후 제출하여 호적등본 등에 피고소인과 결혼한 것으로 되어 있었습니다. 그리하여 피고소인에게 왜 본인 허락도 없이 혼인신고를 했느냐고 따지니까 고소인을 사랑하기 때문에 혼인신고를 했다고 했습니다.

4. 결론

피고소인은 고소인을 강간하고 고소인 몰래 작성한 혼인신고서를 구청에 제출하여 고소인의 호적등본 등에 혼인한 것으로 기재하게 한 자이니 철저히 조사하여 강간죄, 사문서위조 및 위조사문서 행사, 공정증서원본불실기재죄 등으로 엄벌해 주시기 바랍니다.

첨부서류
1. 호적등본 1통.
2. 주민등록등본 1통.

3. 혼인신고서 사본 1통 . 끝.

2 0 0 5.　5.　1 6.

위 고소인　김 가 련

서울북부지방검찰청 귀중

진 술 조 서			
① 성 명	김가련 (金佳戀)	② 주민번호	800709-2000000
③ 주 거	서울 성북구 안암동 365		
④ 본 적	대구시 황당구 무고동 967		
⑤ 직 업	무 직 ⑥ 연 령	24세	1980. 7. 9. 생
⑦ 전화번호	02)367-****, 016-988-****		

피의자 이장구에 대한 강간 등 피의사건에 관하여 2005. 5. 25.

서울북부지방검찰청[1] 327호 검사실에서 임의로 아래와 같이

진술하다.

1. 저는 위 주거지에서 부모님, 여동생과 함께 거주하고 있습니다.

1. 저는 평소에 알고 지내던 이장구라는 사람에게 강간을 당하

  고, 이장구가 저 몰래 혼인신고를 하여 고소장을 제출한 사실

  이 있는데 이에 대하여 물으신다면 사실대로 대답하겠습니다.

이때 검사는 위 진술의 취지를 명확히 하기 위해 임의로 다음과

---

1) 과거에는 서울지방검찰청 산하에 동부(서부, 남부, 북부, 의정부)지청을 두
   었다가 서울지방검찰청을 서울중앙지방검찰청으로 명칭을 변경하고, 각 지
   청을 서울동부(서부, 남부, 북부)지방검찰청과 의정부지방검찰청으로 승격
   시켰습니다.

같이 문답하다.

문   진술인이 김가련인가요

답   네, 제가 이장구를 고소한 김가련입니다.

이때 검사는 진술인이 제시하는 주민등록증을 보고 본인임을 확인한 후,

문   이것이 진술인이 제출한 고소장인가요

이때 검사는 2005형 제3765호로 접수된 고소장을 보여준 바,

답   네, 제가 제출한 고소장이 맞습니다.

문   이 고소장을 다른 수사기관에는 제출하지 않았는가요

답   네, 다른 수사기관에는 제출하지 않았습니다.

문   고소 내용이 무엇인가요

답   피고소인이 저를 침대 위에 눕혀 놓고 강제로 옷을 벗긴 다음 자기 성기를 꺼내 제 성기에 삽입하여 강간하고, 저 몰래 혼인신고를 하여 처벌해 달라는 내용입니다.

문   언제, 어디에서 강간을 당했는가요

답   2005. 1. 5. 새벽 2시경 서울 도봉구 도봉동 18번지 황당빌라 105호 피고소인의 집에서 당했습니다.

문   강간을 당한 경위를 진술해 보시오

답   당시 제가 서울 강북구 우이동에 있는 은밀 단란주점에서 일하고 있었는데 피고소인이 밤 11시경에 찾아와 맥주와 과일 안주를 시켜놓고 같이 술을 마시다 보니 밤이 깊어 가게 문을 닫을 시간이 되었습니다. 그래서 제가 피고소인한

테 그만 마시고 가자고 했더니 알았다며 일어나 계산을 하고 택시를 타기 위해 밖으로 나갔습니다. 저도 집으로 가기 위해 옷을 갈아입고 가게를 나와 택시를 기다리고 있는데 먼저 나간 피고소인이 택시를 타고 제 앞으로 와 세우더니 집에 데려다 주겠다고 해 합승을 했습니다. 택시가 피고소인의 집 근처에 이르자 택시비를 계산한 후 자기 집에 가서 이야기나 하고 가자고 해 따라갔더니 처음에는 친절하게 대해 주며 이런저런 이야기를 하다가 갑자기 저를 껴안고 입술에 키스를 한 후 침대 위에 눕혀놓고 강제로 옷을 벗긴 다음 강간했습니다.

문 진술인은 언제부터 은밀 단란주점에서 일을 했는가요

답 2004년 10월경부터 일했습니다.

문 단란주점에서 하는 일은 무엇인가요

답 손님이 오면 주문을 받아 술과 안주를 갖다 주고, 손님이 원할 경우에는 옆에 앉아 술을 따라주고 같이 이야기를 하며 술을 마시는 일을 합니다.

문 진술인이 일하는 단란주점에 피고소인이 자주 갔는가요

답 자주 오지 않고 가끔 오는 손님이었습니다.

문 그런데 왜 피고소인의 집에 따라갔는가요

답 피고소인이 가끔 오는 손님이지만 인상이 좋고 선량하게 생긴 데다가 택시비를 계산하며 친절하게 대해 줘 설마 별일 있겠나 싶어 따라갔습니다.

문   피고소인이 진술인을 강간할 때 옷을 어떻게 벗겼는가요

답   저를 눕혀 놓고 피고소인이 배 위에 올라앉아 자기 무릎으로 제 양손을 꼭 눌러 꼼짝 못하게 하고 벗겼습니다.

문   피고소인이 옷을 벗길 때 진술인은 반항하지 않았는가요

답   제가 이러면 안 된다며 피고소인의 가슴을 밀치고 몸을 비틀며 반항했지만 피고소인이 양 무릎으로 제 손을 꼼짝 못하게 꽉 누르고 윗옷을 벗긴 다음 바로 치마와 팬티를 벗겨 어떻게 할 수가 없었습니다.

문   피고소인이 강간할 때는 어떻게 했는가요

답   강간을 못하게 다리를 꼬고 몸을 비틀며 반항을 하자 피고소인이 주먹으로 제 허벅지를 세게 치고 손바닥으로 뺨을 때리며 "반항을 하면 죽여 버리겠다. 여기서 죽으면 귀신도 모르니 가만히 있으라"며 겁을 줘 갑자기 무서운 생각이 들어 더 이상 반항하지 못했습니다.

문   강간을 한 시간이 얼마나 되는가요

답   저를 꼼짝 못하게 하고 자기 성기를 꺼내 제 성기에 삽입하여 사정할 때까지 약 5분 정도 걸린 것 같았습니다.

문   강간을 당하고 어떻게 했는가요

답   제가 사람 잘못 보았다며 울면서 옷과 가방을 챙겨 집으로 가려고 하니까 피고소인이 제 옷을 빼앗고 자고 가라고 하면서 붙잡아 할 수 없이 그 사람의 집에서 자고 오전 10시 경에 나와 제 집으로 갔습니다.

문　강간을 한 사람과 어떻게 같이 잠을 잘 수 있는가요

답　피고소인이 제 옷과 가방을 빼앗아 택시를 타고 갈 돈이 없어 어쩔 수가 없었습니다.

문　피고소인이 잠들었을 때 도망 나올 수도 있지 않았는가요

답　당시에는 자포자기한 심정으로 그런 생각을 하지 못했습니다.

문　당시 진술인은 어디에서 거주하고 있었는가요

답　노원구 상계동에서 조그만한 방을 얻어 혼자 거주하고 있었습니다.

문　당시 피고소인이 술을 많이 마셨는가요

답　많이 마시지 않았습니다.

문　피고소인한테 강간을 당하고 왜 바로 고소하지 않았는가요

답　피고소인이 제가 일하는 곳을 알고 있어 보복을 할까 봐 겁이 나고 시집도 안 갔는데 이런 일로 고소하여 소문이라도 나면 안 되겠다 싶어 참고 있었습니다. 그런데 그 후에도 피고소인이 전화하여 만나자고 치근대며 거의 매일 은밀 단란주점에 찾아와 할 수 없이 제가 술집을 그만두고 집에서 쉬고 있다가 고소한 것입니다.

문　피고소인이 진술인 몰래 혼인신고를 했다고 했는데 언제, 어디에서 했는가요

답　2005. 3. 2. 도봉구청에서 했습니다.

문　피고소인이 혼자 혼인신고를 했는가요

답	네, 저도 모르게 피고소인이 혼자 했습니다.
문	피고소인이 혼인신고 한 사실을 어떻게 알았는가요
답	제가 피고소인한테 강간을 당한 후 은밀 단란주점을 그만두고 집에서 놀고 있으니까 아버지가 아는 분 회사에 취직을 시켜주었는데 그 회사에서 호적등본과 주민등록등본이 필요하다고 해 동사무소에 가서 발급받아 보고 알았습니다.
문	그래서 어떻게 했는가요
답	제가 피고소인한테 왜 남의 허락도 없이 혼인신고를 했느냐고 따졌더니 아주 천연덕스럽게 '너를 사랑하니까 혼인신고를 했다'고 했습니다.
문	피고소인이 진술인의 이름과 주민번호 등을 어떻게 알고 혼인신고를 했는가요
답	저를 강간한 날 제 가방에 넣어 둔 신분증을 보고 알았던 것 같습니다.
문	피고소인의 처벌을 원하는가요
답	네, 꼭 처벌해 주시면 고맙겠습니다.
문	더 할 말이 있는가요
답	저와 결혼할 남자가 있는데 만약 그 남자가 이런 사실을 알게 되면 제가 오해를 받을 수 있으니 빨리 조사해서 처벌해 주시면 고맙겠습니다.

위 조서를 진술자에게 열람하게 하였던 바, 진술한 대로 오기나 증감 변경할 것이 전혀 없다고 말하므로 간인한 후 서명날(무)인 케 하다.

진 술 자   김 가 련
2 0 0 5.   5.   2 5.
서울북부지방검찰청
검   사   조 검 사
검찰주사   한 훈 희

	피의자신문조서		
성 명	이장구 (李長九)	주민번호	760206-1000000

위 사람에 대한 강간 등

피의사건에 관하여 2005. 6. 2.

서울북부지방검찰청 327호 검사실에서

검   사 조 검 사 는(은)

검찰주사 한 훈 희 를(을)

참여하게 하고 피의자에 대하여 아래와 같이 신문한다.

문	피의자의 성명, 연령, 생년월일, 직업, 본적, 주거 등은 어떠한가요
답	성명은 이 장 구 호주는 본인
	연령은 28세 생년월일은 1976. 2. 6. 생
	직업은 미래전자 주식회사
	직장 전화번호는 02)345-****
	본적은 전라남도 나주시 가하면 당하리 911
	주소는 서울 도봉구 도봉동 18 황당빌라 105호
	전화번호는 02)987-****, 011-865-****
	입니다.

검사는 피의사건의 요지를 설명하고 검사의 신문에 대하여 형사 소송법 제200조의 규정에 의하여 진술을 거부할 수 있는 권리가 있음을 알려준즉 피의자는 신문에 따라 진술하겠다고 대답하다.

문 피의자는 형벌을 받은 사실이 있는가요
답 없습니다.
문 피의자의 학력 및 경력은 어떻게 되는가요
답 고향에서 고등학교를 졸업하고 바로 서울로 올라와 기술학교에서 전자기술을 배워 1998년 10월경부터 주식회사 미래전자 서비스센터에서 수리공으로 근무하고 있습니다.
문 병역은 마쳤는가요
답 1997. 2. 1. 방위로 입대하여 1998. 8. 31. 일병으로 제대했습니다.
문 가족 관계는 어떻게 되는가요
답 아버지와 어머니는 전라남도 나주에서 농사를 짓고 있고, 형은 작년에 결혼하여 서울에서 살고 있습니다.
문 피의자의 재산 및 월수입은 얼마나 되는가요
답 재산은 전세보증금 3,000만 원이 전부이고, 월수입은 약 150만 원 정도 됩니다.
문 훈장이나 포상을 받은 사실이 있는가요
답 없습니다.

문	정당이나 사회단체에 가입한 사실이 있는가요
답	없습니다.
문	건강 상태는 어떤가요
답	좋은 편입니다.
문	피의자는 김가련을 아는가요
답	2002. 10. 10.경 처음 만나 2003. 2.경부터 2005. 3. 15.까지 동거 생활을 했기 때문에 잘 압니다.
문	고소인을 처음 어디에서 만났는가요
답	(이때 피의자는 한참을 머뭇거리다가) 서울 강북구 미아리에 있는 불야성이라는 술집에서 만났습니다.
문	고소인은 은밀 단란주점에서 만났다고 하는데 아닌가요
답	아닙니다. 미아리에 있는 불야성이라는 술집에서 만났습니다.
문	피의자는 고소인을 강간한 사실이 있는가요
답	저는 그런 사실이 없습니다. 서로 결혼하기로 하고 동거 생활을 했는데 무슨 강간을 합니까. 말도 안 되는 소리입니다.
문	고소인은 2005. 1. 5. 02:00경 피의자의 집에서 강간을 당했다며 고소장을 제출했는데 그런 사실이 없는가요
답	(무척이나 어이없는 표정을 짓고 한참 동안 말을 하지 않고 있다가) 당시 고소인과 저는 동거 생활을 하고 있었는데 강간을 당했다고 하니 기가 막힙니다.
문	고소인과 동거 생활을 했다는 증거가 있는가요
답	동거 생활을 한 증거를 어떻게 보여줘야 할지 모르겠지만

　　　　고소인은 저와 결혼하기로 약속하고 동거 생활을 한 것이
　　　　사실입니다.

문　　결혼을 약속한 증거는 있는가요

답　　고소인이 저와 동거하면서 명절 때마다 제 고향인 나주에
　　　　가서 부모님을 찾아가 인사를 하고, 제 가족들과 친척들을
　　　　초대해 약혼식을 할 때 찍은 사진이 있습니다. 그리고 동거
　　　　생활을 하면서 저한테 사랑한다는 내용의 편지를 써준 것
　　　　도 있으니 도움이 된다면 다음에 제출하도록 하겠습니다.

문　　그런데 왜 고소인은 피의자한테 강간을 당했다고 고소장을
　　　　제출했는지 그 이유를 아는가요

답　　얼마 전에 고소인이 자기 집에 갔다 오더니 잠시 헤어져 있
　　　　다가 날짜를 잡아 결혼식을 하면 좋겠다고 하기에 무슨 말
　　　　도 안 되는 소리를 하느냐며 화를 냈습니다. 그랬더니 고소
　　　　인이 저한테 영원히 헤어지자는 것이 아니고 잠시 헤어져
　　　　지내다가 정식으로 결혼식을 하고 살자는데 왜 화를 내느
　　　　냐며 대들어 심하게 말다툼을 했습니다. 그렇게 다투고 나
　　　　서 며칠 후에 제가 출근하고 없는 사이에 고소인이 짐을 싸
　　　　자기 집으로 돌아가더니 고소장을 제출했는데 제 생각에는
　　　　다른 남자가 생겨 고소한 것 같습니다.

문　　고소인이 언제 피의자의 집을 나갔는가요

답　　2005. 3. 16.경에 나갔습니다.

문　　피의자는 고소인 몰래 혼인신고를 한 사실이 있는가요

답 제가 몰래 혼인신고를 한 것이 아니라 고소인과 함께 구청
    에 가서 혼인신고서를 작성하여 제출했습니다.

문 고소인은 피의자가 자기 몰래 혼인신고를 했다고 하는데 아
    닌가요

답 아닙니다. 제가 고소인과 동거 생활을 할 때 같이 가서 했
    습니다. 저는 고소인과 결혼하기로 약속하고 동거 생활을
    하고 있었기 때문에 결혼식을 한 후 혼인신고를 하려고 했
    습니다. 그런데 고소인이 어차피 결혼하여 아이를 낳고 살
    건데 미리 혼인신고를 하는 게 좋지 않겠냐고 해 제가 회사
    일이 바쁜데도 불구하고 겨우 시간을 내 혼인신고를 했습
    니다. 그런데 왜 이제 와서 자기 몰래 혼인신고를 했다고 하
    는지 모르겠습니다.

문 고소인이 아무런 죄도 없는 피의자를 고소했단 말인가요

답 저는 아무런 잘못이 없습니다.

문 이상의 진술이 사실인가요

답 네, 사실입니다.

문 더 할 말이 있는가요

답 고소인이 다른 남자가 생겨 저와 헤어지기 위해 고소를 한
    것 같으니 다음 기회에 사진과 편지 등을 가져와 자세히 진
    실을 밝히겠습니다.

위 조서를 진술자에게 열람하게 하였던 바, 진술한 대로 오기나 증감 변경할 것이 전혀 없다고 말하므로 간인한 후 서명날(무)인 케 하다.

진 술 자 이 장 구
2 0 0 5. 6. 2.
서울북부지방검찰청
검   사 조 검 사
검찰주사 한 훈 희

피의자신문조서 (제2회 대질)			
성 명	이장구 (李長九)	주민번호	760206-1000000

위의 사람에 대한 강간 등

피의사건에 관하여 2005. 6 . 10.

서울북부지방검찰청

검　　사　조 검 사 는(은)

검찰주사　한 훈 희 를(을)

참여하게 하고 피의자에 대하여 다시 진술 거부권이 있음을 알린즉

신문에 따라 진술하겠다고 대답하다.

문　　피의자는 전회에 사실대로 진술했는가요

답　　네, 모두 사실대로 진술했습니다.

문　　피의자는 고소인과 동거 생활을 했다고 했는데 사실인가요

답　　네, 사실입니다.

문　　동거 생활을 하면서 고소인과 합의하여 혼인신고를 한 것도
　　　사실인가요

답　　네, 모두 사실입니다.

이때 검사는 대질조사를 받기 위해 피의자 옆에 앉아 있는 고소
인에게,

문   진술인은 피의자의 말을 잘 들었는가요

답   네, 잘 들었습니다.

문   피의자는 진술인과 동거 생활을 했다고 하는데 사실인가요

답   저는 동거 생활을 한 사실이 없습니다.

문   피의자는 2003. 2.경부터 2005. 3. 15.까지 진술인과 동거
     생활을 했다고 하는데 그런 사실이 없는가요

답   저는 그런 사실이 없습니다.

문   피의자는 강간을 한 사실이 없다고 하는데 어떤가요

답   아닙니다. 저는 분명히 피의자한테 강간을 당했습니다.

이때 피의자는 어이가 없다는 표정을 지으며 할 말이 있다고 해
피의자에게 묻다.

문   할 말이 무엇인가요

답   저는 고소인과 약 2년 동안 동거 생활을 하면서 성관계를
     했는데 왜 동거 생활을 하지 않았다고 거짓말을 하는지 묻
     고 싶습니다.

문   고소인은 피의자와 동거 생활을 한 사실이 없고 강간을 당
     했다고 하지 않는가요

답   제가 고소인과 함께 동거 생활을 한 증거로 사진을 가져왔
     으니 참고하시기 바랍니다.

이때 검사는 피의자가 제출한 사진을 제출받고,

문   이 사진이 어떻게 동거 생활을 한 증거가 되는가요

답   제가 고소인과 동거하지 않았다면 이렇게 다정한 모습으로

사진을 찍을 수가 없지 않습니까.

문 이 사진은 언제, 어디에서 찍은 것인가요

답 고소인과 동거 생활을 하던 2004. 3. 1. 경기도 가평에 있는 남이섬에서 찍은 것입니다.

문 어떻게 그렇게 정확히 기억을 하는가요

답 제가 고소인과 동거 생활을 하면서 처음으로 야외로 놀러 가 찍은 사진이라 정확히 기억하고 있습니다.

이때 검사는 다시 진술인에게 피의자가 제출한 사진을 보여주고,

문 이 사진을 2004. 3. 1. 남이섬에서 찍은 것이 사실인가요

답 저는 정확히 기억이 나지 않지만 제가 강간을 당하기 전에 은밀 단란주점에서 일할 때 찍은 것 같습니다.

문 피의자는 진술인이 강간을 당했다고 주장하는 2005. 3. 2. 이전에 동거 생활을 하면서 찍었다고 하는데 아니란 말인가요

답 저는 언제 찍었는지 정확히 기억이 나지 않습니다.

문 피의자와 아주 다정한 모습으로 찍었는데 어떻게 생각하는 가요

답 당시 피의자가 제가 일하던 술집에 자주 와 술을 팔아주고 올 때마다 팁을 많이 줘 다정한 척했을 뿐입니다. 제가 잠시 피의자와 친하게 지냈다고 하더라도 피의자가 저를 데리고 자기 집으로 가 강간을 한 행위와는 상관없는 일입니다.

이때 검사는 다시 피의자에게,

문   고소인의 주장을 어떻게 생각하는가요

답   정말 기가 막힙니다. 제가 되도록이면 이런 말은 안 하려고
      했는데 고소인은 단란주점에서 일한 게 아니라 미아리 텍
      사스촌에 있는 불야성이라는 업소에서 일했습니다.

문   불야성과 단란주점은 어떤 차이가 있는가요

답   불야성은 술을 마시고 노래를 부르며 놀다가 손님이 원하
      면 업소 내에 있는 방에서 성관계를 할 수 있는 곳이고, 단
      란주점은 그냥 술을 마시는 곳입니다.

문   고소인을 처음 만난 곳이 미아리에 있는 불야성이란 말인
      가요

답   네, 그렇습니다.

문   그때가 언제인가요

답   2002. 10. 10. 밤 11시경입니다.

문   그 후에도 불야성을 자주 갔는가요

답   1주일에 1~2회 정도 가서 고소인을 만나 술을 마시고 성
      관계를 했습니다.

문   동거 생활은 언제부터 했는가요

답   전에 말씀드린 대로 2003. 2.경부터 2005. 3. 15.까지 했
      습니다.

문   보통 그런 업소에서 일하는 아가씨들은 화장품이나 옷을
      구입하기 위해 주인한테 많은 빚을 지고 그 빚 때문에 그런
      생활에서 쉽게 벗어나지 못한다고 하는데 고소인은 어떠했

는가요

답 고소인도 업소 주인에게 2,000만 원이나 되는 빚을 지고 있어 그 빚을 갚기 전에는 빠져나갈 수 없다고 해 형님한테 일부 빌리고 제가 대출을 받아 빚을 갚아주고 데리고 나와 저와 함께 동거 생활을 하기 시작했습니다. 여기 제가 동거 생활을 할 때 고소인이 저한테 쓴 편지를 찾아서 가져왔으니 참고하시기 바랍니다.

이때 검사는 피의자가 제출한 편지를 받은 후 고소인에게,

문 진술인은 피의자의 말을 잘 들었는가요

답 네, 잘 들었습니다.

문 피의자는 진술인을 미아리에 있는 불야성에서 처음 만나 매주 1~2회씩 가다가 2,000만 원이나 되는 빚을 갚아주고 데리고 나와 동거 생활을 했다고 구체적으로 진술하고 있는데 어떻게 생각하는가요

이때 진술인은 아무 말도 하지 않고 고개만 숙이고 있다.

문 왜 대답을 하지 않는가요

답 진술인은 계속 대답을 하지 않고 입술만 깨물고 있다.

문 이 편지를 보면 진술인이 피의자를 아주 사랑했던 것 같은데 어떤가요

이때 검사는 피의자가 제출한 편지를 보여준 바,

답 사랑을 한 것이 아니라 피의자가 제 대신 돈을 갚아주고 저를 미아리에서 데리고 나왔기 때문에 고맙기도 하고 미안

해서 사랑하는 척했을 뿐입니다.

문 피의자의 주장대로 동거 생활을 한 것이 사실인가요

답 네, 사실입니다.

문 그럼 강간을 당했다고 한 것은 거짓말인가요

답 아닙니다. 강간을 당한 것은 사실입니다.

문 진술인이 강간을 당했다고 주장하는 2005. 1. 5.은 피의자
   와 동거 생활을 하고 있을 때인데 왜 강간을 당했다고 하는
   가요

답 제가 싫다고 하는데 피의자가 억지로 성관계를 했기 때문
   에 강간을 했다고 하는 것입니다.

문 피의자가 어떻게 억지로 성관계를 했는가요

답 지난번에 진술한 대로 피의자가 억지로 제 옷을 벗기고 강
   제로 성관계를 했습니다.

문 진술인은 피의자와 동거 생활을 했다고 인정하면서도 계속
   강간을 당했다고 주장하는데 그럴 만한 특별한 이유가 있
   는가요

답 피의자와 동거 생활을 했다고 하더라도 제가 싫은데 강제
   로 성행위를 했다면 강간이 된다고 생각하기 때문에 강간
   을 당했다고 하는 것입니다.

문 진술인은 은밀 단란주점에서 일할 때 피의자를 만났다고
   했지요

답 네, 맞습니다.

문 또 진술인이 은밀 단란주점에서 일할 때 피의자와 택시를 타고 피의자의 집에 갔다가 강간을 당했다고 했지요

답 진술인은 아무런 말을 하지 않고 고개만 숙이고 있다.

문 진술인은 피의자와 동거 생활을 하고 있었으면서 단란주점에서 일할 때 피의자와 함께 택시를 타고 갔다가 강간을 당했다고 거짓말을 했는데 인정하는가요

답 네, 인정합니다.

문 피의자가 억지로 진술인의 옷을 벗기고 강제로 성교했다는 말도 거짓말인가요

답 죄송합니다.

문 진술인은 피의자와 결혼을 약속한 사실이 있는가요

답 동거 생활을 하긴 했지만 결혼을 약속한 사실은 없습니다.

문 그럼 정식으로 결혼할 마음은 없고 동거 생활만 할 생각이었는가요

답 피의자가 제 빚을 갚아주고 그런 생활에서 벗어나게 해주었기 때문에 미안해서 같이 살았을 뿐이고 결혼할 마음은 없었습니다.

문 피의자와 정식으로 결혼할 마음이 없었다면 앞으로 어떻게 할 생각이었는가요

답 동거 생활을 하다가 적당한 때 헤어질 생각이었습니다.

문 진술인은 결혼할 마음이 없었는데 피의자만 결혼할 생각을 하고 몰래 혼자 혼인신고를 했단 말인가요

답   네, 그렇습니다.

문   어떻게 피의자 혼자서 혼인신고를 할 수 있는가요

답   그것은 피의자가 했기 때문에 저는 잘 모르겠습니다.

이때 검사는 다시 피의자에게,

문   고소인은 피의자와 혼인신고를 한 사실이 없다고 하는데 어떻게 된 것인가요

답   참 기가 막힙니다. 혼인신고는 혼자서 할 수 없기 때문에 상대방과 같이 가지 않으면 구청에서 받아주지 않습니다.

문   그런데 왜 고소인은 피의자가 혼자 혼인신고를 했다고 주장하는지 그 이유를 아는가요

답   혼인신고를 무효화시키기 위해 그러는 것 같습니다.

이때 검사는 다시 고소인에게,

문   피의자는 혼자 혼인신고를 할 수 없다고 하는데 어떻게 생각하는가요

답   이때 진술인은 아무 말 없이 고개만 숙이고 있다.

문   진술인은 거짓으로 강간을 당하고 피의자가 몰래 혼인신고를 했다고 고소한 것 같은데 어떤가요

답   죄송합니다.

문   뭐가 죄송한가요

답   피의자를 고소한 것이 죄송합니다.

문   고소한 것이 죄송하다는 말은 허위 사실을 진실인 것처럼 고소했다는 뜻인가요

답	네, 제가 거짓으로 고소를 했습니다.
문	그럼 피의자의 주장이 모두 사실인가요
답	네, 모두 사실입니다.
문	진술인은 강간을 당하지 않았으면서 강간을 당했다고 하고, 서로 합의하여 혼인신고를 해놓고 진술인 몰래 피의자가 혼인신고를 했다고 고소를 했는데 왜 그랬는가요
답	사실은 제가 좋아하는 사람이 생겨 이 사람과 헤어지고 그 사람과 결혼하기 위해서 그랬습니다.
문	좀 더 자세히 진술해 보시오
답	제 부모님 집이 대학교 근처에 있는데 부모님 집에서 하숙을 하며 사법고시를 준비하는 법대생이 있었습니다. 제가 부모님 집에 갈 때마다 그 사람을 만나 이야기를 하다 보니 서로 좋아하게 되었고 제 어머니도 그 사람과 결혼하기를 원했습니다. 그런데 제가 이 사람과 혼인신고가 되어 있어 어떻게 할 수 없다고 하자 어머니가 그 법대생한테 제 문제를 친구 딸의 일인 것처럼 물어보니까 고소해서 처벌받으면 그것을 근거로 혼인을 무효화시키고 다른 남자와 결혼할 수 있다고 해서 고소한 것입니다.
문	고소장은 피의자가 직접 작성했는가요
답	아닙니다. 어머니와 함께 집 근처에 있는 대서소에서 작성했습니다.
문	어머니는 진술인이 피의자와 약혼을 하고 혼인신고를 한 사

실을 알면서도 피의자와 헤어지고 그 법대생과 결혼하기를 원했단 말인가요.

답 네, 그렇게 하기를 원했습니다.

문 그렇다고 어떻게 없는 죄를 만들어 고소할 수 있는가요

답 잘못했습니다.

문 이상의 진술이 사실인가요

답 네, 사실입니다.

문 더 할 말이 있는가요

답 죽을죄를 지었습니다.

이때 피의자가 할 말이 있다고 해 다시 피의자에게 묻다.

문 할 말이 무엇인가요

답 비록 고소인이 매춘부로 일했지만 제가 빚을 갚아주고 같이 동거 생활을 하고 결혼하기로 약속했는데 이렇게 아무 죄 없이 고소를 당하여 조사를 받게 되니 무척 마음이 아픕니다.

문 고소인의 처벌을 원하는가요

답 생각하면 생각할수록 괘씸하고 죽이고 싶도록 밉지만 처벌은 원하지 않습니다.

문 괘씸하고 죽이고 싶도록 밉다면서 왜 처벌을 원하지 않는가요

답 어찌 되었든 한때 사랑했던 사람이고 다른 사람을 만나 잘 살고 싶은 욕심 때문에 허위로 고소를 했는데 고소인이 처

벌을 받으면 제 마음이 편하지 않을 것 같아 처벌을 원하지 않는다고 하는 것입니다.

문 그럼 고소인과 합의할 생각이 있는가요

답 합의를 떠나 처벌을 원하지 않습니다.

문 이상 사실대로 진술했는가요

답 네, 사실대로 진술했습니다.

문 더 할 말이 있는가요

답 참 세상이 무섭다는 생각이 듭니다. 그리고 이 여자를 통해 인간이 얼마나 간사한지 많은 것을 배웠습니다.

위 조서를 진술자에게 열람하게 하였던 바, 진술한 대로 오기나 증감 변경할 것이 전혀 없다고 말하므로 간인한 후 서명날(무)인 케 하다.

진 술 자   이 장 구

김 가 련

2 0 0 5. 6. 10.

서울북부지방검찰청

검   사   조 검 사

검찰주사   한 훈 희

오빠!

저는 이 세상에서 가장 행복한 여자라는 생각이 들어요.

왠지 아세요?

오빠의 이름을 부르기만 해도 아련함이 가슴을 파고들고 가끔은

오빠를 생각만 해도 눈물이 날 정도로 사랑하니까요.

저는 그런 오빠가 있어 이 세상에서 가장 행복합니다.

오늘따라 오빠의 퇴근 시간이 기다려지는 것은 왜일까요?

출근한 지 겨우 세 시간밖에 안 되었는데…….

그만큼 제 곁에 오빠가 없으면 허전하고 견디지 못할 것처럼 마음

이 추우니까 그래요.

오빠, 사랑해요♥♥♥

2003. 3. 5.

따뜻한 오빠가 영원히 제 옆에 있어 주길 바라는 가련이가!

사랑하는 오빠!

오빠가 처음 가련 씨라고 제 이름을 불러주었을 때 저는 미아리의 아가씨가 아니라 평범한 여자로 다시 태어났습니다.

오빠가 저를 가련 씨라고 불러주면서 저는 인격을 찾을 수 있었습니다.

오빠가 아가씨 대신 가련 씨라고 불러주면서 저는 당신의 사랑이 될 수 있었습니다.

오빠가 제 이름을 다정히 불러주면서 저는 진실한 사랑을 할 수 있었습니다.

오빠 ♥ 고마워요! 그리고 사랑해요♥♥

2003. 5. 6.
사랑하는 가련이가!

오빠♥♥

저는 가끔 이렇게 행복한 삶이 언제까지 이어질지 두려울 때가 있어요. 혹 오빠가 제 과거 때문에 사랑이 식을까 봐 걱정이 되니까요.

지금은 오빠가 아무리 화가 나도 제 과거를 덮어주고 사랑하고 있지만 오빠의 마음이 바뀌면 어떻게 될까 두려워지거든요.

요즘에는 오빠가 지금처럼 제 과거를 가슴에 묻고 저를 사랑하며 가던 길을 다정하게 걸어갈 수 있을지 두려운 마음이 생길 때가 많아요.

계속해서 다정하게 걸어가는 길이 험해지면 우리가 안고 있는 행복을 내려놓아야 할지 모른다는 불안감이 드는 것은 아마도 제 과거 때문일 거예요.

아무리 힘든 시련이 닥쳐도 우리 둘을 갈라놓을 수 없을 거라고 생각해 보지만 가끔은 이렇게 벅찬 행복이 두려움으로 바뀔 때가 있나 봅니다.

오빠가 저를 가련이라고 이름만 불러줘도 얼었던 가슴이 녹아내리는 듯한 따뜻한 행복이 솟아오름을 느낍니다.

저는 오빠만 변하지 않으면 우리의 사랑과 행복은 영원히 계속될 수 있을 거라고 믿고 있습니다.

오늘도 가련이는 가련하게 당신을 사랑하며 기다리고 있습니다.

오빠 사랑해요!

오늘은 퇴근할 때 술 마시지 말고 바로 집으로 오세요. 오빠가 좋

아하는 된장찌개 맛있게 끓여놓고 기다릴게요. 오빠가 늦게 오면 저는 가련해진답니다. ㅎㅎㅎ

2003. 7. 5.
영원히 오빠를 사랑하며 살아갈 가련이가!

오빠!

오빠가 사 온 국화꽃을 보며 오빠를 생각하고 있어요.

방 안에 가득히 퍼지는 국화꽃 향기가 오빠가 없는 허전함을 대신해 주는 것 같아요.

노랗게 피어난 국화꽃보다 오빠의 사랑은 더 아름답습니다.

오빠는 국화꽃보다 더 아름다운 향기를 갖고 있는 멋있는 사나이입니다.

국화꽃처럼 저도 아름다운 향기를 잃지 않는 당신의 사랑이 되도록 노력하겠습니다.

오빠, 사랑해요!

2003. 10. 23.

이름이 가련해서 가련한 당신의 가련이가

♥ ♥ ♥ ♥ ♥

오빠! 창밖을 보세요. 눈이 내리고 있어요.

바쁘더라도 차 한잔하면서 잠시 내리는 눈을 보며 여유를 가져보세요.

저렇게 하얀 눈이 내리면 저는 어린아이가 되고 싶어요.

왠지 아세요? 오빠한테 응석부리고 싶고, 오빠의 가슴에 묻혀 보고 싶은 엄마, 아빠를 생각하며 실컷 울고 싶으니까요. ㅎㅎㅎ

오늘은 일찍 퇴근해서 저랑 눈사람을 만들고 눈싸움해요.

그리고 저녁은 오랜만에 외식하기로 해요. 알았죠?

지금 제가 무슨 생각을 하고 있는지 모르죠? 음, 맞춰 보세요. ㅎㅎㅎ

사실은 제가 저 눈을 보며 이 세상에서 가장 착한 당신에게 가장 깨끗하고 순결한 사랑을 바치고 싶다는 생각을 하고 있어요.

사랑해요. I LOVE YOU!

오늘은 가장 행복한 밤이 될 것 같은 생각이 드네요.

2004. 1. 15.

이 세상에서 가장 사랑하는 가련이가 ♥♥♥

		피의자신문조서[2]		
성 명	김가련 (金佳戀)		주민번호	800709-2000000

위 사람에 대한 무고

피의사건에 관하여 2005. 6. 10.

서울북부지방검찰청 327호 검사실에서

검 사 조 검 사 는(은)

검찰주사 한 훈 희 를(을)

참여하게 하고 피의자에 대하여 아래와 같이 신문한다.

문	피의자의 성명, 연령, 생년월일, 직업, 본적, 주거 등은 어떠한가요
답	성명은 김 가 련 호주는 김 상 한
	연령은 24세 생년월일은 1980. 7. 9. 생
	직업은 무직
	본적은 대구시 황당구 무고동 967
	주소는 서울 성북구 안암동 365
	전화번호는 02)367-****, 016-988-**** 입니다.

---

2) 김가련이 이장구를 허위로 고소한 사실이 밝혀져 무고죄로 처벌하기 위해 피의자신문조서를 작성해야 되기 때문에 처음부터 인적사항 등을 다시 조사한 것입니다. 다음에 나오는 복부인 사건의 장의사와 강간치상 무고 사건의 이무고도 마찬가지입니다.

검사는 피의사건의 요지를 설명하고 검사의 신문에 대하여 형사

소송법 제200조의 규정에 의하여 진술을 거부할 수 있는 권리

가 있음을 알려준즉 피의자는 신문에 따라 진술하겠다고 대답

하다.

문   피의자는 형벌을 받은 사실이 있는가요

답   없습니다.

문   피의자의 학력 및 경력을 진술해 보시오

답   시골에서 중학교를 졸업하고 부모님을 따라 서울로 이사 와
     고등학교를 졸업한 후 술집에서 몇 년 일한 것 외에는 특별
     한 경력이 없습니다.

문   가족 관계는 어떻게 되는가요

답   부모와 여동생 1명이 있습니다.

문   피의자의 재산 및 월수입은 얼마나 되는가요

답   제 재산이나 월수입은 없습니다.

문   훈장이나 포상을 받은 사실이 있는가요

답   없습니다.

문   정당이나 사회단체에 가입한 사실이 있는가요

답   없습니다.

문   건강 상태는 어떤가요

답   좋은 편입니다.

문   피의자는 고소장을 제출한 사실이 있는가요

답 네, 2005. 5. 16. 서울북부지방검찰청에 고소장을 제출한 사실이 있습니다.

문 이것이 피의자가 제출한 고소장인가요

이때 검사는 2005형 제3765호로 접수된 고소장을 보여준 바,

답 네, 제가 제출한 고소장이 맞습니다.

문 이 고소장을 언제, 어디에서 작성했는가요

답 2005. 5. 15. 서울 성북구 안암동에 있는 김서생 대서소에서 작성했습니다.

문 피의자가 제출한 고소장의 내용은 무엇인가요

답 피고소인 이장구가 저를 상대로 강간을 하고, 저 몰래 혼인신고를 해 강간죄와 문서위조죄 등으로 처벌해 달라는 내용입니다.

문 위 고소 내용은 사실인가요

답 아닙니다.

문 그런데 왜 피고소인한테 강간을 당하고 피고소인이 몰래 혼인신고를 했다고 고소했는가요

답 잘못했습니다.

문 피의자는 이장구와 동거 생활을 한 것이 사실인가요

답 네, 사실입니다.

문 언제, 어디에서 했는가요

답 2003. 2.경부터 2005. 3.경까지 서울 도봉구 도봉동 18 황당빌라 105호 이장구의 집에서 했습니다.

문　혼인신고도 이장구와 합의하여 했는가요

답　네, 합의하여 했습니다.

문　그럼 피의자의 고소 내용은 모두 거짓인가요

답　죄송합니다. 제가 눈이 멀어 큰 잘못을 했습니다.

문　눈이 멀었다는 말은 무슨 뜻인가요

답　제가 이장구와 동거 생활을 하면서 혼인신고를 마치고 결혼식을 하기 위해 부모님 집을 왕래하다가 사법고시를 준비하는 법대생을 좋아하게 되었습니다. 그래서 그 남자와 결혼할 생각으로 이장구와 헤어지기 위해 거짓으로 고소를 했다는 뜻입니다.

문　좀 더 구체적으로 진술해 보시오

답　제가 가출을 하여 술집에서 일하다가 이장구를 만나 그와 사랑에 빠져 동거 생활을 하고 혼인신고까지 했는데 부모님과 떨어져 산 지 오래되어 부모님이 보고 싶고 또 부모님의 허락을 받고 결혼식을 하기 위해 오랜만에 부모님을 찾아갔습니다. 그런데 부모님 집에서 하숙을 하던 법학과 4학년에 재학 중인 김범생을 알게 되어 서로 좋아하는 사이가 되었습니다. 어머니는 이장구가 잘생기지도 못하고 수입이 많지 않아 탐탁지 않게 생각하고 있던 중 저와 김범생이 서로 좋아하고 있다는 사실을 눈치채고 김범생과 저를 결혼시키고 싶어 했습니다. 그래서 제가 어머니한테 이장구와 혼인신고를 했다고 하자 어머니가 김범생한테 친구의 딸 문제인 것처럼 하면서 어떻게 하면 좋은지 물어보았습니다. 그랬더니 김범생이 그 남자를 강간죄 등으로 고소해 처벌받으면 혼인신고를 무효화시킬 수 있다고 해 대서소에 가 고소장을 작성하여 제출했습니다.

문　이장구는 피의자가 불야성이라는 술집에서 일할 때 2,000만 원이나 되는 빚을 갚아주었다고 하는데 사실인가요

답　네, 사실입니다.

문　그리고 서로 사랑하여 2년 동안이나 동거 생활을 하며 시골에 살고 있는 이장구의 부모님 집을 방문했는가요

답　네, 맞습니다.

문　약혼식을 하고 이장구와 같이 구청에 가 혼인신고까지 했으면서 어떻게 다른 남자가 생겼다고 허위로 고소할 수 있단 말인가요

답　제가 잘못했습니다.

문　그것도 어머니까지 합세하여 어떻게 이런 짓을 할 수 있는가요

답　이때 피의자는 아무 말을 하지 않고 고개만 숙이고 있다.

문　반대로 이장구가 피의자를 배신하고 이런 짓을 했다면 용서할 수 있겠는가요

답　입이 열 개라도 할 말이 없습니다.

문　다른 사람을 처벌받게 할 목적으로 허위 사실로 고소하면 무고죄로 처벌받을 수도 있다는 사실을 알고 있는가요

답 정확히는 모르지만 대충은 알고 있습니다.

문 그럼 이 고소장을 작성할 때 무고죄로 처벌받을 수도 있다
    는 생각을 해보지 않았는가요

답 잘못했습니다.

문 이장구를 고소한 사실을 피의자의 아버지도 알고 있는가요

답 모릅니다.

문 이장구와 합의했는가요

답 제가 사정을 하여 합의하도록 하겠습니다.

문 이상의 진술이 사실인가요

답 네, 사실입니다.

문 피의자에게 유리한 증거나 더 할 말이 있는가요

답 다시는 이런 짓을 하지 않겠으니 선처해 주시면 고맙겠습
    니다.

위 조서를 진술자에게 열람하게 하였던 바, 진술한 대로 오기나 증감 변경할 것이 전혀 없다고 말하므로 간인한 후 서명날(무)인 케 하다.

진 술 자   김 가 련
2 0 0 5. 6. 1 0.
서울북부지방검찰청
검   사   조 검 사
검찰주사   한 훈 희

조 사 후 기

　어떤 사건이든 예단을 해서는 안 되지만 필자는 처음 이 사건의 고소장을 읽어보고 무고 사건이라고 생각했습니다. 왜냐하면 과거에는 가끔 일방적으로 혼인신고가 이루어지는 경우가 있었지만 실제로 이 사건을 조사할 때는 그런 경우가 거의 없었고, 강간을 한 사람이 일방적으로 혼인신고까지 했다는 것이 너무 이상했기 때문입니다. 조사 후 예상대로 무고 사건임이 밝혀져 고소인과 그의 어머니에게 "어떻게 2,000만 원이나 되는 돈을 갚아주고 동거 생활까지 한 사람을 상대로 없는 죄를 만들어 고소할 수 있느냐"고 좀 심하게 질책을 했습니다.

　조사를 다 마치고 이장구에게 허위로 고소한 김가련의 처벌을 원하는지 여러 번 물어보았는데 고소인의 처벌을 원하지 않는다며 용서해 주라고 했습니다. 고소인이 비록 매춘부 생활을 했지만 진심으로 사랑했는데 그녀가 처벌을 받으면 마음이 편하지 않을 것 같다는 것입니다. 그리고 혹 법대를 다니는 김범생이 이런 일로 김가련이 처벌받은 사실을 알게 되면 결혼하지 않을 수도 있으니 처벌하지 않았으면 좋겠다고 했습니다. 그리고 김가련이 자기를 배신했지만 끝까지 사랑하는 사람으로 가슴에 묻고 살겠다는 말까지 했습니다.

무고로 고소당한 대부분의 사람은 고소인을 엄하게 처벌해 달라고 하는 것이 일반적인데 이장구는 천사 같은 마음을 가지고 있어서 그런지 김가련의 처벌을 원하지 않는다고 해 요즘 세상에도 이렇게 착한 사람이 있구나 하는 생각을 했습니다.

　필자는 무고 사건은 엄하게 처벌해야 한다고 생각합니다. 왜냐하면 죄 없는 사람을 죄가 있다고 뒤집어씌워 처벌받게 하는 것은 죄질이 좋지 않기 때문입니다. 그러나 이 사건은 이장구가 강력하게 김가련의 처벌을 원하지 않아 벌금을 조금 내는 것으로 끝냈지만 저는 김가련이 무척 괘씸하다는 생각을 했습니다. 그리고 진실로 사랑한 사람은 진실한 용서를 할 수 있구나 하는 생각도 했습니다.

Chapter 2

복부인 사건

복부인 사건

　이 사건은 우리나라 일부 복부인들의 탐욕을 보여주는 전형적인 사건인 것 같아 제목을 "복부인 사건"이라고 했습니다. 필자는 돈 많은 사람들을 많이 조사해 보았지만 이렇게 탐욕을 부리는 사람을 별로 보지 못했습니다. 돈이 인생의 전부가 아닌데도 전부로 생각하고 사는 사람이 그만큼 많다는 뜻입니다.

　김여사는 전형적인 강남 복부인입니다. 부동산 투기를 통해 많은 돈을 벌어 서울 강남에 있는 고급 아파트에 살면서 끝없는 욕망을 충족시키기 위해 탐욕스럽게 살고 있었습니다. 돈이 많은 김여사는 자기 여동생이 의사한테 시집갈 때 부모 대신 차를 사주고 자기가 소유하고 있던 아파트를 주었습니다. 그리고 병원까지 차려 주었으니 소위 열쇠 3개를 주고 돈으로 싸서 시집을 보냈습니다.

　김여사가 동생을 시집보내면서 재건축이 되면 큰 아파트를 배정받아 많은 돈을 벌 수 있다고 생각하고 서울 강남에 있는 조그마한 저층 아파트를 주었는데, 김여사의 예상대로 동생이 결혼한 후 몇 년이 지나 재건축이 되어 큰 아파트를 받아 속된 말로 아주 크게 남는 장사를 했습니다. 그 차액이 10억 원이나 되었으니 보통 사람들이 평생 벌어야 할 돈을 아파트 한 채로 번 것입니다. 자기의 예상이 맞았다는 사실에 무척이나 흡족한 김여사는 동생 신랑인 제부와 상의하여 10억 원의 차액을 남기고 재건축된 아파트를 팔았습니다. 그런데 10억 원을 남기고 판 아파트가 그 후로도 5억 원이나 더 올랐고 당시의 분위기대로라면 계속 오를 것 같자 김여사는 배가 아프기 시작했습니다. 다른 사람 같으면 10억 원을 번 것만으로도 매일 배가 부르고 부자가 된 기분으로 살 텐데 김여사는 성이 차지 않았던 것입니다.

그런데 김여사는 부동산 매매를 자주 하면서 원인무효가 무엇인지, 부동산 등기는 공신력이 없다는 것 등을 알고 있어 나름대로 꼼수를 생각하기 시작했습니다. 그리하여 제부와 짜고 김여사가 제부 몰래 인감도장과 주민등록증을 훔쳐 아파트를 팔았다고 자신을 고소하게 한 후 매매계약을 무효화시킬 방법을 생각해 냈습니다. 제부가 자기를 고소한다고 하더라도 잘나가는 변호사를 선임하여 구속만 면한다면 매매계약을 무효화시켜 다시 제부 앞으로 소유권을 회복한 후 다른 사람한테 더 비싸게 팔 생각을 한 것입니다. 그래서 법원에서 부장판사로 근무하다 퇴직하여 소위 전관예우를 받는 변호사를 선임한 후 제부를 시켜 자신을 고소하게 했습니다. 일반 사람들은 생각할 수 없는 기가 막힌 일을 생각해 낸 것인데 우리나라 일부 부자들의 탐욕스러운 모습을 보는 것 같아 무척 안타까웠습니다. 돈이면 어떤 일도 할 수 있다는 잘못된 가치관을 갖고 있기 때문에 이런 일을 꾸민 것이 아닌가 하는 생각이 듭니다. 레프 톨스토이는 『세상을 사는 지혜』라는 책에서 "큰 부는 죄다. 한 사람의 부자를 위해 수백 명의 가난한 이가 존재하기 때문이다"라고 했는데 이렇게 탐욕을 부리는 김여사 같은 사람을 염두에 두고 한 말인 것 같습니다.

돈! 참 좋은 것입니다. 돈이 있으면 권력까지 살 수 있는 황금만능주의 시대를 살고 있으니 얼마나 좋은 것입니까. 그래서 중국 속담에도 돈이 있으면 귀신을 부려 연자방아를 돌릴 수 있다고 하는 "유전능사귀추마(有錢能使鬼趨魔)"라는 말이 있는가 봅니다. 돈만 있으면 무엇이든 할 수 있다는 뜻일 것입니다. 그러나 이렇게 돈이 좋은 것이지만 돈 때문에 패가망신한 사람들이 생각보다 많이 있습니다. 특히 어려운 고시에 합격하여 권력을 쥐고 있으면서 돈까지 움켜쥐고 살려다가 구속이 되어 신세를 망친 사람은 물론 이 사건의 김여사처럼 돈 때문에 구속이 되는 사람들을 종종 볼 수 있습니다. 무엇이든 마찬가지지만 너무 돈에 집착하다 보면 사람이 돈의 노예가 되어 패가망신하고 돌아버리게 되어 돈이라고 했나 봅니다. 돈! 돈! 돈! 돌지 않게 벌고 돌지 않게 욕심을 내며 살면 좋겠다는 생각을 해봅니다.

고 소 장

고 소 인   장 의 사(660515-1000000)

서울 강남구 대치동 무고아파트 501동 1004호

연락처 : 02)333-****, 011-333-****

피고소인   김 여 사(530311-2000000)

서울 강남구 도곡동 고급아파트 4동 1004호

연락처 : 02)555-****, 011-555-****

고 소 취 지

피고소인은 고소인의 집에서 고소인의 인감도장과 주민등록증을 훔쳐 위임장을 위조한 후 동사무소에서 인감증명서와 주민등록초본을 발급받아 15억 원 상당의 고소인 소유의 아파트를 팔아 그 돈을 주지 않고 있으니 조사하여 처벌해 주시기 바랍니다.

고 소 내 용

1. 고소인과 피고소인의 관계

고소인은 피고소인의 막내 여동생과 결혼하여 살고 있으므로 피고소인은 고소인의 처형이 되는 사람입니다.

2. 피고소인의 범죄 행위

가. 피고소인은 고소인의 처가 딸을 낳아 집안일을 하기가 어렵게 되자 고소인의 집에 자주 와 빨래를 하고 반찬을 만들어주며 자기 집처럼 드나들어 고소인의 집안 사정을 잘 알고 있음을 기화로, 2005년 5월 초순경 고소인의 집 안방 장롱에 넣어둔 고소인의 인감도장과 주민등록증을 훔치고,

나. 위와 같이 훔친 고소인의 인감도장과 주민등록증을 가지고 고소인으로부터 위임을 받은 것처럼 위임장을 위조한 후 동사무소에서 고소인의 인감증명서와 주민등록초본을 발급받고,

다. 고소인의 인감증명서와 주민등록초본을 발급받은 피고소인은 2005. 5. 15. 서울 강남구 대치동에 있는 황금부동산 사무실에서 고소인으로부터 위임을 받지 않았으면서도 위임을 받은 것처럼 고소인의 인감증명서와 주민등록초본을 제시하고 고소인 소유의 서울 강남구 대치동 소재 황당아파트 101동 605호, 시가 약 15억 원 상당의 아파트를 몰래 팔았습니다.

3. 피고소인의 범죄 사실을 알게 된 경위

고소인은 피고소인이 아파트를 매도한 사실을 모르고 있다가 고소인이 운영 중인 성형외과 병원이 좁아 넓은 곳으로 옮기기 위해 피고소인한테 아파트를 팔아 일부는 병원을 이사하는 데 쓰고 나머지는 조그마한 아파트를 하나 사놓고 싶다고 했더니 이미 팔아버렸다고 해 알게 되었습니다.

4. 결론

피고소인의 위와 같은 행위로 말미암아 고소인은 큰 피해를 입었음은 물론 아내와의 사이가 나빠져 이혼 위기에 처해 있으니 철저히 조사하여 절도, 사문서위조 및 위조사문서 행사 등으로 처벌해 주시기 바랍니다.

첨부 : 부동산 등기부 등본 1부. 끝.

2 0 0 6.   4.   6.

위 고소인 장 의 사

서울중앙지방검찰청 귀중

진 술 조 서			
① 성 명	장의사 (張醫士)	② 주민번호	660515-1000000
③ 직 업	성형외과 의사		
④ 주 거	서울 강남구 대치동 무고아파트 501동 1004호		
⑤ 본 적	전남 여수시 공모동 432		
⑥ 전화번호	전화번호 02)333-****, 011-333-****		

피의자 김여사에 대한 사문서위조 등 피의사건에 관하여

2006. 4. 10. 서울중앙지방검찰청 603호에서 임의로 아래와

같이 진술하다.

1. 저는 위 주거지에서 가족과 함께 생활하면서 강남구 신사동에
   서 성형외과를 운영하고 있습니다.
1. 저는 처형인 김여사가 제 인감도장과 주민등록증을 몰래 훔쳐
   제 소유의 아파트를 팔아 고소한 사실이 있는데 이에 대하여
   물으신다면 사실대로 대답하겠습니다.

이때 검사는 위 진술의 취지를 명확히 하기 위해 임의로 다음과
같이 문답하다.

문   진술인이 장의사인가요

답   네, 제가 장의사입니다.

문   진술인은 김여사를 처벌해 달라고 고소한 사실이 있는가요

답   네, 그런 사실이 있습니다.

문   이것이 진술인이 제출한 고소장인가요

이때 검사는 2006형 제13567호로 접수된 고소장을 보여준 바,

답   네, 제가 제출한 고소장이 맞습니다.

문   이 고소장을 다른 수사기관에도 제출한 사실이 있는가요

답   없습니다.

문   진술인과 김여사는 어떤 관계인가요

답   제 아내의 큰언니니까 처형 되는 사람입니다.

문   그런데 처형을 고소한 이유가 무엇인가요

답   처형이 제 아파트를 몰래 팔아먹어 너무 괘씸한 생각이 들
      어 고소했습니다.

문   고소 요지가 무엇인가요

답   피고소인이 제 집 안방에 있는 장롱에서 제 인감도장과 주
      민등록증을 훔쳐 위임장을 위조한 후, 동사무소에서 인감
      증명서와 주민등록초본을 발급받아 저한테 위임을 받은 것
      처럼 인감증명서와 주민등록초본을 매수인에게 제시하고
      제 소유 아파트를 팔아먹었습니다.

문   피고소인이 진술인의 인감도장과 주민등록증을 언제, 어디
      에서 훔쳐갔는가요

답   2005년 5월 초순경 제 집 안방에 있는 장롱에서 훔쳐 갔
      습니다.

문	피고소인이 어떻게 진술인의 인감도장과 주민등록증을 훔
	칠 수 있었는가요
답	제 아내가 둘째를 출산한 후 피고소인이 제 집을 자기 집처
	럼 드나들면서 제 아이들을 돌봐주고 빨래를 해주면서 같
	은 식구처럼 지냈기 때문에 제 집 사정을 잘 알고 있었는데
	제 아내가 작은 방에서 아이와 함께 있는 동안에 몰래 안
	방 장롱을 열고 훔쳐갔습니다.
문	피고소인이 언제, 어디에서, 어떤 아파트를 팔았는가요
답	2005. 5. 15.경 서울 강남구 대치동에 있는 황금부동산 사
	무실에서 같은 구 대치동 소재 황당아파트 101동 605호를
	팔았습니다.
문	위 아파트를 얼마에 팔았는지 아는가요
답	15억 원에 판 것으로 알고 있습니다.
문	피고소인이 진술인의 인감도장과 주민등록증을 어떻게 이
	용해 팔았는가요
답	정확히는 모르겠지만 제 인감도장과 주민등록증을 가지고
	동사무소에 가서 제가 위임한 것처럼 위임장을 위조하여 제
	시한 후 매도용 인감증명서를 발급받아 판 것으로 알고 있
	습니다.
문	매도용 인감증명서를 다른 사람이 발급받을 수 있는가요
답	저는 잘 모르겠습니다.
문	피고소인이 고소인의 아파트를 판 사실을 어떻게 알았는

가요

답   제가 운영 중인 성형외과 병원이 너무 좁아 넓은 곳으로 옮기기 위해 처형한테 아파트를 팔아 병원을 이사하고 나머지는 재건축이 될 만한 조그마한 아파트를 하나 사놓고 싶다고 했더니 얼굴이 빨개지면서 알았다고 하더니 며칠 후에 이미 팔았다고 해 알게 되었습니다.

문   그래서 어떻게 했는가요

답   처형한테 왜 내 허락도 없이 아파트를 팔았느냐고 하니까 그동안 아파트 값이 많이 올라 앞으로 떨어질 것 같아 팔았다고 하여 처형이라 차마 어떻게 하지 못하고 매도한 아파트를 다시 사놓으라고 했습니다.

문   매도한 아파트를 다시 사놓으라고 하니까 피고소인이 뭐라고 하던가요

답   이미 판 아파트를 어떻게 다시 사놓을 수 있느냐고 하면서 알았다고 하더니 아직까지 아무 말이 없습니다.

문   피고소인이 아파트를 팔아 받은 돈을 어떻게 했다고 하던가요

답   본인 빚을 갚고 나머지는 통장에 입금해 놓았다고 했는데 확인해 보지 않아 잘 모르겠습니다.

문   통장에 입금해 놓은 돈이라도 달라고 하지 않고 가만히 있었던 이유는 무엇인가요

답   피고소인이 저한테 한마디 말도 없이 아파트를 팔아버려 너

무 화가 나 아직 돈을 달라고 하지 않았습니다.

문   피고소인이 아파트를 매도한 후 세금을 얼마나 냈는지 아 는가요

답   원래대로 하면 양도소득세를 3억 원 정도 내야 하지만 다 운 계약서를 써서 조금 내고 끝냈다고 했는데 정확히 모르 겠습니다.

문   피고소인이 훔쳐 간 인감도장과 주민등록증은 진술인이 가 지고 있는가요

답   제가 처형한테 인감도장과 주민등록증을 어떻게 했느냐고 물어보니까 원래 있던 장롱에 넣어놓았다고 해 그런 줄 알 고 확인해 보지 않았습니다.

문   진술인이 살고 있는 아파트는 누구 소유인가요

답   그것은 제 소유가 아니고 전세로 살고 있는 집입니다.

문   피고소인은 진술인의 처형인데 처벌을 원하는가요

답   네, 처벌을 원합니다.

문   이상 사실대로 진술했는가요

답   네, 사실대로 진술했습니다.

문   더 할 말이 있는가요

답   철저히 조사하여 처벌해 주시기 바랍니다.

위 조서를 진술자에게 열람하게 하였던 바, 진술한 대로 오기나 증감 변경할 것이 전혀 없다고 말하므로 간인한 후 서명날(무)인 케 하다.

진 술 자 장 의 사
2006. 4. 10.
서울중앙지방검찰청
검   사 박 검 사
검찰주사 한 훈 희

	피의자신문조서		
성 명	김여사 (金如詐)	주민번호	530311-2000000

위 사람에 대한 사문서위조 등

피의사건에 관하여 2006. 4. 15.

서울중앙지방검찰청

검   사   박 검 사 는(은)

검찰주사   한 훈 희 를(을)

참여하게 하고 피의자에 대하여 아래와 같이 신문한다.

문	피의자의 성명, 연령, 생년월일, 직업, 본적, 주거를 말하시오
답	성명은 김 여 사 호주는 이 사 장
	연령은 52세 생년월일은 1953. 3. 11. 생
	본적은 충북 청주시 황당동 911
	주거는 서울 강남구 도곡동 467-29 고급아파트 4동 1004호
	자택 전화번호는 02)555-****, 011-555-**** 입니다.

검사는 피의사건의 요지를 설명하고 검사의 신문에 대하여 형사

소송법 제200조의 규정에 의하여 진술을 거부할 수 있는 권리

가 있음을 알려준즉 피의자는 신문에 따라 진술하겠다고 대답

하다.

문 피의자는 형벌을 받은 사실이 있는가요

답 없습니다.

문 피의자의 학력 및 경력 등은 어떻게 되는가요

답 지방에서 고등학교를 졸업하고 서울로 올라와 대학을 졸업
   한 후 직장 생활을 조금 하다가 27세에 현 남편을 만나 결
   혼하여 지금까지 가정주부로 살아왔습니다.

문 가족 관계는 어떻게 되는가요

답 남편과 딸 2명, 아들 1명이 있습니다.

문 재산과 월수입은 얼마나 되는가요

답 남편 명의와 제 명의로 된 부동산 및 동산이 약 100억 정
   도 되고, 월수입은 3,000만 원 정도 됩니다.

문 피의자는 고소인 장의사를 아는가요

답 네, 제 막내 동생과 결혼한 제부라 잘 압니다.

문 막내 동생이 언제 결혼했는가요

답 1999년 3월경에 했습니다.

문 피의자는 고소인의 아파트를 판 사실이 있는가요

답 네, 고소인 소유인 서울 강남구 대치동에 있는 황당아파트
   101동 605호를 판 사실이 있습니다.

문 언제, 어디에서, 얼마에 팔았는가요

답 2005. 5. 15.경 서울 강남구 대치동에 있는 황금부동산에
   서 15억 원에 팔았습니다.

문 피의자가 직접 계약했는가요

답   네, 제가 했습니다.

문   고소인으로부터 위임을 받고 팔았는가요

답   아닙니다. 위임을 받지 않았습니다.

문   어떻게 위임도 받지 않고 남의 집을 팔 수가 있는가요

답   제 동생이 둘째를 출산한 후 거동하기가 불편하고 힘들어
      해 제가 동생 집에 자주 가 빨래를 해주고 반찬을 만들어
      주었기 때문에 동생 집 사정을 제 집처럼 잘 알고 있었습니
      다. 그런데 어느 날 세탁한 옷을 개어 옷장에 넣다보니 작
      은 가방에 제부의 인감도장과 주민등록증이 있어 이를 훔
      쳐 위임장을 작성한 후 인감증명서와 주민등록초본을 발급
      받아 팔았습니다.

문   피의자가 집을 팔 때 부동산 중개업자와 매수자가 본인이
      위임했는지 확인하지 않던가요

답   제가 평소 황금부동산을 통해 부동산을 자주 매매했기 때
      문에 사장이 저를 잘 알고 있어 그랬는지 확인하지 않았고,
      매수자도 부동산 사장을 믿었는지 확인하지 않았습니다.

문   피의자는 왜 고소인의 허락 없이 남의 집을 마음대로 팔았
      는가요

답   제부 집은 원래 제가 재건축되기 전에 싸게 매수하여 소유
      하고 있다가 동생이 결혼할 때 제부 명의로 소유권을 이전해
      준 것인데 그 후 재건축이 되어 집값이 많이 올라 지금 팔아
      야 시세 차익을 얻을 수 있을 것 같아 팔았습니다.

문 그렇다고 어떻게 고소인의 허락도 없이 피의자 마음대로 팔
　　수 있는가요

답 그동안 아파트 값이 너무 올랐기 때문에 지금 팔지 않으면
　　앞으로 떨어질 것 같아 팔았습니다.

문 피의자가 집을 판 사실을 고소인이 어떻게 알았는가요

답 제부가 성형외과 병원을 운영하는 의사인데 병원이 너무 좁
　　다며 아파트를 팔아 일부는 병원을 옮기는 데 쓰고 나머지
　　는 앞으로 재건축이 될 오래된 아파트를 하나 사놓겠다며
　　얼마에 팔 수 있는지 알아봐 달라고 해 할 수 없이 사실대
　　로 말해 알게 되었습니다.

문 피의자가 집을 팔았다고 하니까 고소인이 뭐라고 하던가요

답 왜 남의 집을 허락도 없이 팔았느냐며 무척 심하게 항의하
　　면서 가만히 있지 않겠다고 하더니 저를 고소했습니다.

문 아무리 동생의 집을 자주 드나들었다고 하지만 제부의 인
　　감도장 등을 마음대로 훔쳐 집을 판다는 게 이해가 되지
　　않는데 사실인가요

답 아파트가 재건축된 후 많이 올라 가만히 앉아서 몇억 원을 벌
　　었다는 게 믿기지 않아 욕심이 생겨 팔았습니다.

문 아파트를 팔고 받은 돈을 어떻게 했는가요

답 제가 친구들한테 진 빚을 갚는 데 일부 사용하고 나머지는
　　통장에 넣어두었습니다.

문 동생이나 제부한테는 주지 않았는가요

답	통장에 있는 돈을 주겠다고 하니까 판 집을 다시 사놓으라며 받지 않고 고소를 했습니다.
문	피의자는 재산이 상당한데 왜 친구한테 돈을 빌렸는가요
답	동생이 결혼할 때 차를 사주고 제부가 병원을 개업하는 데 필요해 빌렸습니다.
문	피의자가 판 아파트의 현재 시세는 얼마나 되는가요
답	잘 모르겠습니다.
문	피의자가 판 아파트는 그 후로도 상당히 올랐던데 정말 모르고 있는가요
답	이미 팔아버렸는데 미련을 가져 봐야 마음만 아플 것 같아 관심을 가지지 않았습니다.
문	피의자는 지금까지 사실대로 진술했는가요
답	네, 사실대로 진술했습니다.
문	피의자에게 유리한 증거나 더 할 말이 있는가요
답	동생과 제부에게 미안한 마음 이루 말할 수 없이 큽니다.

위 조서를 진술자에게 열람하게 하였던 바, 진술한 대로 오기나 증감 변경할 것이 전혀 없다고 말하므로 간인한 후 서명날(무)인 케 하다.

진 술 자   김 여 사
2 0 0 6.   4.   1 5.
서울중앙지방검찰청
검   사   박 검 사
검찰주사   한 훈 희

피의자신문조서 (제2회)			
성 명	김여사 (金如詐)	주민번호	530311-2000000

위의 사람에 대한 사문서위조 등

피의사건에 관하여 2006. 4. 20.

서울중앙지방검찰청 603호에서

검   사 박 검 사 는(은)

검찰주사 한 훈 희 를(을)

참여하게 하고 피의자에 대하여 다시 진술거부권이 있음을 알린

즉 신문에 따라 진술하겠다고 대답하다.

문 피의자는 전에 모두 사실대로 진술했는가요

답 네, 조금도 거짓말하지 않고 사실대로 진술했습니다.

문 피의자가 제부 몰래 판 아파트는 그 후에도 약 5억 원 정도 더 올랐던데 어떤가요

답 저는 관심이 없어 잘 모르겠습니다.

문 왜 관심이 없는가요

답 어차피 팔았는데 관심을 가지면 뭐하겠습니까. 속만 아프게……

문 피의자는 아파트를 판 돈 중 일부를 통장에 입금해 놓았다고 했는데 사실인가요

답 네, 사실입니다.

문 그 통장을 가지고 왔는가요

답 지난번에 검사님이 가져오라고 해 가져왔습니다.

이때 검사는 피의자가 제출한 국민은행 도곡동 지점 통장을 복사하고 돌려준 후,

문 피의자가 입금해 놓았다고 한 이 통장에는 돈이 별로 남아 있지 않은데 어떻게 된 것인가요

답 집을 판 돈을 입금했다가 찾아서 친구한테 빌려줘 얼마 남아 있지 않습니다.

문 어떤 친구한테 빌려주었는가요

답 고등학교 동창인 이여사한테 빌려주었습니다.

문 이여사한테 빌려주었다는 증거가 있는가요

답 친한 친구라 그냥 아무것도 받지 않고 빌려주었습니다.

문 친구한테 얼마나 빌려주었는가요

답 5억 원을 빌려주었습니다.

문 5억 원을 수표로 빌려주었는가요

답 아닙니다. 현금으로 찾아주었습니다.

문 왜 5억 원이나 되는 돈을 현금으로 찾아주었는가요

답 친구가 현금이 필요하다고 해서 그랬습니다.

문 그렇게 많은 돈을 빌려주면서 아무런 증거도 남기지 않고 현금으로 빌려주었다는 게 이해가 되지 않는데 사실인가요

답 아주 친한 친구라 그 정도 되는 돈은 서로 믿고 빌리기도

하고 빌려주기도 합니다.

문 피의자의 통장을 보면 대부분 수표로 찾았는데 왜 현금으로 찾아주었다고 하는가요

답 오래된 일이라 잘 기억이 나지 않아 현금으로 찾아주었다고 했는데 잘 모르겠습니다.

문 피의자의 계좌를 추적해 보았는데 피의자가 통장에서 출금한 돈은 대부분 피의자의 동생과 제부 통장으로 입금되었는데 왜 친구에게 빌려주었다고 하는가요

답 제가 아파트를 팔고 나서 제부가 동생한테 툭하면 화를 내고 불평을 하면서 아파트를 새로 사놓으라고 해 미안해서 제가 가지고 있던 돈을 준 것이지 아파트 판 돈을 준 것이 아닙니다.

문 피의자의 계좌에서 돈을 인출한 날 바로 동생 부부한테 나눠 입금이 되었는데 왜 거짓말을 하는가요

답 피의자는 묵묵부답 말이 없다.

문 피의자는 거짓말을 하고 있는 것 같은데 그럴 만한 특별한 이유가 있는가요

답 피의자는 아무 말을 하지 못하고 입만 삐죽삐죽하며 입술을 조금씩 떨고 있다.

문 피의자는 고소인의 허락을 받고 집을 판 것이 아닌가요

답 아닙니다.

문 그런데 왜 5억 원이나 되는 돈을 현금으로 찾아 친구한테

빌려주었다고 거짓말을 하는가요

답　…….

문　매도용 인감증명서는 본인이 아니면 발급받을 수 없는 것으로 알고 있는데 정말로 피의자가 제부 대신 발급받았는가요

답　피의자는 고개만 숙이고 대답을 하지 않고 있다.

문　피의자는 고소인의 허락을 받고 집을 팔았지요

답　네, 사실은 제부의 허락을 받고 팔았습니다.

문　그럼 고소인의 인감도장과 주민등록증을 훔쳤다고 한 것도 사실이 아닌가요

답　네, 사실이 아닙니다. 제부가 직접 주었습니다.

문　인감증명서도 고소인이 직접 발급받아 주었는가요

답　네, 제부가 직접 발급받아 주었습니다.

문　그런데 왜 고소인의 허락을 받지 않고 인감도장과 주민등록증을 훔쳐 아파트를 팔았다고 거짓말을 했는가요

답　아파트를 팔아 차액이 10억 원이나 되어 잘 팔았다고 생각하고 있었는데 잔금을 받고 난 후에도 계속 더 올라 괜히 팔았다는 생각에 잠이 안 오고 제부한테 죄를 지은 것 같아 거짓말로 제부의 허락을 받지 않고 팔았다고 했습니다.

문　만약 고소인의 인감도장 등을 훔쳐 아파트를 팔았다면 여러 가지 죄명으로 처벌을 받을 수 있는데 어떻게 이렇게 허위로 고소하게 할 수 있는가요

답　집을 팔고 나서 집값이 계속 올라 괜히 팔았다는 생각 때

문에 잠을 자지 못하고 괴로워하고 있다가 평소에 일이 있을 때마다 찾아가 상담을 하고 법률적인 도움을 받아온 아는 변호사한테 찾아가 거짓말로 제부 모르게 집을 팔았는데 집값이 5억 원이나 더 올라 제부가 원망을 하며 제 동생한테 집을 다시 사놓으라며 매일 잔소리를 하고 부부 싸움을 자주 하여 이혼할 것 같은데 어떻게 해결할 방법이 없는지 물어보았습니다. 그랬더니 그 변호사가 하는 말이 사실이 그렇다면 제부가 저를 고소하여 처벌받게 한 후 그 처벌받은 근거를 가지고 매매를 무효화시키고 판 아파트를 도로 찾아올 수 있다고 해 제부한테 저를 고소하라고 시킨 것입니다.

문 결국 고소인이 아파트를 팔았으면서 매매를 무효화시키기 위해 피의자가 인감도장 등을 훔쳐 몰래 아파트를 팔았다고 허위로 고소한 것인가요

답 제가 제부한테 그 집을 팔아 받은 돈을 매수자한테 돌려주고 다시 찾아올 수 있는 방법이 있다고 하자 어떻게 그렇게 할 수 있느냐고 물었습니다. 그래서 "내가 제부 모르게 인감도장 등을 몰래 훔쳐 서류를 위조하여 팔았다고 제부가 나를 고소하면 나는 잘나가는 변호사를 사서 불구속으로 재판을 받고 처벌받은 것을 근거로 매매를 무효화시켜 소유권을 회복한 후 제부가 다시 팔면 몇억 원은 벌 수 있다"고 하자 제부가 처음에는 한참을 망설이더니 그렇게 하자고 해

고소장을 제출했습니다.

문 결국 돈 몇억 원 때문에 제부는 피의자를 상대로 허위로 고소를 하고 피의자는 거짓말을 한 것인가요

답 죄송합니다.

문 피의자는 재산이 상당히 많은 데도 처벌을 감수하면서까지 이런 짓을 한다는 게 도저히 이해가 되지 않는데 어떻게 생각하는가요

답 입이 열 개라도 할 말이 없습니다.

문 이상 사실대로 진술했는가요

답 네, 사실대로 진술했습니다.

문 피의자에게 유리한 증거나 더 할 말이 있는가요

답 다시는 이런 짓을 하지 않을 테니 선처해 주시면 고맙겠습니다.

위 조서를 진술자에게 열람하게 하였던 바, 진술한 대로 오기나 증감 변경할 것이 전혀 없다고 말하므로 간인한 후 서명날(무)인 케 하다.

             진 술 자   김 여 사
             2 0 0 6. 4. 20.
             서울중앙지방검찰청
             검   사   박 검 사
             검찰주사   한 훈 희

피의자신문조서			
성 명	장의사 (張醫士)	주민번호	660515-1000000

위 사람에 대한 무고

피의사건에 관하여 2006. 4. 24.

서울중앙지방검찰청

검   사   박 검 사 는(은)

검찰주사   한 훈 희 를(을)

참여하게 하고 피의자에 대하여 아래와 같이 신문한다.

문	피의자의 성명, 연령, 생년월일, 직업, 본적, 주거를 말하시오
답	성명은 장 의 사 호주는 본인
	연령은 39세 생년월일은 1966. 5. 15. 생
	직업은 의사(미인 성형외과)
	직장 전화번호는 02)353-****
	본적은 전남 여수시 공모동 432
	주거는 서울 강남구 대치동 무고아파트 501동 1004호
	자택 전화번호는 02)333-****, 011-333-**** 입니다.

검사는 피의사건의 요지를 설명하고 검사의 신문에 대하여 형사

소송법 제200조의 규정에 의하여 진술을 거부할 수 있는 권리가

있음을 알려준즉 피의자는 신문에 따라 진술하겠다고 대답하다.

문   피의자는 형벌을 받은 사실이 있는가요
답   없습니다.
문   피의자의 학력 및 경력 등은 어떻게 되는가요
답   지방에서 황당고등학교를 졸업하고, 서울에서 의과대학을
     졸업한 후 대학병원에서 일하다가 그만두고 서울 강남구 신
     사동에서 미인 성형외과를 개업하여 운영하고 있습니다.
문   가족 관계는 어떻게 되는가요
답   처와 아들 1명, 딸 1명이 있습니다.
문   재산 및 월수입은 얼마나 되는가요
답   재산은 15억 원 정도 되고, 월수입은 약 2,000만 원 정도 됩
     니다.
문   피의자는 김여사를 아는가요
답   제 아내의 언니니까 저한테는 처형이 되는 사람이므로 잘
     압니다.
문   피의자는 언제 결혼했는가요
답   1999. 3. 10.에 했습니다.
문   피의자가 결혼할 때 김여사가 아파트를 주었다고 하는데 사
     실인가요

답 네, 사실입니다.

문 그 후 그 아파트가 재건축되었는가요

답 네, 제가 결혼하고 5년 정도 지나서 황당 아파트로 재건축
   되어 58평짜리를 받았습니다.

문 피의자는 황당아파트를 판 사실이 있는가요

답 네, 그런 사실이 있습니다.

문 언제, 어디에서, 얼마에 팔았는가요

답 2005. 5. 15.경 서울 강남구 대치동에 있는 황금부동산에
   서 15억 원에 팔았습니다.

문 누가 팔았는가요

답 처형이 팔았습니다.

문 처형이 피의자 몰래 팔았는가요

답 아닙니다. 제가 팔자고 하여 팔았습니다.

문 피의자는 처형인 김여사를 처벌해 달라고 고소장을 제출한
   사실이 있지요

이때 검사는 피의자가 제출한 고소장을 보여준 바,

답 네, 그런 사실이 있습니다.

문 피의자가 제출한 고소장을 보면 처형인 김여사가 피의자 몰
   래 인감도장과 주민등록증을 훔쳐 팔았다고 했는데 이는
   사실이 아니란 말인가요

답 네, 사실이 아닙니다.

문 그런데 왜 처형이 피의자의 인감도장과 주민등록증을 훔쳐

팔았다고 했는가요

답　처형이 아파트 값이 많이 올랐다며 지금이 팔 시기인 것 같다고 하기에 제가 아이들이 크면 우리들이 이사가 살 집인데 왜 파냐고 했더니 집은 올라가는 게 한계가 있는 거라며 경험상 지금 팔면 거의 꼭대기에 파는 것이니 팔아서 다시 재건축이 될 작은 아파트를 하나 사놓자고 해 알아서 하라고 했습니다. 그런데 아파트를 팔고난 후 집값이 계속 올라 처형한테 괜히 팔아 속상하다고 하니까 처형이 미안해하면서 저 몰래 인감도장과 주민등록증을 훔쳐 팔았다고 자기를 고소하여 매매를 무효화시키고 아파트를 다시 찾아올 수 있다고 해서 그랬습니다.

문　아파트를 처형이 직접 팔았는가요

답　네, 처형이 직접 팔았습니다.

문　피의자는 처형이 아파트를 파는 데 동의만 하고 매매에 관여하지 않았는가요

답　저는 병원 일로 바빠 부동산 사무실을 갈 수 없어 처형이 제 대신 매도했습니다.

문　인감증명서는 피의자가 직접 발급받아 주었는가요

답　네, 제가 직접 발급받아 처형한테 주었습니다.

문　황당아파트로 재건축되기 전에 얼마에 매수했는지 아는가요

답　처형이 샀기 때문에 저는 정확히 얼마에 샀는지 모르지만 아내한테 약 5억 원을 주고 샀다고 들었습니다.

문 5억 원에 매수하여 15억 원에 팔았으면 10억 원이나 양도
    차익이 발생했는데 그 정도면 엄청난 시세차익을 얻은 것이
    아닌가요

이때 피의자는 아무 말을 하지 않고 있다.

문 양도소득세는 얼마나 냈는가요

답 저는 정확히 얼마를 냈는지 모르지만 처형이 다운 계약서
    를 작성해 적당히 해결했다고 했습니다.

문 아파트를 판 돈을 어떻게 했는가요

답 처형이 제 통장과 아내 통장에 입금했습니다.

문 얼마씩 입금했는가요

답 정확한 금액은 모르겠습니다.

문 피의자는 명문대학교를 졸업하고 의사로서 많은 돈을 벌
    수 있는 직업을 가졌음에도 탐욕을 부리고 어떻게 이런 짓
    을 할 수 있는가요

답 제가 아파트를 팔고 나서도 계속 더 올라 눈 뜨고 당한 것
    같은 생각이 들어 탐욕이 생겨 그랬습니다.

문 아파트를 판 후 얼마나 더 올랐는가요

답 약 5억 원 정도 더 오른 것으로 알고 있습니다.

문 이상의 진술이 사실인가요

답 네, 사실입니다.

문 피의자에게 유리한 증거나 더 할 말이 있는가요

답 제가 욕심이 너무 많아 큰 죄를 진 것 같습니다.

위 조서를 진술자에게 열람하게 하였던 바, 진술한 대로 오기나 증감 변경할 것이 전혀 없다고 말하므로 간인한 후 서명날(무)인 케 하다.

진 술 자   장 의 사
2 0 0 6. 4. 2 4.
서울중앙지방검찰청
검   사   박 검 사
검찰주사   한 훈 희

Chapter 3

간통 및 사기 무고 사건

간통 및 사기 무고 사건

이 사건은 전형적인 무고 사건입니다. 어떤 여자가 다른 남자와 서로 좋아 성관계를 갖고 내연 관계를 유지하며 지내다가 여자에게 불리한 상황, 예를 들면 남편이 불륜 관계를 알게 되어 이혼을 당하는 등 어떤 문제가 발생하게 될 경우, 간통한 남자에게 자진해서 돈을 거저 주거나 빌려주었으면서도 강간을 당하거나 사기를 당했다고 주장하며 고소하여 위기를 모면하려고 하는 경우가 있는데 이 사건도 그런 경우에 해당하는 것입니다. 그래서 간통을 하고 돈을 빌려주었으면서 사기를 당했다고 허위로 고소한 사건이라 "간통 및 사기 무고 사건"이라고 했습니다. 필자는 이런 사건을 조사해 본 경험이 많기 때문에 이 사건에서처럼 여자가 어떤 남자와 불륜 관계를 유지하다가 사기를 당했다고 주장하는 경우 아주 철저히 조사합니다. 왜냐하면 아직도 검찰·경찰은 물론 법원에서도 여자가 피해자라고 하면 거의 대부분이 여자 편을 들어 남자가 억울하게 죄를 뒤집어쓰는 경우가 많기 때문입니다.

이한심이라는 여성은 남편과 아이가 있는 유부녀로서 미장원을 운영하고 있었습니다. 그런데 어느 여자 단골손님의 동생인 김당한이라는 남자를 알게 되어 성관계를 갖고 내연 관계를 유지하고 있었습니다. 당시 김당한도 돈을 벌기 위해 외국에 가 있는 부인과 자식이 있는 유부남이었는데 혼자 살다보니 외로웠던지 이한심을 만나 수시로 성적 쾌락을 즐겼습니다. 그런데 이한심은 실업자인 김당한이 측은해 보였는지 아니면 실업자와 놀아나는 것이 창피해서 그랬는지 그 이유는 알 수 없지만 김당한에게 돈을 빌려줄 테니 장사를 하라고 권유하며 자진해서 돈을 빌려주었습니다. 그리하여 김당한이 옷 가게를 시작했는데 생각보다 장사가 잘되지 않았고, 돈을 벌기 위해 외국에 간 부인이 귀국한 후로는 부인 눈치를 보면서 이한심을 소홀히 대하게 되었습니다. 그러자 이한심은 김당한의 관심을 끌기 위해 죽는다고 약을 먹고 입원을 하게 되었는데, 평소 이한심이 집에 늦게 들어오는 날이 많아 이상하게 생각하고 있던 남편은 부인이 약을 먹고 입원까지 하자 자신에게 뭔가 숨기고 있다는 생각을 하게 되었습니다. 그래서 왜 약을 먹었는지 부인을 닦달하며 추궁하자 어떤 남자한테 사기를 당해 그 돈을 받기 위해 집에 늦게 들어오게 되었고 그 일 때문에 너무 속상하고 분해 약을 먹었다며 거짓말을 하자 남편은 속도 모르고 그 남자를 사기죄로 고소하라고 했습니다. 잘못하면 남편도 잃고 돈도 잃게 될 것 같은 생각이 든 이한심은 김당한으로부터 사기를 당했다고 고소를 했습니다. 쾌락을 즐기기 위해서든, 어떤 이유에서든 서로 좋아서 성관계를 가졌을 텐데 자기에게 불리한 상황이 되자 사기나 공갈을 당하고 심지어는 강간을 당했다고 거짓으로 고소를 하는 뻔뻔한 이한심 같은 사람들이 생각보다 많이 있습니다. 무고죄는 죄질이 아주 좋지 않습니다. 한번 생각해 보세요! 내가 아무 죄도 없는데 어떤 사람이 죄를 뒤집어씌워 구속이 되고 처벌을 받는다면 얼마나 억울하겠습니까?

이런 무고 사건의 경우 다른 범죄와 달리 무고한 사람이 오히려 더 거짓말을 많이 하고 사실이 밝혀져 더 이상 거짓말을 해도 통하지 않을 때까지 자기주장을 합리화하는 경우가 있습니다. 그러나 경험이 많은 수사관은 이런 사건의 경우 고소인 진술만 들어봐도 대충 무고임을 알 수 있고 피고소인을 조사해 보면 금방 그 실체를 파악할 수 있습니다.

이와 같은 사건은 검찰에 고소장을 접수해도 특별한 경우가 아니면 경찰로 내려 보내는데 이한심이 김당한이 경찰에 아는 사람이 많아 공정한 수사가 이루어질 수 없다고 주장하여 필자가 직접 조사를 하게 되었습니다. 물론 이것도 결국 거짓말로 밝혀졌지만 말입니다.

고 소 장

고 소 인   이 한 심(660924-2000000)

　　　　　　서울 강동구 무고동 911 무고아파트 101동 501호

　　　　　　연락처 : 02)345-****, 011-345-****

피고소인   김 당 한(600511-1000000)

　　　　　　서울 강동구 당한동 627 당한빌라 301호

　　　　　　연락처 : 02)654-****, 011-654-****

고 소 취 지

　피고소인은 변제할 의사나 능력도 없이 고소인에게 사업자금을 빌려주면 몇 개월 내에 바로 변제하겠다고 속여 5,000만 원을 편취하고, 고소인이 운영하는 계에 가입하여 곗돈 1,000만 원을 타먹고 매월 불입해야 할 계금을 불입하지 않아 이를 독촉하는 고소인을 발로 가슴과 옆구리를 찬 후, 양손으로 목을 조르고 주먹으로 얼굴 부위를 때려 상해를 입혔으니 조사해 처벌해 주시기 바랍니다.

고 소 내 용

1. 고소인과 피고소인의 관계

고소인은 서울 강동구 무고동 234에서 '자연그대로'라는 상호로 미장원을 운영하면서 손님으로 찾아온 피고소인의 누나를 알게 되어 친하게 지내오던 중 피고소인이 누나와 함께 머리를 하러 와 알게 된 사이입니다.

2. 피고소인의 사기

가. 피고소인은 당시 놀고 있어 고소인에게 돈을 빌리더라도 변제할 의사나 능력도 없으면서 사업을 하는 데 필요한 돈을 빌려주면 틀림없이 약속 날짜에 변제하겠다고 속여 2005. 6. 11. 서울 강동구 무고동 234번지 소재 고소인의 미장원에서 금 2,000만 원, 같은 달 18. 같은 장소에서 금 1,000만 원, 같은 달 27. 같은 장소에서 금 1,000만 원, 같은 해 7. 11. 같은 장소에서 금 1,000만 원 등 도합 5,000만 원을 편취하고,

나. 고소인이 2005. 3. 13.부터 계주로서 계원 20명을 모집하여 번호계를 운영하던 중 계원 이용세가 2구좌를 들어 매달 80만 원씩 불입하다가 탈퇴하게 되자, 피고소인은 계를 타더라

도 매달 계금을 불입할 의사나 능력도 없으면서 2005. 6. 13.경 이용세 대신 계금을 불입하겠다며 위 번호계에 가입하여 같은 해 10. 13. 고소인의 집에서 1,000만 원을 타먹은 후 매달 불입해야 할 계금 440만 원을 불입하지 않고 이를 편취했습니다.

3. 피고소인의 폭행

위와 같이 피고소인이 돈을 빌려가고 곗돈을 타먹은 후 빌려 간 돈을 주지 않고 매월 불입하기로 한 계금을 내지 않아 고소 인이 사기를 당한 것 같은 생각이 들어 2005. 11. 18. 15:00경 서울 강동구 당한동 627 소재 피고소인의 집 근처에서 빌려간 돈과 계금을 변제하라고 했습니다. 그랬더니 피고소인이 발로 고소인의 가슴과 옆구리를 수회 찬 후 양손으로 목을 조르고 주먹으로 안면 부위를 수회 때리는 등 폭행을 가하여 다발성 좌상 등으로 2주간의 치료를 요하는 상해를 입었습니다.

4. 결론

피고소인은 고소인이 자기 누나와 친하다는 것을 알고 계획적으로 접근하여 고소인으로부터 돈을 편취한 후 이를 변제하지 않고 있을 뿐만 아니라 곗돈을 타먹고 계금을 불입하지 않고 폭행까지 한 자이니 철저히 조사하여 사기 및 폭행죄로 처벌해 주시기 바랍니다.

　※피고소인은 평소 아버지가 경찰서에 근무했기 때문에 경찰에 많은 인맥이 있다고 자랑한 자이므로 공정한 수사를 위해 검찰청에서 직접 조사해 주시기 바랍니다.

　첨부 : 진단서 1통.　끝

　　　　　　　2006.　5.　20.
　　　　　　　위 고소인　이 한 심

서울동부지방검찰청 귀중

<table>
<tr><td colspan="4" align="center">진 술 조 서</td></tr>
<tr><td>① 성　　명</td><td>이한심 (李漢沈)</td><td>② 주민번호</td><td>660924-2000000</td></tr>
<tr><td>③ 주　　거</td><td colspan="3">서울 강동구 무고동 911 무고아파트 101동 501호</td></tr>
<tr><td>④ 본　　적</td><td colspan="3">전남 영암군 후안면 무치리 123</td></tr>
<tr><td>⑤ 직　　업</td><td>상 업 (미장원)</td><td>⑥ 연　　령</td><td>39세 1966. 9. 24. 생</td></tr>
<tr><td>⑦ 전화번호</td><td colspan="3">02)345-****, 011-345-****</td></tr>
</table>

피의자 김당한에 대한 사기 등 피의사건에 관하여 2006. 6. 2.

서울동부지방검찰청 235호 검사실에서 임의로 아래와 같이 진술

하다.

1. 저는 위 주소지에서 남편과 아들 두 명이 함께 거주하고 있습
   니다.
1. 저는 서울 강동구 무고동 234에서 "자연그대로"라는 상호로 미
   장원을 운영하면서 김당한에게 돈을 빌려주고 받지 못해 돈을 변
   제하라고 독촉하다가 맞은 사실이 있는데 이에 대하여 물으신다
   면 사실대로 대답하겠습니다.

이때 검사는 위 진술의 취지를 명확히 하기 위해 임의로 다음과

같이 문답하다.

문　　진술인이 이한심인가요

답   네, 제가 김당한을 고소한 이한심입니다.

이때 검사는 진술인이 제시하는 주민등록증을 보고 본인임을 확인하다.

문   이것이 진술인이 제출한 고소장인가요

이때 검사는 2006형 제6606호로 접수된 고소장을 보여준 바,

답   네, 제가 제출한 고소장이 맞습니다.

문   이와 같은 내용의 고소장을 다른 수사기관에 제출한 사실이 있는가요

답   다른 수사기관에는 제출하지 않았습니다.

문   고소 요지가 무엇인가요

답   피고소인은 당시 놀고 있어 저한테 돈을 빌리더라도 변제할 의사나 능력도 없으면서 사업을 한다는 핑계로 제가 운영하는 서울 강동구 무고동 234번지 소재 자연그대로 미장원에서 2005. 6. 11. 금 2,000만 원, 같은 달 18. 같은 장소에서 금 1,000만 원, 같은 달 27. 같은 장소에서 금 1,000만 원, 같은 해 7. 11. 같은 장소에서 금 1,000만 원 등 합 5,000만 원을 빌려간 후 변제하지 않고 있습니다. 또 제가 2005. 3. 13. 계주로서 계원 20명을 모집하여 운영하는 번호계에 계원 이용세가 2구좌를 들어 매달 1구좌당 40만 원씩 불입해 왔는데 피고소인이 이용세 대신 계원으로 가입하여 계금을 불입하던 중 2005. 10. 13. 다른 사람이 곗돈을 탈 차례에 피고소인이 계금을 계속 불입하기로 약속하고 대신 금 1,000만 원을

타먹고 계금을 불입하지 않았습니다. 그래서 제가 2005. 11. 18. 15:00경 서울 강동구 당한동 627 소재 피고소인의 집 근처 노상에 주차 되어 있는 피고소인의 차 안에서 저한테 빌려 간 돈과 위 계금을 변제하라고 독촉하자 피고소인이 저를 차 밖으로 끌고 나와 발로 가슴과 옆구리를 수회 차고, 양손으로 목을 조르고 머리를 잡고 주먹으로 안면 부위를 수회 때리는 등 폭행을 가하여 다발성 좌상 등으로 14일간의 치료를 요하는 상해를 입었다는 내용입니다.

문　진술인은 김당한을 언제, 어떻게 알게 되었는가요

답　제가 약 5년 전부터 서울 강동구 무고동 234번지에서 '자연그대로' 라는 상호로 미장원을 운영하면서 손님인 피고소인의 누나를 알게 되어 친하게 지내오던 중 약 2년 전에 피고소인이 누나와 함께 머리를 하러 와 알게 되었습니다.

문　피고소인이 진술인에게 무슨 사업을 한다면서 돈을 빌려갔는가요

답　옷 가게를 한다고 빌려갔습니다.

문　피고소인이 실제로 옷 가게를 했는가요

답　동대문구에 있는 평화시장에서 한 것으로 알고 있습니다.

문　옷 가게의 운영 상태는 어떠했는가요

답　저는 잘 모르겠습니다.

문　피고소인에게 어떤 조건으로 돈을 빌려주었는가요

답　이자는 2부로 정했지만 변제날짜는 정하지 않고 빌려주었

습니다.

문 왜 변제날짜를 정하지 않았는가요

답 사업을 하면 금방 돈을 벌어 갚을 수 있다고 하길래 몇 달
    안으로 주겠지 싶어 정하지 않았습니다.

문 피고소인에게 돈을 빌려준 증거가 있는가요

답 없습니다.

문 돈을 빌려주고 왜 아무런 증거를 남기지 않았는가요

답 그냥 믿고 증거를 남기지 않았습니다.

문 그렇게 믿을 정도라면 상당히 친한 사이였던 것 같은데 어
    떤가요

답 피고소인과는 별로 친하지 않았지만 누나하고 친했기 때문
    에 설마 돈을 떼먹고 안 주겠나 싶어 믿고 아무런 증거를
    남기지 않았습니다.

문 피고소인으로부터 이자를 받은 사실이 있는가요

답 없습니다.

문 피고소인에게 빌려준 돈은 진술인의 것인가요

답 일부는 제 돈이고 일부는 친구한테 빌린 것입니다.

문 피고소인이 옷 가게를 하기 전에는 무엇을 했는가요

답 아무것도 하지 않고 놀고 있었습니다.

문 놀고 있는 사람한테 아무 증거도 남기지 않고 5,000만 원
    이나 빌려준 이유가 무엇인가요

답 앞에서도 말씀드렸듯이 제가 피고소인의 누나와 친하기 때

문에 설마 떼먹겠나 싶어 믿고 빌려주었습니다.

문 피고소인이 운영하는 옷 가게가 어려우면 돈을 받지 못할
수도 있다는 생각은 해보지 않았는가요

답 피고소인이 워낙 자신 있게 말하며 어떤 일이 있어도 제가
빌려준 돈을 갚는다고 해 그런 생각은 하지 못했습니다.

문 피고소인이 언제 계에 가입했는가요

답 2005. 6. 13.경에 가입했습니다.

문 피고소인이 계금을 얼마나 불입했는가요

답 2005년 7월부터 10월까지 국민은행을 통하여 온라인으로
4회에 걸쳐 320만 원을 불입했는데 필요하면 다음에 통장
사본을 제출하도록 하겠습니다.

문 그럼 피고소인이 계금을 얼마나 더 불입해야 되는가요

답 이용세가 3개월 동안 240만 원을 불입하고, 피고소인이
320만 원을 불입했으니까 앞으로도 440만 원을 더 불입해
야 합니다.

문 진술인은 피고소인한테 맞았다고 했는데 사실인가요

답 맞았으니까 맞았다고 하지요. 그리고 진단서를 보면 제 말
이 사실임을 알 수 있을 것입니다.

문 언제, 어디에서 맞았는가요

답 2005. 11. 18. 15:00경 서울 강동구 당한동 627소재 피고
소인의 집 근처에서 맞았습니다.

문 피고소인이 어떻게 때리던가요

답 발로 가슴과 옆구리를 찬 후 양손으로 목을 조르고 주먹으로 얼굴 부위를 때렸습니다.

문 진술인이 맞을 때 본 사람이 있는가요

답 피고소인의 후배가 있었는데 이름은 누구인지 모르겠습니다.

문 그 후배가 말리지 않던가요

답 그냥 말로만 그만하라고 하고 적극적으로 말리지는 않았습니다.

문 피고소인한테 맞은 후 바로 고소하지 않고 왜 이제 고소했는가요

답 고소하면 빌려준 돈과 곗돈을 받지 못할 것 같아 기다리다 이제 고소하게 되었습니다.

문 피고소인의 처벌을 원하는가요

답 네, 법에 따라 처벌해 주세요.

문 이상의 진술이 사실인가요

답 네, 사실입니다.

문 더 할 말이 있는가요

답 없습니다.

위 조서를 진술자에게 열람하게 하였던 바, 진술한 대로 오기나 증감 변경할 것이 전혀 없다고 말하므로 간인한 후 서명날(무)인 케 하다.

진 술 자   이 한 심
2 0 0 6.   6.   2.
서울동부지방검찰청
검   사   성 검 사
검찰주사   한 훈 희

	피의자신문조서		
성 명	김당한 (金當漢)	주민번호	600511-1000000

위 사람에 대한 사기 등

피의사건에 관하여 2006. 6. 20.

서울동부지방검찰청

검   사   성 검 사 는(은)

검찰주사   한 훈 희 를(을)

참여하게 하고 피의자에 대하여 아래와 같이 신문한다.

문	피의자의 성명, 연령, 생년월일, 직업, 본적, 주거를 말하시오.
답	성명은 김 당 한 호주는 본인
	연령은 45세 생년월일은 1960. 5. 11. 생
	직업은 상업(옷 가게)
	직장 전화번호는 02)9876-****
	본적은 경남 창원시 순진동 456
	주거는 서울 강동구 당한동 627 당한빌라 301호
	자택 전화번호는 02)654-****, 011-654-**** 입니다.

검사는 피의사건의 요지를 설명하고 검사의 신문에 대하여 형사
소송법 제200조의 규정에 의하여 진술을 거부할 수 있는 권리
가 있음을 알려준즉 피의자는 신문에 따라 진술하겠다고 대답
하다.

문 피의자는 형벌을 받은 사실이 있는가요
답 2000. 3. 10. 서울지방법원[3]에서 교통사고처리특례법 위
반으로 벌금 300만 원을 선고 받은 사실이 있습니다.
문 피의자의 학력 및 경력을 진술해 보시오
답 고향에서 고등학교를 졸업하고 서울로 올라와 철공소 등에
서 일했고, 결혼 후 동대문시장에서 신발 장사를 하다 장사
가 잘 안 돼 그만두고 놀다가 2005년 7월경부터 '자연그대
로'라는 상호로 의류 도·소매업을 하고 있습니다.
문 병역은 마쳤나요
답 1983년 방위로 제대했습니다.
문 가족 관계는 어떻게 되는가요
답 처와 아들 1명이 있습니다.
문 피의자의 월수입 및 재산은 얼마나 되는가요

---

3) 과거에는 현재의 서울중앙지방법원을 서울형사지방법원과 서울민사지방법
원으로 구분하고 산하에 동부(서부, 남부, 북부, 의정부)지원을 두었다가 서
울형사와 민사지방법원을 서울지방법원으로 통합한 후 다시 현재와 같이 서
울중앙지방법원으로 변경하고, 지원을 서울동부(서부, 남부, 북부)지방법원
과 의정부지방법원으로 승격시켰습니다.

답	재산은 1억 원 상당의 빌라가 한 채 있고, 월수입은 약 150만 원 정도 됩니다.
문	훈장이나 포상을 받은 사실이 있는가요
답	없습니다.
문	국가유공자인가요
답	아닙니다.
문	정당이나 사회단체에 가입한 사실이 있는가요
답	없습니다.
문	피의자는 고소인 이한심을 아는가요
답	고소인과 같은 동네에 살고 있는 제 누나가 고소인이 운영하는 미장원에 단골로 다니며 고소인과 친하게 지냈습니다. 그래서 제가 누나와 함께 머리를 깎으러 고소인의 미장원에 갔다가 인사를 나눈 후 오빠 동생 하면서 내연 관계로 지내온 사이라 잘 압니다.
문	피의자는 고소인으로부터 돈을 빌린 사실이 있는가요
답	네, 그런 사실이 있습니다.
문	언제, 어디에서 빌렸는가요
답	2005. 6. 11. 서울 강동구 무고동에 있는 고소인의 자연그대로 미장원에서 2,000만 원, 같은 달 18. 같은 장소에서 1,000만 원, 같은 달 27. 같은 장소에서 1,000만 원, 같은 해 7. 11. 같은 장소에서 1,000만 원 등 총 5,000만 원을 빌렸습니다.

문 돈을 빌린 경위를 진술해 보시오

답 제가 고소인을 만나 2004년 10월경부터 2006년 4월경까지 내연 관계를 유지해 왔는데 2005년 6월 초순경 고소인이 제 친구인 이용세로부터 동대문구 평화시장에 빈 가게가 있다는 말을 듣고 저한테 장사를 해보라고 하여 돈도 없고 어떤 장사를 해야 할지 모르겠다고 했더니 자기가 돈을 대겠다면서 옷 가게를 해보라고 했습니다. 그래서 고소인에게 옷에 대해 아무것도 모르는 내가 어떻게 장사를 하느냐고 하니까 경험 있는 사람을 종업원으로 두고 하면 되지 않느냐고 하면서 자기가 종업원을 구해보겠다고 해 그렇게 해주면 한 번 해보겠다고 했더니 고소인이 돈을 자진해서 주었습니다.

문 고소인이 그냥 준 것인가요 빌려준 것인가요

답 당시에는 고소인과 내연 관계였기 때문에 고소인이 그냥 준 것이나 마찬가지지만 제가 나중에 장사가 잘되면 갚을 생각을 하고 있었으니 빌린 것입니다.

문 고소인은 피의자가 옷 가게를 해보겠다며 돈을 빌려달라고 해서 주었다고 하는데 아니란 말인가요

답 고소인이 저한테 옷 가게를 해보라고 권유하며 자진해서 빌려주었습니다.

문 어떤 조건으로 빌렸는가요

답 이자는 주지 않고 장사를 해서 버는 대로 원금만 조금씩

갚는 조건으로 빌렸습니다.

문 고소인에게 영수증 등을 써주었는가요

답 아무것도 써주지 않았습니다.

답 고소인으로부터 빌린 돈을 어떻게 했는가요

답 가게 보증금 2,000만 원, 수리비 1,000만 원, 물건값 1,000만 원 등으로 4,000만 원을 쓰고, 나머지는 개업 후 종업원 월급과 가게 월세 및 관리비 등을 주는데 썼습니다.

문 피의자가 개인적으로 쓴 돈은 얼마나 되는가요

답 제 개인적으로 쓴 돈은 거의 없습니다.

문 가게 계약은 언제 했는가요

답 2005. 6. 20.경에 계약을 해 10일 동안 수리를 한 후 7월 초에 개업했습니다.

문 가게를 누구 명의로 계약했는가요

답 고소인이 제 명의로 하라고 해 제 이름으로 했습니다.

문 고소인으로부터 빌린 돈을 얼마나 변제했는가요

답 한 푼도 갚지 못했습니다.

문 왜 한 푼도 갚지 못했는가요

답 장사가 생각보다 잘 되지 않아 종업원 월급을 주고 나면 남는 것이 없어 갚지 못했습니다.

문 고소인도 그 사실을 알고 있는가요

답 네, 잘 알고 있습니다. 제가 만날 때마다 미안하다고 하니까 괜찮다며 장사가 잘되면 갚으라고 했습니다.

문   고소인이 피의자한테 빌려준 돈을 변제하라고 독촉하지 않
     았단 말인가요

답   옷 가게가 잘 안 되는 줄 알고 평소에는 한 번도 돈을 달라
     고 하지 않았습니다.

문   피의자는 고소인의 권유로 옷 가게를 했고, 돈도 고소인이
     자진해서 빌려준 것이란 말인가요

답   네, 그렇습니다. 제가 놀고 있으니 남 보기에 안 좋다며 무
     슨 일이든 해서 돈을 벌어야 서로 좋지 않겠느냐고 권유하
     여 옷 가게를 하게 된 것입니다.

문   피의자는 고소인이 만든 계에 가입한 사실이 있는가요

답   제 친구인 이용세가 고소인이 만든 번호계에 가입했는데
     계금을 불입하지 못하고 있다면서 고소인이 제 명의로 대
     신 계금을 불입하여 미리 곗돈을 타서 제가 빌린 돈을 갚
     은 것으로 하자고 해 알아서 하라고 한 사실은 있지만 제가
     정식으로 계에 가입한 것은 아닙니다.

문   고소인은 피의자가 이용세가 불입하던 2구좌를 대신 불입
     한다고 해 2005. 10. 13. 다른 사람이 곗돈을 탈 차례에
     피의자가 대신 1,000만 원을 타게 해주었는데 매달 불입하
     기로 한 계금을 불입하지 않았다고 하는데 어떤가요

답   앞에서 말씀드린 대로 다른 사람이 곗돈을 탈 차례인데 고
     소인이 다른 사람한테 돈을 빌려 저한테 주었다면서 그 돈
     을 갚기 위해 이용세가 불입하던 것을 자기가 제 명의로 대

신 불입하는 조건으로 곗돈을 타서 빚을 갚은 것입니다.

문 피의자는 고소인을 때린 사실이 있는가요

답 네, 그런 사실이 있습니다.

문 언제, 어디서 때렸는가요

답 2005. 11. 18. 15:00경 서울 강동구 당한동 627 제 집 앞에서 때렸습니다.

문 왜 때렸는가요

답 그날 14:00경 고소인이 전화를 하여 돈을 달라고 해 "장사가 되지 않아 힘든 줄 알면서 돈을 달라고 하면 어떻게 하느냐"고 했더니 만나서 이야기하자고 해 집 근처로 오라고 하여 만났습니다. 그런데 고소인이 저를 보자마자 무조건 돈을 내놓으라고 해 "장사가 되지 않아 골치 아파 죽겠는데 뻔히 알면서 무조건 돈을 내놓으라고 하면 어떻게 하느냐"고 하고는 제 차를 타고 도망가는데 고소인이 맨발로 뛰어와 들고 있던 휴대폰을 제 차에 던지기에 화가 나 차를 세워놓고 몇 대 때렸습니다.

문 어떻게 때렸는가요

답 발로 가슴과 옆구리를 몇 대 차고 양손으로 목을 조른 후 머리를 잡고 주먹으로 얼굴을 몇 대 때렸습니다.

문 흉기로는 때리지 않았는가요

답 순간적으로 몇 대 때린 건데 무슨 흉기로 때립니까.

문 고소인을 때린 후 어떻게 했는가요

답 차에 태워 구의동에 있는 병원으로 가 치료받게 했습니다.

문 고소인이 얼마나 다쳤는가요

답 다치고 말고 할 것도 없고 찰과상이 좀 났을 뿐입니다.

문 그런데 왜 병원으로 데리고 갔는가요

답 고소인이 길가에 쓰러져 죽겠다고 울고불고 난리를 치기에 혹시 많이 다치지 않았나 걱정이 되어 병원에 데리고 갔더니 의사 선생님이 특별히 다친 곳이 없다고 했습니다. 그래서 다시 고소인을 제 차에 태워 집에 데려다 주었습니다.

문 고소인을 때릴 때 본 사람이 있는가요

답 제 후배인 김형구가 보았습니다.

문 피의자가 고소인을 때릴 때 김형구는 어떻게 했는가요

답 고소인을 몇 대 때리니까 저한테 그만하라며 말렸습니다.

문 고소인을 때린 후 만난 적이 있는가요

답 만나지는 않고 약 1주일 후에 전화를 하여 미안하다고 사과했더니 괜찮다고 해 아무렇지도 않게 생각하고 있었습니다.

문 고소인을 때리기 전에 왜 도망을 가려고 했는가요

답 제 처가 2002년 11월경에 돈을 벌기 위해 필리핀으로 갔다가 2005년 4월경에 입국하여 같이 지내다 보니 고소인에게 소홀히 대하게 되자 죽는다고 약을 먹어 제가 병원에 입원시킨 사실이 있었는데 그 생각이 나 무서워 도망을 했습니다.

문	당시 고소인이 어떤 약을 먹고 얼마나 입원했는가요
답	정확한 약명은 모르겠는데 3일 정도 입원했다가 퇴원했습니다.
문	피의자는 고소인과 내연 관계를 가졌다고 했는데 사실인가요
답	네, 사실입니다.
문	고소인이 피의자에게 배우자가 있는지 알고 있었는가요
답	고소인과 친하게 지냈기 때문에 당연히 알고 있었습니다.
문	처음 언제, 어디에서 고소인과 성교했는가요
답	2004. 10. 1. 20:00경 서울 강북구 우이동 계곡 쪽에 있는 파라다이스 여관에서 했습니다.
문	그 후로도 계속해서 성교했는가요
답	제 아내가 필리핀에서 돌아오기 전에는 매주 1~2회씩 했습니다.
문	고소인과 마지막으로 성관계를 가진 것은 언제인가요
답	2006년 5월 초순경입니다.
문	피의자의 아내나 고소인의 남편 중에 피의자와 고소인의 간통 사실을 알고 있는 사람이 있는가요
답	제 아내는 외국에 있었기 때문에 모르고 있는데 고소인이 죽는다고 약을 먹고 입원하는 바람에 고소인의 남편이 눈치를 챈 것 같습니다.
문	피의자는 옷 가게를 하기 전에 무슨 일을 했는가요
답	신발 장사를 하다가 그만두고 2004년 1월경부터 놀고 있었

습니다.

문 신발 장사를 왜 그만두었는가요

답 중국에서 싼 물건이 들어오는 바람에 타산이 맞지 않아 그만두었습니다.

문 고소인과 합의했는가요

답 아직 못 했습니다.

문 피의자에게 유리한 증거나 더 할 말이 있는가요

답 제가 고소인을 때린 것은 인정하지만 사기친 것은 절대 아닙니다. 장사가 되지 않아 돈을 못 갚았을 뿐입니다.

위 조서를 진술자에게 열람하게 하였던 바, 진술한 대로 오기나 증감 변경할 것이 전혀 없다고 말하므로 간인한 후 서명날(무)인 케 하다.

진 술 자   김 당 한
2 0 0 6. 6. 2 0.
서울동부지방검찰청
검   사   성 검 사
검찰주사   한 훈 희

피의자신문조서 (제2회 대질)			
성 명	김당한 (金當漢)	주민번호	600511-1000000

위의 사람에 대한 사기 등

피의사건에 관하여 2006. 6. 26.

서울동부지방검찰청

검 사 성 검 사 는(은)

검찰주사 한 훈 희 를(을)

참여하게 하고 피의자에 대하여 다시 진술 거부권이 있음을

알린즉 신문에 따라 진술하겠다고 대답하다.

문 피의자는 전회에 사실대로 진술했는가요

답 네, 모두 사실대로 진술했습니다.

문 피의자는 고소인과 내연 관계를 유지하고 있었다고 했는데
   사실인가요

답 네, 사실입니다.

문 고소인이 옷 가게를 운영하라며 자진해서 돈을 빌려준 것
   도 사실인가요

답 네, 사실입니다.

문 고소인에게 물어봐도 좋은가요

답 네, 좋습니다.

이때 검사는 대질조사를 받기 위해 피의자의 옆에 앉아 있는 고소인에게,

문 진술인은 피의자의 말을 잘 들었는가요

답 네, 잘 들었습니다.

문 피의자의 주장대로 진술인은 피의자와 내연 관계를 갖고 옷 가게를 하라며 자진해서 돈을 빌려준 것이 사실인가요

답 아닙니다. 저는 그런 사실이 없습니다.

문 진술인은 죽는다며 약을 먹고 입원한 사실이 있는가요

답 네, 그런 사실이 있습니다.

문 왜 그랬는가요

답 피의자가 빌린 돈을 주지 않아 여러 가지로 힘이 들어 그랬습니다.

문 피의자는 부인이 외국에서 돌아온 후 진술인에게 잘 대해 주지 않자 관심을 끌기 위해 죽는다며 약을 먹었다고 하는데 어떤가요

답 그런 게 아니라 제 개인적인 일로 세상 살기가 싫어서 약을 먹었습니다.

이때 검사는 다시 피의자에게,

문 고소인의 진술을 어떻게 생각하는가요

답 고소인의 진술은 모두 거짓말입니다. 제가 지난번에 말씀드린 대로 강북구 우이동에 있는 파라다이스 여관 등에서 고

소인과 거의 1주일에 한두 번씩 성관계를 했습니다. 그리고 제 아내가 필리핀으로 돈을 벌러 갔다가 돌아온 후 자기한 테 소홀히 대하자 관심을 끌려고 그랬는지 좋은 옷 가게가 있다며 돈을 대준다고 장사를 해보라고 해 시작한 것입니 다.

문　고소인이 오랫동안 피의자와 간통을 하고 스스로 돈을 빌 려주었단 말인가요

답　네, 맞습니다.

이때 검사는 다시 고소인에게,

문　진술인은 피의자와 성관계를 갖고 내연 관계를 유지한 것이 사실인가요

답　성관계를 하기는 했지만 이 사람이 사기를 친 것은 사실입 니다.

문　피의자는 자기 부인이 외국에서 돌아온 후에 진술인에게 소홀히 대하자 진술인이 피의자의 관심을 끌기 위해 돈을 대준다며 옷 가게를 하라고 해 시작한 것이라고 하지 않는 가요

답　아닙니다. 피의자가 오랫동안 놀고 있는 것이 안타까워 옷 가게를 하라고 한 것이지 관심을 끌기 위해 돈을 대주고 가 게를 하라고 한 것이 아닙니다.

문　피의자가 오랫동안 놀고 있는 것이 안타까워 옷 가게를 하라 고 돈을 주었다면 피의자가 사기를 친 것은 아니지 않은가요

답　사기를 친 것은 아닐지 모르지만 돈을 받지 못하고 있는 것은 사실입니다.

문　그런데 왜 피의자한테 사기를 당했다고 고소했는가요

이때 진술인은 아무 말을 하지 않고 고개만 숙이고 있다.

문　피의자가 계금을 불입하지 않았다고 한 것도 거짓말인가요

답　피의자의 사업자금을 빌려주기 위해 제가 친구한테 돈을 빌렸는데 이용세가 계금을 불입하다 돈이 없다며 계금을 불입하지 못하겠다고 했습니다. 그래서 제가 피의자한테 이용세 대신 계금을 불입하여 순번이 되면 곗돈을 타서 친구한테 빌린 돈을 갚을 테니 매달 계금을 불입하라고 하니까 그렇게 하겠다고 해놓고 피의자가 불입하지 않았으니 거짓말은 아닙니다.

문　진술인이 피의자와 간통한 사실을 남편이 알고 있는가요

답　정확히는 모르지만 대충 눈치를 채고 있는 것 같았습니다.

문　남편이 피의자한테 돈을 빌려준 사실도 알고 있는가요

답　제가 약을 먹고 병원에 입원했다가 퇴원하니까 남편이 왜 약을 먹었느냐며 심하게 추궁을 해 어떤 사람한테 돈을 빌려주었는데 받지 못할 것 같아 속상해서 약을 먹었다고 했습니다. 그랬더니 남편이 돈을 빌려간 사람이 누구냐고 묻기에 제가 누군지 알아서 뭐하느냐며 얼버무렸더니 저를 때리면서 사실대로 말하지 않으면 죽여 버리겠다고 해 할 수 없이 이 사람이라고 말해 알고 있습니다.

문　자진해서 돈을 빌려주었으면서 사기를 당했다고 고소한 이유는 무엇인가요

답　남편이 왜 엉뚱한 놈한테 돈을 갖다 주고 약을 먹었느냐며 그놈하고 놀아나 돈을 준 것이 아니면 고소해서 돈을 받아내라며 매일 화를 내고 때려서 고소했습니다.

문　진술인은 피의자한테 사기를 당한 것이 아닌데도 남편 때문에 고소했단 말인가요

답　이때 피의자는 아무런 대답을 하지 않고 고개만 숙이고 있다.

문　죄 없는 사람을 허위로 고소하면 무고죄로 처벌받을 수도 있는데 알고 있는가요

답　네, 알고 있습니다.

문　그런데 어떻게 이런 짓을 할 수가 있는가요

답　입이 열 개라도 할 말이 없습니다. 다시는 이런 짓을 하지 않을 테니 선처해 주시면 고맙겠습니다.

문　이상 사실대로 진술했는가요

답　네, 사실대로 진술했습니다.

문　더 할 말이 있는가요

답　제가 이 사람한테 돈을 받지 못한 것은 사실이지만 사기를 당한 것은 아니니 고소를 취소하겠습니다.

위 조서를 진술자에게 열람하게 하였던 바, 진술한 대로 오기나 증감 변경할 것이 전혀 없다고 말하므로 간인한 후 서명날(무)인 케 하다.

　　　　　　　진 술 자　　김 당 한
　　　　　　　　　　　　　이 한 심
　　　　　　　2 0 0 6.　6.　2 6.
　　　　　　　서울동부지방검찰청
　　　　　　　검　　　사　　성 검 사
　　　　　　　검찰주사　　한 훈 희

Chapter 4

간통 및 살인 사건

간통 및 살인 사건

　이 사건은 어떤 여자가 다른 남자와 간통하고 자기 남편을 죽게 했다는 의혹 때문에 조사를 받아 "간통 및 살인 사건"이라고 했습니다. 이 사건은 직접적인 증거를 발견하지 못해 사건의 실체를 확실하게 밝히지 못했음에도 간통죄에 대해 징역형을 선고했는데 살인에 대한 의혹 때문에 정황상 간통을 했다고 보아 이례적으로 실형을 선고한 것이라고 생각됩니다.

　김가위라는 부인과 이종술이라는 남편이 있었습니다. 이들은 결혼하기 전부터 직장을 다니고 있었는데 결혼 후 이종술은 다니던 회사를 그만두고 회계사 시험공부를 하고, 김가위는 직장을 다니며 남편이 공부할 수 있도록 뒷바라지를 했습니다.

　그런데 남편이 회계사 시험에 합격하여 연수를 마치고 회계법인에 취직이 되어 친구들과 술을 마시며 자축을 하고 귀가하다 새벽 4시경에 동부간선도로의 거의 끝 지점인 서울 노원구 상계동 주공아파트 11단지 근처에서 의문의 교통사고를 당하여 죽었습니다.

　어려운 회계사 시험에 합격하여 좋은 직장에 취직을 해 가족들과 주위 사람들이 좋아했는데 의문의 교통사고를 당하여 죽었으니 너무나도 어이없고 황당한 죽음이었던 것입니다. 그래서 사망한 이종술의 아버지는 아들의 죽음에 대한 강한 의문을 품고 죽음의 단서를 찾기 위해 온갖 노력을 다했습니다. 그런데 아들의 일기장과 컴퓨터에 저장되어 있는 여러 가지 기록을 보다가 며느리인 김가위가 자신이 근무하는 회사의 거래처 사장과 바람을 피우고 있어 아들이 그 일 때문에 무척 괴로워하고 있다는 내용을 발견하게 되었습니다.

이종술의 일기에 의하면 김가위는 오래전부터 바람을 피우고 있었는데 심지어 이종술이 해외 출장 중일 때는 내연남을 집에 데리고 와 부부처럼 살았다는 내용도 들어 있었습니다. 이런 충격적인 내용을 알게 된 이종술의 아버지는 김가위가 내연남과 함께 자기 아들을 죽였다고 판단하고 며느리를 간통죄와 살인죄로 고소했지만 김가위는 살인은 물론 간통 사실을 전혀 인정하지 않았습니다. 죽은 남편에 대한 양심이 조금 남아 있어서 그랬는지 그 속마음은 알 수 없지만 남편이 해외 출장 중일 때 내연남을 집에 데리고 와 일주일 동안 부부처럼 살면서 출퇴근을 같이 한 사실은 인정하면서도 성관계를 가진 사실은 없다고 강하게 부인했습니다.

간통죄는 직접 성관계를 가진 증거가 있어야 처벌할 수 있다는 사실을 알고 거짓말을 했는데 직접적인 증거가 없어 의혹만 갖고 처벌할 수 없으니 난감할 수밖에 없었습니다. 그래서 누가 조서를 읽어보더라도 당연히 간통을 했다고 인정될 수 있도록 신문 내용을 만들어 간통죄에 대해서만 기소하고 살인죄는 기소하지 못했습니다. 간통죄도 성관계를 가졌을 것이라는 개연성만으로 기소를 했는데 법원에서는 살인의 의심 때문에 그랬는지 간통죄를 유죄로 인정하고 이례적으로 실형을 선고했습니다.

김가위를 신문하면서 정말 인간이 얼마나 사악하고 악의 끝이 어디까지인가를 많이 생각하게 되었고, 인간으로 태어나 같은 하늘 아래에서 살고 있는 것이 부끄러운 생각이 들 정도였습니다.

옛날에 어느 검사가 어떤 사람을 살인죄로 구속하여 기소했는데 그 살인범의 아버지가 '내 재산을 모두 털어서라도 아들을 기어코 무죄가 되도록 하겠다'고 하기에 속으로 웃었답니다. 그런데 그 살인범의 아버지가 엄청나게 많은 돈을 들여 담당 판사와 친한 판사 출신 변호사를 여러 명 선임하여 실제로 무죄판결을 받는 것을 보고 허탈감을 느껴 아직도 그 수사기록을 집에 보관하고 있다고 하는 말을 들은 적이 있습니다.

마찬가지로 이 사건에서처럼 정황상 살인을 했다는 의심은 가지만 증거가 없어 사건의 실체를 밝히지 못함으로 인해 처벌할 수 없는 데서 오는 허탈감도 무척이나 컸습니다. 이 글을 쓰면서도 살인죄의 증거를 찾기 위해 통화내역 조회, 거짓말탐지기 검

사 등 갖은 고생을 하며 조사하던 기억이 생생하게 떠오릅니다.

그러나 '열 명의 범인을 놓치는 한이 있더라도 한 명의 죄 없는 사람을 벌하여서는 아니된다(Better ten guilty escape than one innocent suffer)'라는 말처럼 어떤 사람이든 억울하게 처벌받는 일이 없도록 범죄를 저질렀다는 막연한 추측이나 개연성만으로 처벌해서는 안 되고, 확실한 증거를 갖고 처벌해야 한다는 생각에는 변함이 없습니다.

지금도 김가위가 그 내연남과 서로 사랑하며 행복하게 살고 있는지 알 수 없지만 이 사건을 통해 인간의 삶과 존재 이유, 행복 등에 대해 많은 생각을 하게 되었습니다.

피의자신문조서			
성 명	김가위 (金가위)	주민번호	700708-2000000

위 사람에 대한 간통 등

피의사건에 관하여 2006. 10. 9.

서울북부지방검찰청

검   사   이 검 사 는(은)

검찰주사   한 훈 희 를(을)

참여하게 하고 피의자에 대하여 아래와 같이 신문한다.

문	피의자의 성명, 연령, 생년월일, 직업, 본적, 주거를 말하시오
답	성명은 김 가 위 호주는 이 종 술
	연령은 35세 생년월일은 1970. 7. 8. 생
	직업은 회사원
	직장 전화번호는 02)572-****
	본적은 대구시 수성구 황당동 991
	주거는 서울 노원구 상계동 주공아파트 1101동 2004호
	자택 전화번호는 02)987-****, 011-987-**** 입니다.

검사는 피의사건의 요지를 설명하고 검사의 신문에 대하여 형사

소송법 제200조의 규정에 의하여 진술을 거부할 수 있는 권리가

있음을 알려준즉 피의자는 신문에 따라 진술하겠다고 대답하다.

문 피의자는 형벌을 받은 사실이 있는가요
답 없습니다.
문 피의자의 학력 및 경력을 진술해 보시오
답 고향에서 고등학교를 졸업하고 서울로 올라와 대학교를 졸업한 후 약 10년 전부터 기망 주식회사에 입사하여 현재까지 근무하고 있습니다.
문 가족 관계는 어떻게 되는가요
답 남편은 얼마 전에 사망하고 자식 없이 혼자 살고 있습니다.
문 피의자의 월수입 및 재산은 얼마나 되는가요
답 월수입은 약 400만 원, 재산은 5억 정도 됩니다.
문 훈장이나 포상을 받은 사실이 있는가요
답 없습니다.
문 국가유공자인가요
답 아닙니다.
문 정당이나 사회단체에 가입한 사실이 있는가요
답 없습니다.
문 피의자는 이종술과 언제 결혼했는가요
답 1998. 10. 1. 했습니다.

문 이종술을 어떻게 만나 결혼했는가요

답 제가 대학을 졸업하고 직장에 다닐 때 고등학교 때부터
   친하게 지내던 친구가 소개해 줘 3년 정도 사귀다가 결
   혼했습니다.

문 평소 남편과의 결혼생활은 어떠했는가요

답 서로 원만히 지내는 편이었습니다.

문 그런데 왜 황성교와 친하게 지냈는가요

답 황성교는 제가 근무하는 회사의 거래처 사장이라 자주 만나
   다 서로 고향이 같은 것을 알고 오빠, 동생하면서 지내다 보
   니 정이 들어 다른 사람보다 좀 더 친하게 지냈을 뿐입니다.

문 피의자는 황성교와 성관계를 가진 사실이 있는가요

답 없습니다.

문 피의자는 남편에게 황성교와 간통한 사실을 고백한 사실이
   있는가요

답 저는 그런 사실이 없습니다.

문 그런데 왜 피의자의 남편은 일기에 피의자가 황성교와 간통
   했다고 썼을까요

답 저는 그런 말을 한 사실이 없는데 남편이 왜 그런 내용의
   일기를 썼는지 모르겠습니다.

문 남편의 일기를 보면 피의자가 황성교와 간통한 사실을 알
   고 너무 괴롭다는 내용이 많이 나오는데 그런 사실이 없단
   말인가요

이때 검사는 이종술의 일기 중 해당 부분을 보여준 바,

답   저는 남편이 왜 이런 일기를 썼는지 모르겠습니다.

문   평소 황성교와 어느 정도 가깝게 지냈는가요

답   가끔 남편이 출장을 가고 집에 없어 외로울 때 같이 커피를
     마시고 이야기를 하며 지내는 사이입니다.

문   남편이 써놓은 일기를 보면 피의자가 황성교를 집에 데리고
     와 같이 잔 사실이 있다고 하는데 사실인가요

답   남편이 오랫동안 외국으로 출장을 갔을 때 황성교와 같이
     술을 한잔하다가 너무 늦어 집에 데리고 와 같이 잔 일은
     있지만 같은 방에서 자거나 성관계를 한 사실은 없습니다.

문   황성교가 피의자의 집에서 며칠이나 같이 지냈는가요

답   2004. 3. 3.부터 3. 9.까지 7일 동안 같이 지냈습니다.

문   7일 동안 같은 집에서 지내면서 성관계를 하지 않았단 말인
     가요

답   서로 그런 짓은 하지 않고 오빠, 동생처럼 지내기로 했기 때
     문에 성관계는 하지 않았습니다.

문   황성교가 왜 7일이나 피의자의 집에서 지냈는가요

답   퇴근 후 황성교와 같이 술을 마시다가 너무 늦어 황성교가
     집에 가자며 일어서길래 제가 남편이 해외로 출장가고 혼자
     있어 좀 늦게 가도 되니 좀 더 있다가 가자고 했습니다. 그
     래서 다시 앉아 이야기를 하다가 황성교가 제 집에 데려다
     주고 가겠다고 해 같이 집에 가서 이야기하다가 시간이 너

무 오래되어 같이 자게 되었습니다. 그래서 제가 괜찮으면 남편이 돌아오기 전까지 같이 지내자고 했더니 좋다고 하여 7일 동안 같이 지내게 된 것입니다.

문　7일 동안 밥도 같이 해 먹었는가요

답　아침은 해 먹지 않고 그냥 출근하고 저녁만 같이 해 먹었습니다.

문　잠은 어떻게 잤는가요

답　저는 평소 남편과 자는 큰 방에서 자고 황성교는 작은 방에서 잤습니다.

문　그렇게 같은 아파트에서 부부처럼 살면서 성관계를 갖지 않았단 말인가요

답　성관계는 절대 하지 않았습니다.

이때 검사는 다시 이종술의 일기 내용을 보여주고,

문　여기 피의자의 남편이 써 놓은 일기를 보면 피의자가 황성교와 간통한 사실이 구체적으로 나와 있는데 왜 거짓말을 하는가요

답　저는 남편이 왜 그런 일기를 썼는지 이해가 되지 않습니다.

문　남편이 어떻게 황성교가 피의자의 집에서 같이 잔 사실을 알았는가요

답　첫날 황성교가 제 집에서 자고 이튿날 퇴근할 때 자기 트레이닝복을 가져와 제 집에서 입고 지냈는데 마지막 날 그것을 작은 방에 걸어놓은 채 다른 짐만 챙겨 갔습니다. 저도 황성

교가 트레이닝복을 두고 간줄 모르고 있었는데 남편이 돌아와 다른 남자 옷이 걸려 있는 것을 보고 저한테 누구 옷이냐고 추궁해 할 수 없이 사실대로 말해 알게 되었습니다.

문 황성교가 옷을 가져와 한 아파트에서 부부처럼 지내며 같이 밥을 해 먹고 출퇴근을 했는데 잠은 따로 잤단 말인가요

답 평소 황성교와 제가 서로 좋은 감정을 갖고 있었던 것은 사실입니다. 그래서 부부처럼 같이 생활해 보고 싶은 마음이 있었지만 서로 한계를 지키자고 약속했기 때문에 잠은 따로 잤습니다.

문 결혼하여 남편이 있는 사람이 다른 남자를 데리고 와 부부처럼 생활했으면서 무슨 한계를 지키자고 약속했단 말인가요

답 성관계를 하지 않는 것이 서로의 한계를 지키는 것이라고 생각합니다.

문 황성교도 결혼했는가요

답 네, 결혼하여 아들과 딸이 한 명씩 있습니다.

문 남편은 일기에 피의자가 황성교와 간통한 사실을 알고 심한 배신감을 느껴 무척 괴로워하며 죽고 싶다는 내용을 써 놓았는데 남편이 일부러 그런 일기를 썼다고 생각하는가요

답 남편이 왜 그런 일기를 썼는지 모르지만 전 황성교와 간통한 사실이 없습니다.

문 피의자는 좋은 대학을 졸업하고 나름대로 직장에서도 인정

받고 있는 것 같은데 남편이 죽었다고 일말의 양심도 없이 그렇게 거짓말을 해서야 되겠는가요

답 저는 사실대로 말씀드렸을 뿐입니다.

문 황성교와 1주일 동안 부부처럼 같이 지낼 때 퇴근한 후에는 주로 무엇을 하며 지냈는가요

답 저녁에 같이 밥을 먹고 TV를 보거나 이야기를 하다가 각자 따로 잠을 잤습니다.

문 같이 밥 먹고 TV를 보기 위해 결혼하여 자식이 둘이나 있는 남자를 집으로 데리고 와 1주일이나 같이 지냈단 말인가요

답 그 점에 대해서는 입이 열 개라도 할 말이 없지만 정말로 성관계는 하지 않았습니다.

문 그런 피의자의 말을 믿어줄 사람이 있다고 생각하는가요

답 믿어주든 안 믿어주든 저는 황성교와 같은 방에서 자지 않았고 성관계를 한 사실이 없습니다.

문 피의자는 직접적인 증거가 없다고 생각하고 황성교와 간통한 사실을 부인하고 있는 것이 아닌가요

답 부인하는 것이 아니라 사실대로 말하고 있습니다.

문 황성교는 언제, 어떻게 알게 되었는가요

답 황성교는 제 회사에서 필요한 물품을 납품해 주는 조그마한 회사를 운영하고 있는데 2003년 10월경 제가 구매부서로 옮기고 나서 거래 관계로 자연히 알게 되었습니다.

문   이상 사실대로 진술했는가요

답   네, 사실대로 진술했습니다.

문   피의자에게 유리한 증거나 더 할 말이 있는가요

답   제가 황성교를 집에 데리고 와 부부처럼 같이 생활한 것은
      도덕적으로 비난받을 짓인지 모르겠지만 절대로 성관계를
      한 사실은 없습니다.

위 조서를 진술자에게 열람하게 하였던 바, 진술한 대로 오기나 증감 변경할 것이 전혀 없다고 말하므로 간인한 후 서명날(무)인 케 하다.

진 술 자 김 가 위
2 0 0 6. 1 0. 9.
서울북부지방검찰청
검   사 이 검 사
검찰주사 한 훈 희

피의자신문조서			
성 명	황성교 (黃成交)	주민번호	670825-1000000
	위 사람에 대한 간통 등		
	피의사건에 관하여 2006. 10. 9.		
	서울북부지방검찰청		
	검 사 이 검 사 는(은)		
	검찰주사 한 훈 희 를(을)		
	참여하게 하고 피의자에 대하여 아래와 같이 신문한다.		
문	피의자의 성명, 연령, 생년월일, 직업, 본적, 주거를 말하시오.		
답	성명은 황 성 교 호주는 본인		
	연령은 38세 생년월일은 1967. 8. 25.		
	직업은 자영업		
	직장 전화번호는 02)345-****		
	본적은 대구 수성구 상간동 145-2		
	주거는 서울 노원구 중계동 중계아파트 101동 911호		
	자택 전화번호는 02)567-****, 011-567-**** 입니다.		

검사는 피의사건의 요지를 설명하고 검사의 신문에 대하여 형사소
송법 제200조의 규정에 의하여 진술을 거부할 수 있는 권리가 있
음을 알려준즉 피의자는 신문에 따라 진술하겠다고 대답하다.

문   피의자는 형벌을 받은 사실이 있는가요
답   1997. 3. 7. 서울지방법원북부지원에서 폭력행위등처벌에
      관한법률 위반으로 징역 1년에 집행유예 2년을 선고받은
      사실이 있습니다.
문   피의자의 학력 및 경력은 어떻게 되는가요
답   서울에서 대학교를 졸업하고 무역회사에 다니다가 결혼 후
      그만두고 현재는 전자제품에 필요한 부속품을 납품하는 사
      업을 하고 있습니다.
문   군복무는 마쳤는가요
답   1991. 8. 1. 육군 병장으로 만기제대 했습니다.
문   가족 관계는 어떻게 되는가요
답   처와 아들 1명, 딸 1명이 있습니다.
문   피의자의 월수입 및 재산은 얼마나 되는가요
답   월수입은 약 1,000만 원, 재산은 동·부동산 합하여 10억
      원 정도 됩니다.
문   훈장이나 포상을 받은 사실이 있는가요
답   없습니다.
문   국가유공자인가요

답   아닙니다.

문   정당이나 사회단체에 가입한 사실이 있는가요

답   없습니다.

문   피의자는 언제 결혼했는가요

답   1995. 3. 10. 했습니다

문   피의자는 평소 부인과의 관계가 어떠했는가요

답   서로 원만히 지내는 편입니다.

문   그런데 왜 남편이 있는 김가위와 친하게 지냈는가요

답   김가위가 근무하는 회사에 납품을 하다가 업무관계로 알게
      되어 고향이 같다는 사실을 알고 다른 사람보다 더 친하게
      지냈을 뿐 특별한 관계는 아닙니다.

문   김가위를 언제, 어떻게 알게 되었는가요

답   대학을 졸업한 후 직장을 다니다가 그만두고 조그마한 납
      품회사를 설립하여 김가위가 다니는 회사에 납품하고 있었
      는데 2003년 10월경 김가위가 구매담당 부장으로 발령이
      나 거래 관계로 자연스럽게 알게 되었습니다.

문   피의자는 김가위의 집에서 숙식을 같이하며 지낸 사실이
      있는가요

답   2004. 3. 3.부터 3. 9.까지 일주일 동안 김가위의 집에서
      숙식을 하며 출퇴근을 한 사실이 있습니다.

문   처와 자식들이 있는 사람이 왜 김가위의 집에서 숙식을 하
      며 출퇴근을 했는가요

답 김가위가 저녁식사를 같이 하자고 해 회사 근처에 있는 식당에서 식사를 한 후 식당 근처에 있는 맥줏집으로 가 맥주를 몇 잔 마시다가 시간이 좀 오래되어 집에 가자고 했더니 김가위가 남편이 해외로 출장을 가 혼자 있으니 좀 더 있다가 가도 된다고 해 다시 술을 마시다가 밤이 깊었습니다. 그래서 제가 집에 데려다 주겠다고 했더니 좋다고 해 같이 김가위 집에 가서 이런저런 이야기를 하다가 김가위가 남편이 돌아오려면 15일 정도 있어야 하는데 혼자 있으니 너무 외롭고 무서운 생각이 들 때가 있다며 같이 지내면 좋겠다고 해 일주일 동안 같이 지내게 되었습니다.

문 김가위와 같은 방에서 잤는가요

답 첫날밤에는 같은 방에서 잤는데 그 이튿날부터는 따로따로 잤습니다.

문 처음 같이 잘 때 김가위와 성교하지 않았는가요

답 성관계는 하지 않고 그냥 잠만 잤습니다.

문 잠은 같은 방에서 잤는데 성관계는 갖지 않았단 말인가요

답 그날 김가위와 술을 많이 마셔 그냥 잤습니다.

문 당시 술을 얼마나 마셨는가요

답 좀 취할 정도로 마셨습니다.

문 그 다음 날에는 왜 또 같이 숙식을 하며 부부처럼 지냈는가요

답 김가위가 남편이 오랫동안 미국에 가 있다면서 혼자 지내려고 하니 너무 외롭고 무섭다며 남편이 올 때까지 며칠만 같

이 지낼 수 있으면 좋겠다고 해 같이 지내게 되었습니다.

문 배우자가 있는 사람들이 일주일 동안 아파트에서 부부처럼 생활하면서 성관계를 갖지 않았다고 하면 누가 그 말을 믿겠는가요

답 다른 사람은 안 믿을지 몰라도 저희는 정말로 성관계를 하지 않았습니다.

문 김가위의 남편은 피의자와 김가위가 간통한 사실을 알고 괴롭다는 내용의 일기를 써놓았는데 어떻게 생각하는가요

답 김가위의 남편이 왜 그런 일기를 썼는지 모르지만 저는 김가위와 성관계를 한 사실이 없습니다.

문 김가위가 남편에게 피의자와 간통한 사실을 말하지 않았다면 그런 일기를 쓸 이유가 없지 않은가요

답 김가위가 자기 남편에게 저와 성관계를 했다는 말을 했는지 안 했는지 알 수 없지만 어쨌든 저는 김가위와 성관계를 한 사실이 없습니다.

문 평소 김가위와 얼마나 가깝게 지냈는가요

답 처음에는 가끔 만나 식사를 하고 차를 마시며 이야기를 하는 정도였는데 고향이 같다는 사실을 알고 서로 오빠, 동생하며 친하게 지냈습니다.

문 일주일 동안 김가위 집에서 지내며 밥도 같이 해 먹었는가요

답 아침은 해 먹지 않고 그냥 출근하고 저녁에만 같이 해 먹었습니다.

문   잠은 어떻게 잤는가요

답   김가위는 큰 방에서 자고 저는 작은 방에서 잤습니다.

문   피의자는 김가위와 일주일 동안이나 같은 아파트에서 부부처럼 살았으면서 정말로 성교하지 않았는가요

답   성관계는 절대 하지 않았습니다.

이때 검사는 이종술의 일기장을 보여주고,

문   여기 김가위의 남편이 써 놓은 일기를 보면 피의자가 김가위와 성교한 사실을 알고 괴로워하는 내용이 구체적으로 나와 있는데 피의자는 왜 계속 거짓말을 하는가요

답   김가위의 남편이 왜 그런 일기를 썼는지 알 수 없지만 저는 절대로 김가위와 간통한 사실이 없습니다.

문   김가위가 그런 고백을 했기 때문에 김가위의 남편이 피의자와 간통한 사실을 알고 일기를 썼을 텐데 피의자는 모른다고만 할 것인가요

답   김가위가 그런 고백을 했는지 저로서는 알 수 없는 일이지만 제가 그들 두 사람에게 일어난 일을 어떻게 알 수 있겠는가요.

문   피의자는 김가위와 부부처럼 같이 밥을 해 먹고 출퇴근을 했으면서 계속해서 잠을 따로 자고 성교한 사실이 없다고 할 것인가요

답   평소 김가위와 업무적으로 자주 접촉하다 보니 서로 좋은 감정을 갖고 있었던 것은 사실이지만 한계를 지키자고 약속

했기 때문에 잠은 따로 잤습니다.

문 김가위의 남편은 김가위가 피의자와 성관계를 가진 사실을 듣고 무척 괴롭다는 내용을 일기에 써 놓았는데 피의자가 김가위와 간통하지 않았다면 그런 일기를 썼겠는가요

답 김가위의 남편이 왜 그런 일기를 썼는지 모르지만 저는 정말로 간통한 사실이 없습니다.

문 피의자는 김가위와 서로 말을 맞추기로 하고 거짓말을 하고 있는 것이 아닌가요

답 저는 사실대로 말씀드렸을 뿐입니다.

문 피의자는 퇴근한 후 김가위의 집에서 주로 무엇을 하며 지냈는가요

답 저녁에 같이 밥을 먹고 TV를 보거나 이야기를 하다가 각자 잠을 잤습니다.

문 같이 밥을 먹고 TV를 보았지만 잠은 따로 잤단 말이지요

답 그렇습니다,

문 피의자는 그 말을 믿어줄 사람이 있다고 생각하는가요

답 믿어주든 안 믿어주든 저는 김가위와 같은 방에서 잠을 같이 잔 사실도 없고 성관계를 한 사실도 없습니다.

문 피의자는 직접적인 증거가 없다고 생각하고 김가위와 간통한 사실이 없다고 거짓말을 하고 있는 것이지요

답 저는 거짓말을 하는 것이 아니라 사실대로 말하고 있습니다.

문 이상 사실대로 진술했는가요

답   네, 사실대로 진술했습니다.

문   피의자에게 유리한 증거나 더 할 말이 있는가요

답   제가 일주일 동안 김가위와 함께 부부처럼 생활한 것은 사실이지만 절대로 성관계를 한 사실은 없으니 믿어주시면 고맙겠습니다.

위 조서를 진술자에게 열람하게 하였던 바, 진술한 대로 오기나 증감 변경할 것이 전혀 없다고 말하므로 간인한 후 서명날(무)인 케 하다.

진 술 자　황 성 교
2 0 0 6.　1 0.　9.
서울북부지방검찰청
검　　사　이 검 사
검찰주사　한 훈 희

	피의자신문조서 (제2회)			
성 명	김가위 (金가위)	주민번호	700708-2000000	

위 사람에 대한 간통 등

피의사건에 관하여 2006. 10. 12.

서울북부지방검찰청

검   사   이 검 사 는(은)

검찰주사   한 훈 희 를(을)

참여하게 하고 피의자에 대하여 다시 진술 거부권이 있음을 알린

즉 신문에 따라 진술하겠다고 대답하다.

문   피의자는 전회에 사실대로 진술했는가요
답   네, 모두 사실대로 진술했습니다.
문   피의자는 황성교와 성교한 사실이 없다고 했는데 사실인가
      요
답   네, 사실입니다.
문   피의자는 지난번에 황성교와 같은 방에서 잠을 잔 사실이
      없다고 했지만 황성교는 피의자와 첫날 같은 방에서 잤다고
      하는데 왜 거짓말을 했는가요
답   거짓말을 한 게 아니라 제가 당황하고 오래되어 정확히 기

억이 나지 않아 잘못 말한 것입니다.

문 남편이 아닌 다른 남자를 집에 데리고 와 같이 잤으면서 당황하고 오래되어 정확히 기억이 나지 않는다는 게 말이 되는가요

답 이때 피의자는 아무 말을 하지 않고 있다.

문 피의자는 황성교와 성교한 사실을 숨기기 위해 고의로 거짓말을 한 것이지요

답 아닙니다. 황성교와 절대로 성관계를 하지 않았습니다.

문 피의자는 남편이 회계법인에 취직이 된 사실을 처음 언제, 어떻게 알았는가요

답 2006. 9. 10. 오후 5시경에 남편이 저한테 취직이 되어 기분이 좋다며 친구들과 술 한잔하고 들어오겠다고 핸드폰으로 연락하여 알았습니다.

문 그 연락을 받고 어떻게 했는가요

답 잘되었다며 축하한다고 말하고 술 조금만 마시고 일찍 들어오라고 했습니다.

문 그 후로는 서로 통화하지 않았는가요

답 남편이 밤 10시쯤 집으로 전화를 걸어 친구들과 어울리다 보니 조금 더 늦을 것 같다고 해 되도록이면 술 많이 마시지 말고 빨리 집으로 오라고 했습니다.

문 그리고 어떻게 했는가요

답 계속해서 기다리고 있는데 남편이 귀가하지 않아 기분이

좋아 술을 많이 마시고 있는가 보다고 생각하고 책을 보며 기다리다가 깜박 잠이 들었습니다. 그런데 새벽 5시 30분경에 경찰서에서 남편이 교통사고로 사망했다는 전화가 와 깜짝 놀라 바로 상계 백병원으로 가보았더니 죽은 남편을 하얀 천으로 덮어 놓았습니다.

문 경찰서에서 전화를 받았을 때 5시 30분이라는 것을 어떻게 알았는가요

답 처음에는 남편이 전화를 한 줄 알고 술을 얼마나 마셨기에 이 시간에 전화를 하나 싶어 시계를 보았더니 5시 30분이었습니다.

문 병원은 어떻게 갔는가요

답 제 차를 운전하여 갔습니다.

문 남편이 사망했다는 전화를 받고 직접 운전을 했단 말인가요

답 새벽이라 택시를 잡기가 힘들 것 같아 직접 차를 가지고 갔습니다.

문 남편이 사망했다는 말을 듣고 운전을 하는데 떨리지 않던가요

답 가슴이 떨렸지만 빨리 가서 확인해 보고 싶어 직접 운전을 하고 갔습니다.

문 집에서 병원까지 가는데 얼마나 걸렸는가요

답 병원이 집에서 멀지 않은데 정신이 없어 정확히 얼마나 걸렸는지 모르겠지만 몇 분 안 되어 도착한 것 같습니다.

문 왜 정신이 없었는가요

답 (무척 어이없어 하는 표정을 지으며) 남편이 죽었다고 하는
데 정신이 멀쩡한 사람이 누가 있겠습니까.

문 남편이 언제, 어디에서, 어떻게 교통사고를 당했다고 하던가요

답 경찰관 말로는 새벽 4시경에 동부간선도로 상계동 끝 지점
에서 술이 취해 도로를 건너다가 갓길 쪽 2차선에서 승용
차에 치여 죽었다고 했습니다.

문 죽은 남편의 상태는 어떠했는가요

답 하얀 천을 열고 보니 얼굴에 심한 타박상이 있고 핏자국이
남아 있었으며 술 냄새가 많이 났습니다.

문 남편이 사망하기 전날 밤 피의자는 몇 시에 잠이 들었는가
요

답 거의 11시가 다 되어 잔 것 같습니다.

문 남편이 취직이 되어 기분이 좋아 술을 마시고 있는데 피의
자는 11시부터 잠을 자기 시작해 경찰서에서 연락을 할 때
까지 잤단 말인가요

답 평소 제가 잠이 들면 세상모르고 자기 때문에 남편이 오는
지 안 오는지도 모르고 잠을 자고 있었습니다.

문 피의자는 남편과 마지막으로 몇 시에 통화했는가요

답 앞에서 말씀드린 대로 10시에 마지막으로 통화하고 11시경
에 잠이 들었습니다.

문 그날 밤에 다른 사람과 통화한 사실이 있는가요

답 황성교와 통화했습니다.

문 황성교와 몇 시에 통화했는가요

답 남편과 10시에 통화를 끝내고 30분 정도 기다리다 남편이 들어오지 않아 전화했습니다.

문 그 시간에 황성교에게 전화한 이유가 무엇인가요

답 남편이 취직이 되어 저도 무척 기분이 좋았는데 집에 들어오지 않고 술만 마시고 있는 것 같아 기분이 좋지 않아 그냥 생각이 나 전화했습니다.

문 황성교와 어떤 내용의 통화를 했는가요

답 남편이 술을 마시며 아직까지 집에 들어오지 않고 있어 속상하다고 푸념을 하며 이런저런 사사로운 이야기를 했습니다.

문 그 시간에 남편이 들어오지 않는다고 배우자가 있는 황성교에게 전화를 할 특별한 이유가 있었는가요

답 특별한 이유는 없고 가끔 제 마음이 힘들 때 연락하던 습관대로 전화를 한 것입니다.

문 당시 황성교는 무엇을 하고 있었는가요

답 아는 분들과 술을 마시고 있다고 했습니다.

문 황성교가 어디에서 술을 마시고 있다고 하던가요

답 노원역 근처에서 마시고 있다고 했습니다.

문 그럼 남편이 사망한 장소와 거리가 멀지 않은 곳이겠네요

답 그럴 것 같습니다.

문 피의자가 남편과 마지막으로 통화했을 때 남편이 술이 많

이 취했던가요

답　혀가 꼬부라질 정도는 아니었지만 상당히 취한 것 같았습니다.

문　평소 남편의 주량은 얼마나 되는가요

답　신혼 초에는 상당히 많이 마셨는데 직장을 그만두고 회계사 시험공부를 하기 시작하면서부터는 술을 잘 마시지 않아 소주 한 병 정도 마시면 취하는 편이었습니다.

문　평소 남편의 술 습관은 어떠했는가요

답　술을 마시면 별로 말이 없고 본인이 취했다고 생각하면 특별한 경우가 아니면 2차를 가지 않고 집으로 오고 주정을 부리거나 횡설수설하는 습관 같은 것은 없었습니다.

문　피의자의 남편이 새벽 4시에 동부간선도로로 갈 이유가 있다고 생각하는가요

답　특별히 그곳으로 갈 이유는 없다고 생각합니다.

문　그럼 피의자의 남편이 스스로 죽을 이유가 있다고 생각하는가요

답　스스로 죽을 만한 특별한 이유도 없다고 생각합니다.

문　그런데 왜 하필 피의자의 집에서 가까운 자동차 전용도로에서 차에 치여 사망했는지 혹 의심스런 점은 없는가요

답　남편이 어떻게 거기까지 가서 죽었는지 저도 도저히 이해가 되지 않습니다.

문　피의자의 집에서 사망 장소까지는 거리가 얼마나 되는가요

답	약 300미터 정도 되는 것으로 알고 있습니다.
문	그럼 술에 취한 남편이 비틀거리며 걸어가는 모습을 보고 누군가가 집에 데려다 주는 척하면서 고의로 도로로 데리고 가 밀거나 도로를 건너도록 한 사람이 있다는 생각은 해 보지 않았는가요
답	글쎄요……. 거기까지는 생각해 보지 않았습니다. 남편이 평소 누구와 싸우거나 원수질 짓을 하는 사람이 아니기 때문에 그런 사람이 있다고는 생각하지 않습니다.
문	피의자와 같이 잠을 잔 황성교가 그런 짓을 할 수도 있다고 생각해 보지 않았는가요
답	왜 그 사람이 그런 무서운 짓을 하겠습니까. 말도 안 되는 소리입니다.
문	황성교가 피의자를 좋아하니까 피의자의 남편이 죽으면 서로 자유롭게 만나거나 같이 살 수 있다고 생각하고 그런 짓을 할 수 있다고 생각하는데 어떤가요
답	황성교는 그런 짓을 할 정도로 독한 사람이 아닙니다.
문	아니면 피의자가 황성교와 짜고 남편이 술에 취해 들어오는 모습을 보고 도로로 유인해서 죽게 할 수도 있을 테고요
답	(이때 피의자는 무척이나 놀라는 표정과 함께 당황해하며) 아니 어떻게 그렇게 슬픔을 당한 사람한테 함부로 말을 할 수 있습니까. 말도 안 되는 소리 하지 않았으면 좋겠습니다.
문	남편이 사망한 날 황성교는 노원역 근처에서 술을 마시고

있었다고 했지요

답 네, 그렇습니다.

문 그리고 피의자는 남편한테 전화를 받고 조금 후에 황성교에게 전화했지요

답 전화를 한 것은 맞지만 남편이 교통사고로 죽은 것과 무슨 상관이 있는지 궁금합니다.

문 그래서 황성교에게 남편이 술이 많이 취해 들어올 것 같으니 같이 도로로 유인해서 차에 치여 죽게 하자고 한 것이 아닌가요

답 저를 살인범으로 몰아간다면 더 이상 조사를 받지 않겠습니다. 저는 그런 사실이 없습니다.

문 남편이 어려운 회계사 시험에 합격하고 좋은 직장에 취직이 되었기 때문에 앞으로 전문 직업인으로서 경제적으로 상당히 여유가 생기고 자유로울 수 있을 것이므로 피의자가 황성교와 마음대로 만나지 못할 것 같은 생각이 들어 함께 공모하여 죽인 것이 아닌가요

답 계속해서 저를 살인범으로 몰아가면 저는 앞으로 묵비권을 행사하고 어떤 신문에도 대답하지 않겠습니다.

문 피의자는 교통사고를 낸 사람을 만나본 사실이 있는가요

답 아직 만나보지 않았습니다.

문 교통사고로 남편을 죽게 한 사람인데 왜 지금까지 만나보지 않았는가요

답 경찰서에서 그 사람이 고의로 사고를 낸 것이 아니라고 해 만나봐야 마음만 아플 것 같아 만나보지 않았습니다.

문 이상 사실대로 진술했는가요

답 네, 사실대로 진술했습니다.

문 피의자는 간통죄와 살인죄의 혐의로 조사를 받고 있는데 본인에게 유리한 증거나 더 할 말이 있는가요

답 저는 간통한 사실도 없고 남편을 죽인 사실도 없습니다.

위 조서를 진술자에게 열람하게 하였던 바, 진술한 대로 오기나 증감 변경할 것이 전혀 없다고 말하므로 간인한 후 서명날(무)인케 하다.

진 술 자 김 가 위
2 0 0 6. 10. 12.
서울북부지방검찰청
검   사 이 검 사
검찰주사 한 훈 희

피의자신문조서 (제2회)			
성 명	황성교 (黃性交)	주민번호	670825-1000000

위의 사람에 대한 간통 등

피의사건에 관하여 2006. 10. 12.

서울북부지방검찰청

검   사   이 검 사 는(은)

검찰주사   한 훈 희 를(을)

참여하게 하고 피의자에 대하여 다시 진술 거부권이 있음을 알린

즉 신문에 따라 진술하겠다고 대답하다.

문   피의자는 전회에 사실대로 진술했는가요
답   네, 모두 사실대로 진술했습니다.
문   피의자는 김가위와 성교한 사실이 없다고 했는데 사실인가
   요
답   네, 사실입니다.
문   피의자는 김가위의 남편이 죽은 사실을 알고 있는가요
답   네, 알고 있습니다.
문   어떻게 알았는가요
답   김가위가 저한테 전화를 해 남편이 며칠 전에 교통사고를

당해 죽었는데 검찰에서 자기가 남편을 죽인 것으로 의심하고 조사를 해 무척이나 불쾌하다고 해 알게 되었습니다.

문 그래서 어떻게 하기로 했는가요

답 김가위의 남편이 술이 취해 집을 찾아가지 못하고 교통사고를 당해 죽었는데 우리가 어떻게 하고 말 게 있는가요.

문 김가위의 남편이 2006. 9. 11. 새벽 4시경에 교통사고로 사망했는데 어떻게 생각하는가요

답 누구든지 죽는다는 것은 슬픈 일이지만 특히 저와 가깝게 지내던 김가위의 남편이 죽었다고 하니 무척이나 안타까운 생각이 듭니다.

문 김가위의 남편이 사망한 전날에 피의자는 무엇을 하고 있었는가요

답 (한참을 생각하는 척하다가) 집 근처에 사는 친구들과 식사를 하고 술을 마시다가 집에 들어갔습니다.

문 어떤 친구들과 몇 명이 마셨는가요

답 고등학교 동창들 중에서 노원구 상계동과 중계동에 살고 있는 친구 3명과 함께 마셨습니다.

문 어디에서 마셨는가요

답 노원역 근처에 있는 맥줏집에서 마셨습니다.

문 몇 시까지 마셨는가요

답 11시까지 마셨습니다.

문 그 후에는 무엇을 했는가요

답　바로 집으로 가 씻고 잤습니다.

문　그날 술을 마시면서 김가위와 통화한 사실이 있는가요

답　그런 사실이 없습니다.

문　김가위는 피의자와 통화했다고 하는데 왜 피의자는 그런 사실이 없다고 하는가요

답　(이때 피의자는 아무 말을 하지 않고 있다가) 지금 생각해 보니 김가위와 통화한 것 같은데 정확히 기억이 나지 않습니다.

문　평소 피의자는 김가위와 밤에도 자주 통화하는가요

답　평소에 통화를 자주 하는 편이지만 밤에는 잘 안 합니다.

문　그런데 그날 밤 통화를 한 이유는 무엇인가요

답　지금 생각해 보니 김가위가 남편이 취직을 해 좋아서 기다리고 있는데 술을 마시고 있는지 아직도 안 들어와 속상하다고 푸념을 한 것 같습니다.

문　김가위의 남편이 술을 마신다는 말을 듣고 어떤 생각을 했는가요

답　남의 일이지만 김가위가 얼마나 속상하면 이 시간에 전화를 했을까 싶어 좀 안됐다는 생각을 했습니다.

문　김가위의 남편이 없을 때 일주일이나 부부처럼 같이 지냈으면서 왜 안됐다는 생각이 들었는가요

답　남편이 밤늦게까지 들어오지 않으니 얼마나 속상하면 밤에 전화를 했을까 싶어 안됐다는 생각을 했다는 뜻입니다.

문 피의자는 김가위의 남편이 회계법인에 취직이 된 사실을 알고 있는가요

답 김가위의 남편이 교통사고를 당하기 전날 통화하면서 알았습니다.

문 김가위의 남편이 어디에서 어떻게 교통사고를 당했다고 하던가요

답 새벽 4시경에 술이 취해 상계동 주공아파트 11단지 근처에 있는 동부간선도로를 건너다가 갓길 쪽 2차선에서 승용차에 치여 죽었다고 했습니다.

문 그럼 피의자가 술을 마신 장소나 집에서 김가위의 남편이 사망한 장소까지 거리가 멀지 않겠네요

답 그런 것 같습니다.

문 김가위의 남편이 피의자의 집과 김가위의 집에서 가까운 자동차 전용도로에서 차에 치여 사망했는데 어떻게 생각하는가요

답 술에 취해 집을 찾지 못하고 길을 잘못 가다 죽은 것 같다는 생각이 듭니다.

문 김가위의 남편이 사망한 동부간선도로를 가기 위해서는 자기 집을 지나 몇백 미터를 더 걸어가야 하는데 왜 집으로 가지 않고 자동차 전용도로까지 가서 죽었다고 생각하는가요

답 제가 그걸 어떻게 알겠습니까. 죽은 사람은 말이 없는

데······.

문 혹 누군가가 술이 취한 김가위의 남편을 도로로 유인하여
차에 치여 사망하게 했다는 생각은 해보지 않았는가요

답 글쎄요······. 저는 그런 생각은 해보지 않았습니다.

문 김가위가 그렇게 할 수도 있다고 생각해 보지 않았는가요

답 김가위가 왜 그런 짓을 하겠습니까. 김가위는 심성이 착해
그런 끔찍한 짓을 저지를 사람이 아닙니다.

문 아니면 피의자가 그렇게 할 수도 있다고 생각하는데 어떤가
요

답 왜 그렇게 생각을 합니까. 정말 어이가 없어 말이 안 나옵
니다.

문 피의자가 김가위를 좋아하니까 그녀의 남편이 죽으면 자유
롭게 만나고 같이 살 수 있다고 생각하고 그런 짓을 할 수
도 있다고 생각하는데 어떤가요

답 저는 꿈에도 그런 생각을 해보지 않았습니다.

문 아니면 피의자가 김가위와 짜고 김가위의 남편이 술에 취해
비틀거리며 들어오는 모습을 보고 도로로 유인해서 죽게
할 수도 있을 테고요

답 왜 저를 의심합니까. 사람을 아무나 죽이나요. 말도 안 되
는 소리 하지 않았으면 좋겠습니다.

문 김가위의 남편이 사망하기 전날 피의자는 노원역 근처에서
술을 마시고 있었다고 했지요

답 네, 그렇습니다.

문 그리고 김가위는 남편하고 통화한 후 조금 후에 피의자에게 전화했지요

답 김가위가 남편하고 통화한 후 저한테 전화를 했는지 알 수 없는 일이지만 저는 그 사람을 죽이지 않았습니다.

문 그때 김가위가 피의자에게 남편이 술이 많이 취해 들어올 것 같으니 같이 동부간선도로로 유인해서 죽이자고 한 것이 아닌가요

답 왜 저를 살인범으로 몰아가는지 모르겠지만 저는 절대로 그런 사실이 없으니 증거를 갖고 조사하면 좋겠습니다.

문 김가위의 남편이 어려운 회계사 시험에 합격하여 취직이 되었으니 경제적으로 상당히 여유롭고 전문 직업인이라 자유롭게 일할 수 있을 것이므로 피의자가 마음대로 김가위를 만나지 못할 것 같은 생각이 들어 서로 짜고 죽인 것이 아닌가요

답 저는 절대로 김가위의 남편을 죽이지 않았습니다. 사람을 아무나 죽이나요. 저나 김가위는 사람을 죽일 만큼 심성이 독하지 못해 그런 짓을 하고 싶어도 못합니다.

문 심성이 독하지 못하다는 말은 착하다는 뜻인 것 같은데 그런 사람들이 배우자가 있는 상대방과 부부처럼 일주일이나 같이 지냈는가요

답 그것은 제가 잘못했지만 간통을 하거나 사람을 죽이지 않

앉으니 믿어주면 고맙겠습니다.

문   이상 사실대로 진술했는가요

답   네, 사실대로 진술했습니다.

문   피의자에게 유리한 증거나 더 할 말이 있는가요

답   제가 김가위와 친하게 지낸 것은 사실이지만 저는 간통한 사실도 없고 사람을 죽인 사실이 없습니다.

위 조서를 진술자에게 열람하게 하였던 바, 진술한 대로 오기나 증감 변경할 것이 전혀 없다고 말하므로 간인한 후 서명날(무)인 케 하다.

진 술 자   황 성 교
2 0 0 6. 1 0. 1 2.
서울북부지방검찰청
검   사   이 검 사
검찰주사   한 훈 희

<table>
<tr><td colspan="4" align="center">진 술 조 서</td></tr>
<tr><td>① 성　　명</td><td>김행은 (金杏銀)</td><td>② 주민번호</td><td>700910-1000000</td></tr>
<tr><td>③ 주　　거</td><td colspan="3">서울 노원구 상계동 911 황당빌라 207호</td></tr>
<tr><td>④ 본　　적</td><td colspan="3">전북 전주시 효자동 376-2</td></tr>
<tr><td>⑤ 직　　업</td><td>은 행 원</td><td>⑥ 연　　령</td><td>35세　　1970. 9. 10. 생</td></tr>
<tr><td>⑦ 전화번호</td><td colspan="3">011-234-****</td></tr>
</table>

피의자 김가위 등에 대한 살인 피의사건에 관하여 2006. 10.15.

서울북부지방검찰청 320호 검사실에서 임의로 아래와 같이 진술

하다.

1. 저는 위 주소에 거주하면서 은행에 다니고 있습니다.

1. 저는 강남에 살고 있는 친구가 부친상을 당해 일원동에 있는
   삼성병원에서 문상을 하고 밤늦게 제 차를 운전하여 집으로
   가다가 동부간선도로 끝 지점인 상계동 주공아파트 11단지 근
   처에서 술에 취한 사람을 쳐 사망하게 한 사실이 있는데 이에
   대하여 물으신다면 사실대로 대답하겠습니다.

이때 검사는 위 진술의 취지를 명확히 하기 위해 임의로 다음과

같이 문답하다.

문　　　진술인이 김행은인가요

답　네, 제가 김행은입니다.

이때 검사는 진술인이 제시하는 면허증을 보고 본인임을 확인하다.

문　진술인은 이종술을 아는가요

답　처음에는 누군지 몰랐는데 제가 그 사람을 차로 치고 나서 경찰에 신고한 후 경찰관이 제 차에 치여 사망한 사람이 이종술이라고 해서 알게 되었습니다.

문　이종술을 언제, 어디에서 쳤는가요

답　2006. 9. 11. 04:00경 서울 노원구 상계동 주공아파트 11단지 근처에 있는 동부간선도로에서 쳤습니다.

문　사고를 낸 경위를 진술해 보시오

답　친구가 부친상을 당했다는 연락을 받고 일을 마친 후 제 승용차를 운전하여 강남구 일원동에 있는 삼성병원 영안실에 가 문상을 했습니다. 영안실에서 밤늦게까지 있다가 새벽 3시 30분경에 출발하여 동부간선도로를 따라 운전하여 노원구 상계동 주공아파트 11단지 근처에서 편도 2차선 중 2차선을 주행하던 중 앞에서 갑자기 어떤 사람이 튀어나오는 것을 보고 브레이크를 밟았는데 차가 바로 정차하지 못해 제 차 앞 범퍼 부분으로 피해자를 쳤습니다.

문　피해자를 친 후 어떻게 했는가요

답　그 자리에서 비상등을 켜고 차를 갓길에 주차한 후 차에서 내려 피해자한테 갔습니다.

문	피해자한테 가보니 상태가 어떻든가요
답	제가 차를 갓길에 대고 가서 보니 이종술이 쓰러진 채 신음 소리를 내고 있어 바로 경찰에 신고했습니다.
문	사고 당시 시속 몇 킬로미터로 운전했는가요
답	약 70킬로미터의 속도로 운전했습니다.
문	사고 당시 주행하는 차가 많았는가요
답	새벽이라 많지 않았습니다.
문	그런데 시속 70킬로미터로 주행했단 말인가요
답	솔직히 처음에는 강남에서 출발하여 동부간선도로를 진입하여 시속 약 90킬로미터로 운전했는데 집 근처에 거의 다 왔기 때문에 속도를 줄여 약 70킬로미터로 운전했습니다.
문	시속 70킬로미터로 운전하다 피해자를 보고 브레이크를 밟았다면 피해자를 치지 않을 수 있었을 텐데 왜 치었는가요
답	당시 안개가 낀데다가 새벽이지만 아직 주위가 어두웠고 피해자가 누군가에게 떠밀리듯이 갑자기 튀어나와 급하게 브레이크를 밟았으나 피해자가 너무 가까운 거리에 있어 어떻게 할 수가 없었습니다.
문	피해자가 누군가한테 떠밀리듯이 튀어나왔다고 생각하는 이유가 무엇인가요
답	제가 한참 졸리는 시간이라 졸지 않기 위해 껌을 씹고 콧노래를 흥얼거리며 운전하여 가는데 갑자기 튀어나오는 피해자를 치고 나서 경찰에 신고하기 전에 피해자에게 다가가

보니 술 냄새가 무척 많이 났습니다. 그래서 순간적으로 이렇게 술에 취한 사람이 어떻게 자동차 전용도로까지 와서 갑자기 제 차 앞으로 지나갈 수 있을까 하는 생각을 하다 보니 누군가에게 떠밀려서 튀어나오지 않았나 하는 생각이 든 것입니다.

문   그럼 진술인은 누군가가 피해자를 죽이기 위해 일부러 전용도로까지 데려가 떠밀었다고 생각하는가요

답   처음에는 놀라서 그런 생각을 못했는데 지금 생각해 보니 그런 것 같습니다. 왜냐하면 피해자가 술이 그렇게 많이 취한 상태에서 어떻게 전용도로까지 올 수 있었는지도 이상하고 또 비틀거리며 서서히 지나간 것도 아니고 갑자기 제 차 앞으로 밀치듯이 튀어나온 것이 이상해서 그런 생각이 든다는 것입니다.

문   진술인은 사고를 내고 처벌받지 않기 위해 괜히 누군가를 의심하며 변명을 하는 것이 아닌가요

답   아닙니다. 당시 안개가 조금 낀데다 새벽이라 앞이 잘 보이지 않고 주행하는 차가 별로 없어 상향등을 켜고 운전했기 때문에 그런대로 앞이 잘 보였는데 피해자가 갑자기 밀치듯이 튀어나와 제 차에 부딪쳤습니다. 그리고 저는 분명히 교통법규를 모두 지켰는데 피해자가 자동차 전용도로를 무단횡단 했기 때문에 변명할 필요가 없다고 생각합니다.

문   진술인의 주장대로라면 누군가가 피해자를 동부간선도

답 로로 데리고 가 차가 오는 것을 기다렸다가 피해자를 밀
   거나 무단횡단 하도록 유도했다는 말인데, 그렇다면 사
   고 당시 주위에 누군가가 있어야 하지 않는가요

답 저는 앞만 보고 운전하다 사람을 치고 나서 피해자가 쓰러
   진 것을 보고 바로 경찰에 신고한 후 가슴이 떨려 당시에는
   누가 있었는지 살펴볼 여유가 없었습니다. 그러나 만약 누
   군가가 그런 짓을 했다면 당연히 다른 사람의 눈에 띄지 않
   도록 했을 것입니다.

문 피해자가 진술인의 차에 치인 후 얼마 후에 사망했는가요

답 제가 경찰에 신고한 후 금방 경찰차가 오고 조금 후에 앰뷸
   런스가 와 피해자를 싣고 갔기 때문에 언제 사망했는지 정
   확히 모르겠지만 경찰관과 함께 상계 백병원에 가보니 앰뷸
   런스에 실려 있는 피해자가 죽은 상태로 들것에 누워 있어
   사망한 사실을 알았습니다.

문 사고 지점에서 병원까지의 거리는 얼마나 되는가요

답 당시 정황이 없어 정확히 기억이 나지 않지만 몇 분 안 걸
   려 간 것 같습니다.

문 당시 진술인은 문상을 가 술을 마시고 운전한 것이 아닌가요

답 당시 제가 차를 가지고 갔기 때문에 술을 한 잔도 입에 대
   지 않았습니다. 사고 후 바로 신고하여 경찰이 왔는데 제가
   술을 마셨다면 경찰관이 음주측정을 했을 것입니다.

문 그런데 왜 그렇게 오랫동안 문상을 하고 늦게 출발했는가요

답 상을 당한 친구는 깨복쟁이 친구였는데 문상을 가보니 어
릴 때의 친구들이 많이 와 있어 그들과 함께 이야기를 하다
가 늦은 것이지 술을 마셔 늦은 것이 아닙니다. 솔직히 제
가 무슨 위반이라도 해서 피해자가 사망했다면 오히려 마
음이 편할 정도로 가슴이 아픕니다.

문 진술인이 피해자를 치고 나서 그의 부인이나 가족들로부
터 연락을 받은 사실이 있는가요

답 사망한 부인한테는 아무런 항의나 연락을 받지 않았고 피
해자의 아버님이 저한테 연락이 와 만났는데, 어떻게 사고
를 냈는지 당시의 상황을 자세히 물어보고 별다른 말씀을
하지 않아 무척 얌전한 분이라고 생각한 적이 있습니다.

문 피해자의 부인을 한 번도 만난 사실이 없단 말인가요

답 네, 한 번도 연락을 받은 사실이 없습니다.

문 진술인이 당시 교통법규를 다 지키고 운전했다고 하더라도
피해자를 멀리서 보았다면 치지 않을 수도 있었는데 어떻게
생각하는가요

답 당연히 멀리서 보았다면 치지 않았겠지만 당시의 상황은 누
가 운전을 하더라도 칠 수밖에 없었다고 생각합니다. 앞에
서도 말씀드렸지만 당시 앞에 차가 없어 상향등을 켜고 운
전을 했기 때문에 도로에 사람이 있었으면 당연히 멈추거
나 피해서 운전을 했을 것입니다. 그런데 사고지점에 이르
러 갑자기 피해자가 나왔기 때문에 다른 사람이 운전을 해

도 칠 수밖에 없었을 것입니다.

문　지금 심정이 어떤가요

답　잘잘못을 떠나 사망한 피해자와 가족들에게 매우 죄송하게 생각하고 있습니다. 그리고 저도 그 사고 후 피해자가 생각나 잠을 제대로 자지 못해 매일 술을 마셔야 잠을 자고 일이 손에 잡히지 않아 하루하루를 힘들게 보내고 있습니다.

문　이상 사실대로 진술했는가요

답　네, 사실대로 진술했습니다.

문　더 할 말이 있는가요

답　제가 책임을 모면하려고 하는 건 아니지만 계속 누군가가 피해자를 죽이기 위해 전용도로까지 데려다가 제 차에 쳐죽게 하지 않았나 하는 생각이 강하게 듭니다. 철저히 조사해서 술에 취한 사람이 어떻게 그 시간에 전용도로까지 갔는지 밝혀 주시면 고맙겠습니다.

위 조서를 진술자에게 열람하게 하였던 바, 진술한 대로 오기나 증감 변경할 것이 전혀 없다고 말하므로 간인한 후 서명날(무)인 케 하다.

진 술 자 김 행 은
2 0 0 6. 1 0. 1 5.
서울북부지방검찰청
검   사 이 검 사
검찰주사 한 훈 희

Chapter 5

가석방 사기 사건

가석방 사기 사건

이 사건은 사기를 치고 구속된 사람이 정치자금법 위반으로 구속된 사람을 가석방[4]으로 풀려나게 해준다고 속여 1억 원이나 되는 큰돈을 챙긴 사건이라 "가석방 사기 사건"이라고 제목을 정했습니다.

아주 꿈이 큰 이야망이라는 사람이 있었습니다. 이야망은 고위 공직자 출신으로 정치에 뜻을 품고 국회의원이 되기 위해 책을 집필하며 나름대로 열심히 활동하고 있었습니다. 그런데 안타깝게도 정치자금법 위반으로 구속이 되어 성동구치소에서 복역 중이었습니다. 큰 꿈이 무너졌다고 생각한 이야망은 실의에 빠져 하루하루를 무기력하게 지내며 수감자들과 잘 어울리지도 않고, 어떻게 하면 석방될 수 있을까 하는 생각만 골똘히 하고 있던 차에 사기와 사문서위조 등으로 6년을 선고받고 같은 방에 수감되어 있던 김사기로부터 가석방으로 나갈 수 있다는 이야기를 듣게 되었습니다. "나는 전과가 많고 누범 기간에 죄를 지어 6년을 선고받아 나갈 수 없지만 당신은 어떻게든 나가서 성공해

---

4) 가석방이란, 징역 또는 금고의 집행 중에 있는 자가 개전(改悛)의 정(情)이 현저한 때에 형기만료 전에 조건부로 석방하는 제도입니다. 즉 형이 확정되어 수감 중에 있는 사람이 교도소의 규칙을 잘 따르는 등 모범수가 될 경우 확정된 형을 다 살기 전에 일정한 조건 하에 석방하는 제도입니다.

야 될 것 아니냐"며 가석방으로 석방될 수 있는 방법을 알려준 것입니다. 사기죄로 6년을 선고받은 사람이 가석방으로 나갈 수 있다는 이야기를 하니까 처음에는 이야망이 어이가 없어 코웃음을 치고 대꾸도 하지 않았습니다. 그런데 "거짓말을 하면 처음에는 안 믿고, 그다음에는 의심하고, 나중에는 믿게 된다"는 말이 있듯이 김사기가 자꾸 가석방으로 나갈 수 있다고 하자 귀가 솔깃해져 관심을 갖고 그 방법을 물어보기 시작했습니다.

오랫동안 고위 공직자를 비롯하여 다양한 직업을 가진 사람들과 수감생활을 하면서 겪고 들은 것이 많은 김사기는 법무부 차관이 자기 삼촌인데 삼촌을 통하면 가석방으로 나갈 수 있는 방법이 있다며 1억 원만 있으면 가능하다고 이야망을 속였습니다. 김사기의 그럴듯한 말에 속아 넘어간 이야망은 면회 온 자기 부인에게 가석방으로 풀려날 수 있다고 하면서 김사기가 알려준 여성에게 연락하여 1억 원을 현금으로 갖다 주라고 했습니다. 남편이 석방될 수 있다고 생각한 이야망의 부인은 남편이 시키는 대로 현금 1억 원을 마련하여 김사기가 알려준 여성에게 갖다 주었습니다. 그런데 가석방은 안 이루어지고 김사기는 전과가 많고 선고 형량이 높아 지방에 있는 교도소로 이감이 되었습니다. 그제서야 속았다고 생각한 이야망은 같은 방에 구속되어 있다가 석방된 사람에게 검찰에 제보하라고 부탁하여 수사를 시작하게 되었습니다. 처음에는 이 사건에 대한 제보를 받고 말도 안 되는 소리라고 생각하고 반신반의했지만, 교도소에 들어가면 자기가 평소 사용하는 뇌의 90%는 사용할 수 없고 10%만 사용할 수 있어 이야망과 같이 석방되어 나갈 수 있다는 생각에 집착하다 보면 그 생각에서 헤어날 수 없다는 말이 생각나 조사를 시작하게 되었습니다.

먼저 피해자인 이야망을 소환하여 제보 내용이 사실인지 확인한 후 지방에 있는 김사기를 서울 구치소로 이송하여 조사하기 시작했는데 예상대로 혐의를 완강히 부인하여 상당히 애를 먹었습니다. 왜냐하면 이야망의 부인이 1억 원을 모두 현찰로 주었기 때문에 이야망의 진술만 있지 물증이 없었기 때문입니다. 지금은 교도소에서 면회할 때 모든 대화 내용을 녹음하지만 당시에는 교도관이 옆에서 대화 내용을 듣고 메모를 했습니다. 그래서 김사기를 면회한 사람들의 대화 내용을 적은 메모지를 가져다가 김사기를 면회한 여성들 중에 심부름을 한 여성을 찾아 조사한 후 김사기를 추궁하여 자백을 받아내고 1억 원의 사용처를 밝혀 처벌할 수 있었습니다.

이 사건을 조사하면서 알게 된 일이지만 김사기의 돈 심부름을 한 여성은 김사기가 구속되기 전에는 김사기와 단지 약간의 친분만 있었을 뿐이었는데, 이야망의 부인으로부터 1억 원을 받고 나서 그 돈에 욕심이 생겨 그랬는지 아니면 구속되어 있는 김사기에게 동정심을 느껴 그랬는지 알 수 없지만 김사기에게 자주 면회를 다니다가 사랑에 빠지게 되었습니다. 그리하여 김사기가 서울에서 멀리 떨어진 지방으로 이감되었는데도 매달 빠지지 않고 면회를 가고 지극한 애정을 담은 편지를 주고받기도 했습니다. 처음에는 어떻게 교도소에 구속되어 있는 사람의 부탁을 받고 돈 심부름을 했다고 사랑에 빠질 수 있을까 하고 의아해했지만, 사건을 조사하다 보면 우리가 생각할 수 없는 일들이 많이 있기 때문에 순수한 사랑으로 생각하고 그럴 수도 있다고 생각했습니다. 그런데 그들이 주고받은 편지 내용이 이 사건을 해결하는 데 많은 도움이 되기도 했습니다.

진 술 조 서			
① 성 명	표삼규 (表三圭)	② 주민번호	580310-1000000
③ 주 거	서울 강남구 일원동 123 일원마을아파트 101동 203호		
④ 본 적	서울 종로구 관철동 911		
⑤ 직 업	사 업	⑥ 연 령	48세 1958. 3. 10. 생
⑦ 전화번호	02)234-****, 011-234-****		

피의자 김사기에 대한 사기 피의사건에 관하여 2007. 1. 10.

서울동부지방검찰청 100호 검사실에서 임의로 아래와 같이 진술

하다.

1. 저는 위 주소지에서 부인과 딸, 아들이 함께 거주하면서 사업
   을 하다가 부정수표단속법 위반으로 구속되어 성동구치소에서
   복역 중 집행유예를 선고받고 석방된 사실이 있습니다.
1. 제가 성동구치소에 구속되어 있을 때 김사기라는 사람이 이야
   망에게 1억 원을 주면 가석방으로 풀려나게 해준다고 속여 돈
   을 받은 사실이 있었는데 이에 대하여 물으신다면 사실대로 진
   술하겠습니다.
이때 검사는 위 진술의 취지를 명확히 하기 위해 임의로 다음과
같이 문답하다.

문   진술인이 표삼규인가요

답   네, 제가 표삼규입니다.

이때 검사는 진술인이 제시하는 주민등록증을 보고 본인임을 확인한 후,

문   진술인은 이야망과 김사기를 어떻게 아는가요

답   제가 사업을 하면서 부도를 내고 부정수표단속법 위반으로 구속이 되어 성동구치소에 수감되어 있었는데 그때 이야망과 김사기가 같은 방에서 생활하여 알게 되었습니다.

문   진술인은 성동구치소에서 얼마나 있었는가요

답   약 6개월 동안 있었습니다.

문   김사기, 이야망과는 얼마나 같이 있었는가요

답   제가 구속되어 석방될 때까지 약 3개월 동안 같이 있었습니다.

문   김사기와 이야망이 무슨 죄명으로 구속이 되었는가요

답   김사기는 사기, 이야망은 정치자금법 위반으로 구속된 것으로 알고 있습니다.

문   김사기가 이야망을 속여 1억 원을 받은 것이 사실인가요

답   네, 사실입니다.

문   이야망이 언제 돈을 주었는가요

답   2006년 10월 초순경에 준 것으로 알고 있습니다.

문   이야망이 김사기에게 돈을 준 사실을 어떻게 알았는가요

답   제가 성동구치소에 구속되어 있을 때 여러 사람이 같은 방

에서 생활하고 있었는데 그중에 이야망은 잘생긴데다가 고위 공직자 출신이라 그런지 얌전하고 꼭 필요한 말만 해 호감을 갖게 되어 많은 이야기를 하며 친하게 지냈습니다. 어느 날 제가 이야망과 이야기를 하고 있는데 김사기가 끼어들더니 이야망한테 자기 삼촌이 법무부 차관으로 있다면서 자기는 누범 기간인데다 동종 범죄를 저질러 6년이나 선고받아 나갈 가망이 없지만 정치범은 가능하다며 1억 원을 주면 가석방으로 풀려나게 해줄 수 있다는 말을 해 저는 어이가 없어 속으로 웃고 말았습니다. 그런데 제가 석방되기 며칠 전에 김사기가 지방으로 이감이 되자 이야망이 가석방으로 풀려나게 해 준다는 말을 믿고 김사기한테 1억 원을 주었는데 아무래도 사기를 당한 것 같다고 말해 알게 되었습니다.

문 구치소에 있는 사람들이 어떻게 1억 원을 주고 받을 수 있는가요

답 김사기가 어떤 여자의 연락처를 알려주면서 돈이 준비되면 그 사람한테 연락하여 갖다 주라고 하니까 이야망이 자기 부인을 시켜 1억 원을 갖다 주었다고 했습니다.

문 김사기는 사기죄로 6년을 선고받고 구속되어 있는데 이야망이 어떻게 그의 말을 믿고 1억 원을 줄 수 있단 말인가요

답 김사기가 자기 삼촌이 법무부 차관이라고 하면서 워낙 그럴

듯하게 말을 잘하니까 넘어간 것 같습니다.

문 김사기가 지방으로 이감되기 전 가석방에 대해 하는 말을 들은 것이 사실인가요

답 네, 분명히 들었습니다. 그 말을 듣고 자기도 못 나가면서 남을 석방시켜 준다고 하는 말이 너무 허무맹랑한 것 같아 저는 귀담아 듣지 않았는데 이야망은 김사기의 말을 사실로 믿고 돈을 주었다고 했습니다.

문 이야망과 김사기를 아는 사람들이 면회를 얼마나 왔는가요

답 이야망은 주로 부인과 정치인들이 자주 오고 김사기는 가끔 왔는데 누가 왔는지 잘 모르겠습니다.

문 구치소에 있는 사람들이 그렇게 큰돈을 주고받기에는 상당히 제약이 많았을 텐데 어떻게 그렇게 할 수 있는가요

답 저는 자세히 모르지만 어떤 변호사가 접견을 한다는 핑계로 다리를 놓아준 것으로 알고 있습니다.

문 이상 사실대로 진술했는가요

답 네, 사실대로 진술했습니다.

문 더 할 말이 있는가요

답 이야망이 오랫동안 공무원 생활만 하다 보니 순진하여 닳고 닳은 김사기에게 당한 것 같습니다.

위 조서를 진술자에게 열람하게 하였던 바, 진술한 대로 오기나
증감 변경할 것이 전혀 없다고 말하므로 간인한 후 서명날(무)인
케 하다.

진 술 자   표 삼 규
2 0 0 7. 1. 1 0.
서울동부지방검찰청
검   사   이 검 사
검찰주사   한 훈 희

<table>
<tr><td colspan="5" align="center">진 술 조 서</td></tr>
<tr><td>① 성   명</td><td>이야망 (李野望)</td><td>② 주민번호</td><td colspan="2">600708-1000000</td></tr>
<tr><td>③ 주   거</td><td colspan="4">서울 강남구 압구정동 황당아파트 A동 911호
(성동구치소 수감 중)</td></tr>
<tr><td>④ 본   적</td><td colspan="4">전북 당한군 착하면 당하리 496</td></tr>
<tr><td>⑤ 직   업</td><td>무 직</td><td>⑥ 연   령</td><td>46세</td><td>1960. 7. 8. 생</td></tr>
<tr><td>⑦ 전화번호</td><td colspan="4"></td></tr>
</table>

피의자 김사기에 대한 사기 피의사건에 관하여 2007. 1. 13.

서울동부지방검찰청 100호 검사실에서 임의로 아래와 같이 진술

하다.

1. 저는 공무원 생활을 그만두고 국회의원 출마를 준비하다가 친구에게 받은 돈이 문제가 되어 1심에서 정치자금법 위반으로 2년을 선고받고 성동구치소에 구속되어 있습니다.

1. 제가 성동구치소에 구속되어 있을 때 같은 방에서 생활하던 김사기가 1억 원을 주면 가석방으로 풀려나게 해줄 수 있다고 하는 말을 믿고 돈을 준 사실이 있는데 이에 대하여 물으신다면 사실대로 대답하겠습니다.

이때 검사는 위 진술의 취지를 명확히 하기 위해 임의로 다음과 같이 문답하다.

문	진술인이 이야망인가요
답	네, 제가 이야망입니다.
문	진술인은 김사기를 어떻게 알게 되었는가요
답	제가 정치자금법 위반으로 구속되어 성동구치소에 수감되어 있었는데 그때 김사기와 같은 방에 있어 알게 되었습니다.
문	김사기는 무슨 죄명으로 구속이 되었는가요
답	사기죄와 사문서위조 등으로 6년을 선고받고 구속되었습니다.
문	진술인은 김사기에게 돈을 준 사실이 있는가요
답	네, 그런 사실이 있습니다.
문	언제, 어디에서, 얼마를 주었는가요
답	2006. 10. 3.경 잠실에 있는 롯데호텔 커피숍에서 1억 원을 주었습니다.
문	교도소에 구속되어 있었는데 누구한테 어떻게 주었는가요
답	제 아내에게 부탁해 김사기가 알려준 여자에게 갖다 주었습니다.
문	돈을 준 경위를 자세히 진술해 보시오
답	구치소에서 저하고 같은 방을 쓰고 있던 김사기가 가석방 이야기를 꺼내길래 속으로 사기죄로 6년이나 선고받은 놈이 무슨 가석방이냐며 말도 안 되는 소리를 한다고 생각하고 처음에는 아무런 관심을 가지지 않았습니다. 그런데 김사기가 자꾸 가석방으로 나갈 수 있는 길이 있는데 왜 이

렇게 썩고 있느냐고 하자 솔깃해지기 시작해 반신반의하면서 어떤 방법이 있느냐고 물어 보았습니다. 그랬더니 김사기가 하는 말이 "법무부 차관이 가석방 심사위원장이고 심사위원이 몇 명 있는데 실질적으로는 심사위원장이 결정하는 대로 된다. 현 법무부 차관이 내 삼촌인데 1억 원을 주면 삼촌에게 부탁해 다가오는 크리스마스 때나 연말에 나가게 해줄 수 있다"고 해서 주었습니다.

문 사기죄로 6년이나 선고받은 사기꾼의 말을 믿고 1억 원이나 되는 큰돈을 주었다는 게 말이 되는가요

답 처음 김사기가 가석방 이야기를 할 때는 저도 전혀 믿지 않았습니다. 그런데 김사기가 계속해서 가석방으로 나갈 수 있는 방법을 그럴듯하게 말하니까 차츰 관심을 갖게 되었습니다. 거짓말을 계속하면 처음에는 안 믿고, 다음에는 의심하게 되고, 그다음에는 믿게 된다는 말이 있듯이 감방 안에서 어떻게 하면 나갈 수 있을까 하는 생각만 하고 있다가 김사기가 자기 삼촌이 법무부 차관으로 있다고 하면서 계속해서 가석방으로 석방될 수 있다는 말을 해 사실로 믿게 된 것입니다.

문 1억 원을 현찰로 주었는가요

답 네, 현찰로 주었습니다.

문 1억 원이나 되는 돈을 어떻게 현찰로 주었는가요

답 제가 출판기념회를 해서 모금한 돈과 제 아내가 평소 알고

있는 분들한테 빌려서 주었습니다.

문　진술인은 성동구치소에서 얼마 동안 있었는가요

답　약 10개월 동안 있었습니다.

문　1억 원을 주는 과정에 관여한 다른 사람이 있는가요

답　김사기가 연수원을 수료하고 개업한 지 얼마 안 되는 변호
사를 선임하여 중간 역할을 하게 했는데 크게 관여하지는
않았습니다.

문　그 변호사가 구체적으로 어떤 역할을 했는가요

답　김사기가 부탁한 사람이 면회 오도록 연락을 해준 것으로
알고 있습니다.

문　위와 같은 사실을 알고 있는 사람이 얼마나 되는가요

답　당시 같은 방에 구속되어 있던 사람들이 10명 있었는데 자
세히 아는 사람은 표삼규입니다. 그래서 제가 표삼규가 석
방될 때 검찰에 제보하라고 부탁했습니다.

문　이상 사실대로 진술했는가요

답　네, 사실대로 진술했습니다.

문　더 할 말이 있는가요

답　제가 공무원 생활을 오래 하다가 퇴직한 지 얼마 되지 않
아 세상물정을 모르다 보니 어리석게 사기를 당한 것 같습
니다.

위 조서를 진술자에게 열람하게 하였던 바, 진술한 대로 오기나 증감 변경할 것이 전혀 없다고 말하므로 간인한 후 서명날(무)인 케 하다.

진 술 자   이 야 망
2 0 0 7.   1.   1 3.
서울동부지방검찰청
검   사   이 검 사
검찰주사   한 훈 희

		피의자신문조서		
성 명	김사기 (金詐欺)		주민번호	600628-1000000

위 사람에 대한 사기 등

피의사건에 관하여 2007. 1. 20.

서울동부지방검찰청

검   사   이 검 사 는(은)

검찰주사   한 훈 희 를(을)

참여하게 하고 피의자에 대하여 아래와 같이 신문한다.

문	피의자의 성명, 연령, 생년월일, 직업, 본적, 주거를 말하시오.
답	성명은 김 사 기 호주는 본인
	연령은 46세 생년월일은 1960. 6. 28. 생
	직업은 무직
	본적은 충남 당진군 사기면 황당리 123
	주거는 서울 강북구 사기동 911 사기빌라 201동 301호 (부산교도소 수감 중)
	자택 전화번호는 02)987-**** 입니다.

검사는 피의사건의 요지를 설명하고 검사의 신문에 대하여 형사

소송법 제200조의 규정에 의하여 진술을 거부할 수 있는 권리

가 있음을 알려준즉 피의자는 신문에 따라 진술하겠다고 대답

하다.

문   피의자는 형벌을 받은 사실이 있는가요
답   1995. 6. 3. 사기죄로 서울지방법원에서 징역 3년을 선고받
    고, 1999. 2. 15. 서울지방법원동부지원에서 같은 죄명으
    로 징역 2년을 선고받은 사실이 있습니다.
문   피의자의 학력 및 경력 등은 어떻게 되는가요
답   상고를 졸업한 후 은행에서 몇 년 근무하다 그만두고
    1993년부터 부동산 중개업을 했습니다.
문   가족 관계는 어떻게 되는가요
답   처와 아들 1명, 딸 1명이 있습니다.
문   피의자의 재산 및 월수입은 얼마나 되었는가요
답   재산은 약 4억 원 상당의 부동산이 있고, 월수입은 약
    300~400만 원 정도 되었습니다.
문   군복무는 마쳤는가요
답   1984. 10. 12. 육군 병장으로 만기제대 했습니다.
문   정당이나 사회단체에서 활동한 사실이 있는가요
답   없습니다.
문   믿는 종교가 있는가요

답	없습니다.
문	피의자는 왜 구속이 되었는가요
답	사문서위조 및 위조사문서행사와 사기죄로 징역 6년을 선고받아 구속되었습니다.
문	범죄내용이 무엇인가요
답	제가 친구한테 땅을 사준 것이 있었는데 그 땅을 제 땅인 것처럼 서류를 위조하여 아는 사람한테 담보로 제공하고 돈을 빌렸다가 문제가 되어 처벌받게 된 것입니다.
문	피의자는 이야망을 아는가요
답	잘 기억이 나지 않습니다.
문	피의자는 성동구치소에 구속되어 있을 때 이야망과 같은 방에 있지 않았는가요
답	(한참을 생각하는 듯하다가) 같은 방에 있었던 것 같습니다.
문	피의자는 이야망한테 돈을 받은 사실이 있는가요
답	없습니다.
문	피의자는 이야망한테 1억 원을 받은 사실이 없는가요
답	저는 그런 사실이 없습니다. 구치소에 있는 사람이 어떻게 돈을 받을 수 있겠습니까
문	피의자는 이야망을 가석방으로 석방시켜 준다고 속여 1억 원을 받은 사실이 없단 말인가요
답	저는 절대로 그런 사실이 없습니다.
문	피의자의 친척 중에 법무부 차관으로 근무한 사람이 있는

가요

답 없습니다.

문 이야망에 의하면 피의자의 삼촌이 법무부 차관으로 있다고 하면서 삼촌에게 부탁해 가석방으로 풀려나게 해준다며 1억 원을 달라고 해 주었다고 하는데 그런 사실이 없단 말인가요

답 제가 사기로 6년이나 선고받고 구속되어 있는데 어떻게 다른 사람을 석방시켜 준다고 돈을 달라고 할 수 있으며, 구치소에 있는 사람이 어떻게 돈을 받을 수 있겠는가요. 말도 안 되는 소리입니다.

문 피의자는 성동구치소에 있을 때 이야망에게 가석방 이야기를 하지 않았는가요

답 저는 절대로 그런 말을 한 사실이 없습니다. 상식적으로 생각해 보면 알겠지만 어떻게 구치소에 있는 사람이 다른 사람을 석방시켜 줄 수 있겠는가요. 더구나 사기죄로 6년이나 선고받고 구속된 사람의 말을 누가 믿겠습니까.

문 피의자는 표삼규라는 사람을 아는가요

답 모르겠습니다.

문 피의자가 성동구치소에 있을 때 같은 방에 있던 사람인데 생각이 안 나는가요

답 기억이 나지 않습니다.

문 표삼규에 의하면 피의자가 이야망에게 가석방으로 풀려날 수 있는 길이 있다고 하는 말을 들었다고 하는데 이야망에

게 그런 말을 한 사실이 없단 말인가요

답 저는 그런 말을 한 사실이 없는데 왜 그런 말이 나왔는지
이해가 되지 않습니다.

문 피의자가 성동구치소에 구속되어 있을 때 같은 방에 있었
던 표삼규에 의하면 피의자가 이야망에게 1억 원만 주면
가석방으로 풀려나게 해 줄 수 있다고 하는 말을 듣고 말도
안 되는 소리라고 생각하고 있었는데 나중에 이야망이 피
의자한테 당한 사실을 알고 석방되어 제보를 했는데 왜 거
짓말을 하는가요

답 저는 절대로 그런 사실이 없습니다.

문 이상 사실대로 진술했는가요

답 네, 사실대로 진술했습니다.

문 피의자에게 유리한 증거나 더 할 말이 있는가요

답 저는 너무 억울합니다. 이 사건을 철저히 조사하여 억울하
게 당하는 일이 없도록 해주시면 고맙겠습니다.

위 조서를 진술자에게 열람하게 하였던 바, 진술한 대로 오기나 증감 변경할 것이 전혀 없다고 말하므로 간인한 후 서명날(무)인 케 하다.

진 술 자 김 사 기
2 0 0 7. 1. 2 0.
서울동부지방검찰청
검   사 이 검 사
검찰주사 한 훈 희

피의자신문조서 (제2회 대질)			
성 명	김사기 (金詐欺)	주민번호	600628-1000000

위의 사람에 대한 사기

피의사건에 관하여 2007. 1. 23.

서울동부지방검찰청

검   사   이 검 사 는(은)

검찰주사   한 훈 희 를(을)

참여하게 하고 피의자에 대하여 다시 진술 거부권이 있음을 알린

즉 신문에 따라 진술하겠다고 대답하다.

문   피의자는 전회에 사실대로 진술했는가요

답   네, 모두 사실대로 진술했습니다.

문   피의자는 이야망을 가석방시켜 준다고 속여 돈을 받은 사
      실이 없다고 했는데 사실인가요

답   네, 사실입니다.

문   이야망에게 물어보아도 좋은가요

답   네, 좋습니다. 대질시켜 주십시오.

이때 검사는 대기실에 있는 이야망을 들어오게 한 후,

문   김사기는 진술인에게 돈을 받은 사실이 없다고 하는데 어떻

게 된 것인가요

답　저는 분명히 이 사기꾼에게 속아 1억 원을 주었습니다.

문　1억 원을 어떻게 주었는가요

답　김사기에게 가끔 면회 오는 이여사라는 여자가 있었는데 김사기가 이여사의 연락처를 알려주면서 밖에 있는 사람한테 부탁해 이여사를 만나 건네주라고 하여 제 아내를 시켜 현금으로 1억 원을 갖다 주었습니다.

이때 검사는 다시 김사기에게,

문　피의자는 이야망의 진술을 잘 들었는가요

답　네, 잘 들었습니다. 그러나 저는 돈을 받은 사실이 없습니다.

문　피의자는 현금으로 돈을 받았기 때문에 증거가 없다고 생각하고 거짓말을 하고 있는 것이 아닌가요

답　아닙니다. 저는 사실대로 말씀드리고 있습니다.

문　피의자와 이여사는 어떤 관계인가요

답　교도소에 들어오기 전부터 그냥 알고 지내던 사이입니다.

문　교도소의 면회기록을 보면 이여사가 피의자에게 자주 면회를 했는데 그냥 알고 지내는 사람이 그렇게 자주 면회를 한 이유가 무엇인가요

답　제가 부동산 중개업을 할 때 이여사에게 땅을 사주었는데 그 땅값이 올라 돈을 좀 벌게 되자 저한테 고맙게 생각하고 있다가 제가 구속이 되자 안타깝게 생각하고 자주 면회를 왔을 뿐입니다.

문 피의자는 이여사를 통해 돈을 받은 것이 아닌가요

답 아닙니다. 이여사는 그런 심부름을 할 사람이 아닙니다.

문 이여사는 피의자가 지방으로 이감된 후에도 자주 면회를 갔는데 이야망으로부터 받은 돈 때문이 아닌가요

답 아닙니다. 제가 성동구치소에 있을 때 자주 면회를 오다보니 정이 들어 지방까지 면회를 왔을 뿐입니다.

이때 검사는 다시 이야망에게,

문 진술인은 피의자의 주장을 어떻게 생각하는가요

답 이 사기꾼이 하는 말이 법무부에 있는 차관이 자기 삼촌인데 대학교 다닐 때 집안 형편이 너무 어려워 자기 부모가 학비를 대주고 고시 공부를 할 때도 뒷바라지를 해주었답니다. 그래서 자기 집안 사람들이 부탁하는 것은 어지간하면 다 들어주는데 자기는 여러 번 신세를 져 염치가 없어 더 이상 부탁할 입장이 아닐 뿐만 아니라, 사기 전과가 있고 가석방으로 나가기에는 형기가 너무 많이 남아 부탁할 입장이 되지 못하기 때문에 대신 다른 사람의 일을 부탁하면 들어줄 거라며 사기를 쳤습니다.

이때 검사는 다시 피의자에게,

문 김차관이 피의자의 삼촌이 맞는가요

답 저는 김차관이 누군지도 모르고 삼촌이라고 말한 사실이 없습니다.

문 피의자는 정말로 이야망을 가석방으로 석방되게 해준다고

속여 돈을 받은 사실이 없는가요

답   저는 절대로 돈을 받은 사실이 없습니다.

문   피의자의 심부름으로 돈을 받은 이여사의 연락처와 주소는
어떻게 되는가요

답   주소는 강북구 공범동 911번지 공범빌라 101동 301호이고,
연락처는 011-911-****입니다.

문   이상 사실대로 진술했는가요

답   네, 사실대로 진술했습니다.

문   더 할 말이 있는가요

답   저는 절대로 이 사람한테 돈을 받은 사실이 없습니다.

위 조서를 진술자에게 열람하게 하였던 바, 진술한 대로 오기나
증감 변경할 것이 전혀 없다고 말하므로 간인한 후 서명날(무)인
케 하다.

                    진 술 자   이 야 망
                               김 사 기
                    2 0 0 7. 1. 2 3.
                    서울동부지방검찰청
                    검   사   이 검 사
                    검찰주사   한 훈 희

<table>
<tr><td colspan="5" align="center">진 술 조 서</td></tr>
<tr>
<td>① 성　　명</td>
<td colspan="2">이여사 (李女士)</td>
<td>② 주민번호</td>
<td>650112-2000000</td>
</tr>
<tr>
<td>③ 주　　거</td>
<td colspan="4">서울 강북구 공범동 911 공범빌라 101동 301호</td>
</tr>
<tr>
<td>④ 본　　적</td>
<td colspan="4">경기도 양평군 양동면 양동리 911</td>
</tr>
<tr>
<td>⑤ 직　　업</td>
<td>무 직</td>
<td>⑥ 연　　령</td>
<td>41세</td>
<td>1965. 1. 12. 생</td>
</tr>
<tr>
<td>⑦ 전화번호</td>
<td colspan="4">011-911-****</td>
</tr>
</table>

피의자 김사기에 대한 사기 피의사건에 관하여 2007. 1. 25.

서울동부지방검찰청 100호 검사실에서 임의로 아래와 같이 진술

하다.

1. 저는 오래전에 남편과 이혼하고 위 주거지에서 아들 한 명과
   함께 살고 있습니다.
1. 저는 평소에 알고 지내던 김사기가 구속이 된 후 자주 면회를
   간 사실이 있는데 이와 관련하여 물으신다면 사실대로 진술하
   겠습니다.

이때 검사는 위 진술의 취지를 명확히 하기 위해 임의로 다음과
같이 문답하다.

문　　진술인이 이여사인가요

답 네, 제가 이여사입니다.

문 진술인은 김사기를 아는가요

답 네, 약 10여 년 전에 김사기가 부동산 중개업을 할 때부터 알고 지내온 사이입니다.

문 진술인은 김사기가 왜 구속되었는지 아는가요

답 김사기가 부동산 중개업을 하면서 어떤 사람에게 땅을 사 주었는데 그것이 잘못되어 사기죄로 구속이 되었다고 들었습니다.

문 진술인은 김사기의 심부름으로 돈을 받은 사실이 있는가요

답 없습니다.

문 진술인은 김사기의 부탁을 받고 한여사라는 사람한테 돈을 받은 사실이 없는가요

답 저는 그런 사실이 없습니다.

이때 검사는 이야망의 부인인 한여사를 들어오게 한 후,

문 진술인이 한여사인가요

답 네, 제가 한여사입니다.

문 진술인은 이 사람을 아는가요

답 네, 알고 있습니다.

문 어떻게 아는가요

답 제가 남편한테 면회를 갔더니 이 사람의 핸드폰 번호 (011-911-****)를 알려주면서 1억 원을 갖다 주라고 하여 심부름을 했기 때문에 압니다.

문　언제, 어디에서 돈을 주었는가요

답　2006. 10. 3. 15시경 잠실 롯데호텔 커피숍에서 주었습니다.

문　남편이 왜 1억 원을 갖다 주라고 하던가요

답　남편한테 면회를 갔더니 이여사의 핸드폰 번호를 알려주면서 연락하여 1억 원을 갖다 주라고 하길래 왜 갑자기 그렇게 큰돈을 갖다 주라고 하느냐고 물었더니, 교도관이 옆에 있으니까 말을 제대로 하지 못하고 눈을 깜박거리면서 꼭 1억 원을 갖다 주라고 했습니다. 그래서 속으로 남편이 석방되기 위해 로비를 하려고 돈을 갖다 주라고 하는 것으로 생각하고 시키는 대로 갖다 주었습니다.

문　이여사는 진술인에게 돈을 받은 사실이 없다고 하는데 어떤가요

답　아닙니다. 제가 남편이 알려준 핸드폰 번호로 전화를 했더니 이 여자가 받았습니다. 그래서 남편이 1억 원을 갖다 주라고 하는데 내용을 알고 있느냐고 물어보니까 알고 있다며 잠실에 있는 롯데호텔 커피숍에서 만나자고 해 돈을 쇼핑백에 담아가 건네주었습니다. 그리고 혹시 어떤 일이 생길지 몰라 이 여자의 핸드폰 번호를 제 핸드폰에 저장해 놓았습니다.

이때 검사는 한여사의 핸드폰에 저장되어 있는 이여사의 번호를 확인한 후 다시 이여사에게,

문　진술인은 한여사의 진술을 어떻게 생각하는가요

답	(한참 동안 말을 하지 않고 있다가) 제가 잘못했습니다.
문	무엇을 잘못했는가요
답	제가 이분한테 돈을 받았습니다.
문	무슨 명목으로 받았는가요
답	제가 김사기한테 면회를 갔더니 어떤 여자가 만나자고 연락이 오면 꼭 만나서 돈을 받아놓으라고 해 무슨 뜻이냐고 했더니 눈짓을 하면서 옛날에 빌려준 돈을 받는 것이라고 해서 받았습니다.
문	그런데 왜 돈을 받은 사실이 없다고 했는가요
답	현금으로 받았기 때문에 증거가 없다고 생각하고 거짓말을 했는데 이분하고 같이 앉아 대질조사를 받다보니 양심상 거짓말을 못하겠고 설령 거짓말을 한다 해도 곧 밝혀질 것 같아 사실대로 말하는 것입니다.
문	한여사한테 받은 돈을 어떻게 했는가요
답	제가 2,000만 원 정도 쓰고 나머지는 제 이름으로 정기예금을 해놓았습니다. 다음에 필요하면 통장을 갖다 드리겠습니다.
문	2,000만 원을 어디에 사용했는가요
답	주로 김사기 면회 다니면서 일부는 교통비로 쓰고 일부는 영치금을 넣어주거나 옷과 먹을 것 등을 사주면서 썼습니다.
문	김사기도 진술인이 돈을 쓴 사실을 알고 있는가요
답	제가 특별한 직업도 없이 자주 면회를 가 영치금을 넣어주

고 교도소에서 필요한 것을 사주었기 때문에 대충 알고 있을 것입니다.

문 진술인이 받은 돈은 김사기가 한여사의 남편인 이야망을 가석방으로 풀려나게 해준다고 속여 받은 것인데 알고 있는 가요

답 저는 그런 내용에 대해서는 전혀 모르고 그냥 김사기가 돈을 받아 놓으라고 해 부동산 중개업을 할 때 빌려준 돈을 받는 것으로만 생각했습니다.

문 이상의 진술이 사실인가요

답 네, 사실입니다.

문 본 사건과 관련하여 더 할 말이 있는가요

답 없습니다.

위 조서를 진술자에게 열람하게 하였던 바, 진술한 대로 오기나
증감 변경할 것이 전혀 없다고 말하므로 간인한 후 서명날(무)인
케 하다.

진 술 자   한 여 사
          이 여 사
2 0 0 7. 1. 2 5.
서울동부지방검찰청
검   사   이 검 사
검찰주사   한 훈 희

피의자신문조서 (제3회)			
성 명	김사기 (金詐欺)	주민번호	600628-1000000

위의 사람에 대한 사기

피의사건에 관하여 2007. 1. 27.

서울동부지방검찰청

검   사   이 검 사 는(은)

검찰주사   한 훈 희 를(을)

참여하게 하고 피의자에 대하여 다시 진술 거부권이 있음을 알린

즉 신문에 따라 진술하겠다고 대답하다.

문   피의자는 전회에 사실대로 진술했는가요

답   네, 모두 사실대로 진술했습니다.

문   피의자는 이야망을 가석방으로 풀려나게 해준다고 속여 돈
      을 받은 사실이 없다고 했는데 사실인가요

답   네, 사실입니다.

문   피의자에게 자주 면회를 간 이여사는 직업이 있는가요

답   없습니다.

문   이여사의 생활 형편은 어떤가요

답   제가 구속되기 전에 땅을 잘 사줘 돈을 좀 벌었지만 남편하
      고 이혼한 후 혼자 살면서 아이를 가르치다 보니 상당히 힘

든 것으로 알고 있습니다. 그래서 제가 구속되기 전에는 형편 되는 대로 조금씩 도와주기도 했습니다.

문 그런데 어떻게 지방에 수감되어 있는 피의자한테 자주 면회를 갈 수 있는가요

답 형편이 어렵다고 해도 면회하는 데 특별히 돈이 많이 드는 것이 아니니 자주 올 수도 있지 않습니까

문 이여사가 면회할 때마다 피의자에게 필요한 물건을 사주고 영치금을 넣어주었는데 돈이 많이 안 든단 말인가요

답 저는 교도소에 있기 때문에 거기까지는 생각하지 못했습니다.

문 이여사는 피의자의 부탁을 받고 한여사한테 받은 돈으로 피의자에게 면회를 가 영치금을 넣어주고 필요한 물건을 사주었다고 하는데 어떻게 생각하는가요

답 이여사가 저한테 면회를 자주 와 영치금을 넣어주고 필요한 물건을 사준 것은 사실이지만 이여사가 한여사한테 돈을 받아 그렇게 한 것은 아닙니다.

문 이여사가 처음에는 한여사한테 돈을 받은 사실이 없다고 했다가 한여사와 대질조사를 받으면서 피의자의 부탁으로 돈을 받았다고 자백했는데 계속해서 거짓말을 할 것인가요

답 저는 이여사한테 그런 부탁을 한 사실이 없고 한여사가 누구인지도 모릅니다.

문 피의자가 계속해서 거짓말을 하면 이여사를 불러 대질조사

를 할 계획인데 그래도 사실대로 진술하지 않을 것인가요

답　이때 피의자는 묵묵부답 아무 말 없이 한참 동안 고개만 숙이고 있다.

문　피의자는 이야망을 가석방시켜 준다고 속여 돈을 받은 것이 사실이지요

답　네, 사실입니다.

문　이여사를 시켜 이야망의 부인인 한여사한테 1억 원을 받은 것이 사실인가요

답　네, 사실입니다.

문　그런데 왜 지금까지 계속 거짓말을 했는가요

답　돈을 현찰로 받았기 때문에 이여사가 사실대로 말하지 않으면 밝혀지지 않을 줄 알고 그랬습니다.

문　피의자의 삼촌이 법무부 차관으로 근무하고 있는 것이 사실인가요

답　아닙니다.

문　그럼 이야망에게 거짓말을 한 것인가요

답　네, 그렇습니다.

문　피의자의 삼촌이 법무부 차관이라고 들먹인 이유는 무엇인가요

답　전에 교도소 생활을 할 때 같은 방에 있던 사람이 생각보다 빨리 가석방으로 나가기에 무슨 빽이 있어 그렇게 빨리 나가느냐고 물었더니 그 사람이 하는 말이 법무부 차관이

가석방 심사위원장인데 잘 아는 사이라 자기를 잘 봐준 것 같다고 했습니다. 그래서 법무부 차관 정도를 알고 있다고 해야 믿을 것 같아 거짓말을 했습니다.

문　결국 피의자는 이야망을 가석방시켜 줄 의사나 능력도 없으면서 이야망에게 거짓말을 하고 돈을 받은 것인가요

답　죄송합니다.

문　피의자는 처음부터 이여사와 짜고 이런 짓을 한 것이 아닌가요

답　처음부터 짜고 한 것은 아니고 교도소 생활을 오래 하다 보니 수감자들 중에 힘 있고 빽 있는 사람들이 가석방으로 풀려나가는 것을 보고 이야망한테 거짓말을 한 것입니다.

문　이여사가 이야망의 부인한테 받은 돈을 어떻게 했는지 아는가요

답　저는 교도소에 있기 때문에 돈을 어떻게 할 수 없어 이여사한테 가지고 있다가 제가 석방될 때까지 필요한 곳에 쓰고 나머지는 제가 석방되면 달라고 했기 때문에 구체적으로 어떻게 했는지 잘 모릅니다.

문　그래서 이여사가 피의자한테 자주 면회를 갔는가요

답　꼭 그런 것은 아니고 제가 성동구치소에 있을 때부터 면회를 오다 보니 정이 들어 자주 온 것입니다.

문　이상 사실대로 진술했는가요

답   네, 사실대로 진술했습니다.

문   더 할 말이 있는가요

답   피해자와 합의하도록 할 테니 선처해 주시면 고맙겠습니다.

위 조서를 진술자에게 열람하게 하였던 바, 진술한 대로 오기나
증감 변경할 것이 전혀 없다고 말하므로 간인한 후 서명날(무)인
케 하다.

진 술 자 김 사 기
2 0 0 7. 1. 2 7.
서울동부지방검찰청
검   사 이 검 사
검찰주사 한 훈 희

Chapter 6

문서변조 사건

문서변조 사건

　이 사건은 8,000만 원을 빌려주고 1억 원을 더 받기 위해 차용증을 1억 8,000만 원으로 고쳐 "문서변조 사건"이라고 했습니다. 이 사건은 인간이 얼마나 탐욕스러운지를 보여주는 것입니다.

　박두환이라는 사람이 있었는데 재산이 약 200억 원 정도 된다고 하니 우리 같은 서민들 입장에서 볼 때는 엄청난 부자입니다. 이런 부자들이 성실히 세금을 납부하고 국민으로서의 의무를 다하며 어려운 사람들을 돕고 남들에게 피해를 주지 않고 살아간다면 얼마나 존경받고 살겠습니까. 그런데 필자가 검찰청에서 조사하면서 알게 된 부자 중에는 위와 같은 부자와는 거리가 먼 사람들이 너무 많았습니다. 물론 죄를 짓고 검찰청에 조사받기 위해 온 사람들이라 그렇다고 할 수 있겠지만 실제로 부자들 중에 박두환 같은 사람이 많은 것이 현실입니다.

　박두환은 소위 룸살롱이라고 하는 술집(유흥주점)을 운영하고 있었는데 어느 날 이피해라는 사람에게 이자를 매월 5%씩 받기로 하고 8,000만 원을 빌려주었습니다. 8,000만 원에 대한 이자가 5%면 매월 400만 원이니까 적은 돈이 아닙니다. 당시 이피해가 박두환으로부터 돈을 빌리고 써준 차용증에는 금액을 한글이나 한자로 쓰지 않고 숫자로만 80,000,000원이라고 썼는데, 욕심이 황소 같은 박두환이 돈을 받을 날짜가 다가오자 8자 앞에 1자를 써넣어 180,000,000원을 빌려준 것처럼 고쳤습니다. 즉 1억 원을 더 빌려준 것처럼 고친 것입니다. 8자 앞에 2자나 3자를 쓰지 않은 것이 다행이지만, 그것은 조금이라도 양심이 남아 있어서 그렇게 한 것이 아니라 2자나 3자를 쓰면 필적감정을 하게 될 경우 1자를 쓴 것보다 쉽게 들통 날 것 같아 그렇게 한 것입니다.

이피해가 약속 날짜가 되어 돈을 갚기 위해 박두환을 찾아가 빌린 돈을 주면서 자기가 작성해 준 차용증을 달라고 하자 박두환이 1억 8,000만 원을 빌려갔으면서 왜 8,000만 원만 가져왔느냐며 1억 원을 더 가져오지 않으면 차용증을 주지 않겠다고 했습니다. 순진한 이피해는 처음에는 박두환이 농담을 하는 줄 알았다가 진담이라는 것을 알고 "이 사기꾼 같은 놈이 어디서 나한테 사기를 치느냐, 말도 안 되는 소리 하지 말고 증거를 대라!"고 하자 박두환이 변조한 차용증 사본을 주면서 "당신이 1억 8,000만 원을 빌려 가고 이렇게 차용증을 작성하지 않았느냐. 차용증을 잘 보라"며 생떼를 썼습니다. 이피해는 너무나도 어이가 없고 기가 막혔습니다. 그러나 차용증에는 누가 보아도 1억 8,000만 원을 빌린 것처럼 되어 있었습니다. 그래서 화가 난 이피해가 박두환을 고소했는데 박두환이 술집을 운영하면서 알게 된 경찰관들이 많아 편파 수사가 염려된다며 검찰에서 직접 수사해 달라고 하여 필자가 조사하게 되었습니다. 그리하여 관례대로 먼저 고소인인 이피해의 진술을 듣고 나서 박두환을 불러 조사했습니다. 그런데 박두환은 자신이 운영하는 술집 종업원을 목격자로 내세워 이피해에게 1억 8,000만 원을 빌려주고 빌려준 대로 차용증을 받았는데, 이피해가 돈을 주지 않기 위해 거짓말을 하고 있다며 자신의 혐의를 완강하게 부인하는 바람에 처음에는 누가 거짓말을 하는지 판단하기 어려웠습니다. 그러나 조사를 하면 할수록 고소인의 주장이 더 설득력이 있고 신빙성이 있어 보여 박두환이 빌려주었다고 주장하는 돈의 출처를 캐기 시작했습니다. 당시 박두환은 8,000만 원은 수표로 주고 1억 원은 현찰로 주었다고 했는데 지금도 1억 원이 큰돈이지만 그 당시에는 아주 큰돈이었습니다. 그 큰돈을 현찰로 주었다는 박두환의 주장이 선뜻 이해가 되지 않아 박두환에게 혐의를 두고 어떻게 현찰로 1억 원을 마련했는지 추궁하자 손님들한테 술값으로 받아 금고에 보관해 놓았던 돈과 은행에서 찾은 돈을 주었다고 했습니다. 그래서 계좌를 추적해 보았으나 당시 은행에서 현찰을 찾은 증거가 없어 더 강한 의심을 하게 되었습니다. 그러나 박두환이 워낙 상황에 맞게 말을 잘하며 변명하는 바람에 차용증이 변조된 사실을 입증하기 곤란해 그의 종업원을 집중 신문하며 모순된 진술을 따져 들었더니 처음에는 박두환에게 유리한 진술을 하던 종업원의 마음이 흔들렸습니다. 박두환의 평소 행태로 보아 계속해서 거짓말을 하더라도 자신에게 아무런 대가를 지불해 줄 것 같지 않은데 박두환의 욕심을 위해 거짓말을 할 필요가 없다고 생각한 것입니다. 이 종업원이 처음에는 박두환이 이피해에게 돈을 빌려줄 때 같이 있었고 이피해가 작성한 차용증을 복사했다고 했는데 사실은 박두환의 부탁을 받고 거짓으로 진술했다고 하면서 박두환이 거짓말을 하고 있다고 사실대로 진술한 것입니다. 계좌 추적을 하고 종업원으로부터 사실관계를 다 파악한 후 박두환을 불러 다시 추궁했지만 돈에 눈이 먼 박두환은 계속해서 거짓말을 하며 버텼습니다. 그래서 자금 추적 내용과 자백한 종업원의 진술을 토대로 정식으로 법원으로부터 영장을 발부받아 구속했습니다. 박두환이 구속이 되고 기소되어 재판을 받게 되자 그때서야 자기 가족을 시켜 이피해와 합의를 했습니다.

노자는 "만족을 모르는 것보다 더 큰 재앙은 없고, 탐욕을 부리는 것보다 더 큰 허물은 없다. 따라서 만족을 아는 만족이 영원한 만족이다"고 했고, 러시아의 대문호 톨스토이는 "부란 분뇨와 같아서 그것이 축적되면 악취를 내고, 뿌려지게 되면 땅을 비옥하게 한다"고 했는데 박두환처럼 움켜쥐기만 하고 베풀 줄 모르는 사람을 두고 한 말이 아닌가 싶습니다. 지금도 이런 박두환과 같은 부자들이 비싼 외제 차를 타고 활보하며 고급 아파트에 양심을 가두어 놓고 선한 양처럼 살고 있는 것이 현실입니다. 필자가 검찰청에서 경험한 대부분의 부자들과 마찬가지로…….

고 소 장

고 소 인　　이 피 해(540315-1000000)

　　　　　　서울 서초구 서초동 356 피해아파트 3동 104호

　　　　　　연락처 : 02)545-****, 011-545-****

피고소인　　박 두 환(530528-1000000)

　　　　　　서울 강남구 도곡동 345 고급아파트 5동 1001호

　　　　　　연락처 : 02)345-****, 011-345-****

고 소 취 지

고소인은 피고소인에게 금 8,000만 원을 빌리고 차용증을 작성하여 준 후 약속 날짜에 돈을 변제하러 갔습니다. 그런데 피고소인은 고소인으로부터 1억 원을 더 받아내기 위해 고소인이 작성한 차용증의 금액을 180,000,000원으로 고쳐 이를 제시하여 행사한 자이니 조사하여 처벌해 주시기 바랍니다.

고 소 내 용

1. 고소인과 피고소인의 관계

고소인은 인쇄업을 하면서 업무상 거래처 사장들과 피고소인이 운영하는 황궁룸살롱을 가 술을 마시다가 피고소인을 알게 되어 친하게 지낸 사이입니다.

2. 금전차용

고소인이 인쇄업을 운영하면서 발행일자를 백지로 한 당좌수표를 거래처 사장에게 발행했는데 수표 소지인이 약속을 어기고 갑자기 당좌수표의 발행일자를 보충하여 지급 제시하는 바람에 급하게 돈이 필요해 2006. 11. 15. 서울 강남구 신사동 소재 그린호텔 커피숍에서 피고소인으로부터 8,000만 원을 빌리고 차용증을 작성하여 주었습니다.

3. 피고소인의 문서변조와 행사

위와 같이 고소인이 피고소인으로부터 금 8,000만 원을 빌리고 차용증을 작성하여 준 후 고소인이 빌린 돈을 변제하기 위해 약속 날짜에 돈을 가지고 피고소인에게 갔더니 금액란을 180,000,000원으로 고친 차용증을 제시하면서 왜 8,000만 원만 가져왔느냐며 1억 원을 더 주지 않으면 차용증을 돌려줄 수 없다고 하며 변조한 차용증을 행사하였습니다.

4. 고소장을 제출하게 된 경위

평소 피고소인은 고소인에게 술을 마실 때마다 은근히 돈 자랑을 하면서 "술집을 운영하는 것은 돈을 벌기 위해 하는 것이 아니라 주위에 있는 아는 분들과 함께 만나 대화를 하고 친분을 갖기 위해 하는 것이다. 돈은 벌 만큼 벌었기 때문에 이제 돈 버는 데는 별로 관심이 없고 좋은 일을 하며 살고 싶다"고 하면서 안주를 공짜로 갖다 주며 많은 인심을 쓰는 것처럼 호의적으로 대해줘 좋은 사람으로 생각하고 있었습니다. 그런데 평소 돈이 많다고 자랑한 피고소인이 고소인한테 1억 원을 더 받아내기 위해 차용증을 고쳐 행사하는 것을 보고 너무 파렴치한 행동에 분노를 느껴 고소장을 제출하게 되었습니다.

5. 결론

위와 같이 피고소인은 고소인에게 8,000만 원을 빌려주고 고소인으로부터 받은 차용증의 금액을 180,000,000원으로 고쳐 행사한 자이니 사문서변조 및 변조문서행사죄로 처벌해 주시기 바랍니다.

※피고소인은 평소 술집을 운영하면서 알게 된 경찰관이 많이 있다고 자랑을 하였으므로 경찰에서 조사할 경우 공정한 수사가 이루어지지 않을 수 있으니 검찰에서 직접 조사해 주시기 바랍니다.

　　　　　　　2 0 0 7.　2.　2 0.
　　　　　　　위 고소인　이 피 해

서울중앙지방검찰청 귀중

진 술 조 서			
① 성 명	이피해 (李被害)	② 주민번호	540315-1000000
③ 주 거	서울 서초구 서초동 356 피해아파트 3동 104호		
④ 본 적	부산시 동구 범전동 234		
⑤ 직 업	인 쇄 업	⑥ 연 령	52세	1954. 3. 15. 생
⑦ 전화번호	02)545-****, 011-545-****		

피의자 박두환에 대한 사문서변조 등 피의사건에 관하여 2007.

3. 10. 서울중앙지방검찰청 501호 검사실에서 임의로 아래와 같

이 진술하다.

문   진술인이 이피해인가요

답   네, 제가 박두환을 고소한 이피해입니다. 여기 제 신분증이

       있습니다.

이때 검사는 고소인이 제출한 주민등록증을 보고 본인임을 확인

하다.

문   이것이 진술인이 제출한 고소장인가요

이때 검사는 2007형 제3567호로 접수된 고소장을 보여준 바,

답   네, 제가 제출한 고소장이 맞습니다.

문   고소 내용이 무엇인가요

답 제가 피고소인에게 8,000만 원을 빌리고 차용증을 작성해 준 후 약속 날짜에 돈을 가지고 피고소인에게 가 돈을 가져왔으니 차용증을 달라고 했습니다. 그랬더니 피고소인이 금액을 180,000,000원으로 고친 차용증을 주면서 1억 8,000만 원을 빌려갔으면서 왜 8,000만 원만 가져왔느냐며 1억 원을 더 가져오지 않으면 차용증 원본을 줄 수 없다고 해 처벌해 달라는 내용입니다.

문 돈을 언제, 어디에서 빌렸는가요

답 2006. 11. 15. 18:00경 서울 강남구 신사동에 있는 그린 호텔 커피숍에서 빌렸습니다.

문 어떤 조건으로 빌렸는가요

답 이자를 매월 5%씩 주고 3개월 내에 원금을 변제하는 조건으로 빌렸는데 그 자리에서 차용증을 작성해 주었습니다.

문 차용증을 어떻게 작성했는가요

답 검정색 볼펜으로 A4 복사 용지에 "차용증, 80,000,000원, 위 금액을 박두환으로부터 차용하였으므로 매월 이자를 5%씩 지급하고 원금은 2007. 2. 15.까지 변제하기로 함"이라고 작성한 후 아래에 날짜와 제 이름을 쓰고 지장을 날인했습니다. 그런데 피고소인이 제가 작성한 차용증의 금액란에 있는 8자 앞에 1자를 추가하여 180,000,000원을 빌려준 것처럼 차용증을 고쳤습니다. 피고소인이 변조한 차용증 사본을 가져왔으니 참고하시기 바랍니다.

이때 검사는 진술인이 제출한 차용증 사본을 받은 후,

문　당시 차용증을 몇 장 작성했는가요

답　한 장 작성해서 원본을 피고소인에게 주었습니다.

문　진술인은 차용증을 가지고 있지 않았는가요

답　원본을 피고소인에게 주었기 때문에 저는 차용증을 가지고 있지 않았습니다.

문　그런데 진술인은 어떻게 이 차용증을 가지고 있는가요

답　제가 약속 날짜인 2007. 2. 15에 8,000만 원을 가지고 피고소인에게 갔더니 변조한 차용증 원본과 사본을 가져와 저한테 사본을 주면서 1억 8,000만 원을 빌려갔으면서 왜 8,000만 원만 가져왔느냐고 해 처음에는 농담을 하는 줄 알았습니다. 그래서 무슨 말이냐며 대수롭지 않게 생각하고 저녁이나 먹으러 가자고 했더니 피고소인이 정색을 하면서 1억 8,000만 원을 빌려가고 차용증을 그렇게 작성했으면서 왜 돈을 더 주지 않느냐고 해 차용증을 자세히 보니 피고소인이 8자 앞에 1자를 써넣은 것을 알았습니다.

문　그래서 어떻게 했는가요

답　평소에 돈이 많다고 자랑하더니 이게 무슨 짓이냐며 빨리 차용증 원본을 달라고 했더니 피고소인이 하는 말이 1억 원을 주지 않으면 차용증 원본을 주지 않고 제 재산에 가압류를 하겠다고 했습니다. 그때서야 제가 사태의 심각성을 깨닫고 피고소인에게 "이 사기꾼 같은 놈이 어디서 나한테

사기를 치느냐, 말도 안 되는 소리 하지 말고 증거를 대라. 지금 당장 차용증 원본을 주지 않으면 고소하여 콩밥을 먹이겠다"고 했습니다. 그랬더니 피고소인이 하는 말이 "니 마음대로 해라. 난 증거를 갖고 있으니 꼭 1억 원을 받아야겠다"고 했습니다.

문　진술인이 피고소인으로부터 돈을 빌릴 때 본 사람이 있었는가요

답　당시 저와 피고소인 단둘이 있었기 때문에 본 사람이 없습니다. 제가 차용증을 써줄 때 본 사람이 없었기 때문에 피고소인이 차용증을 고친 것 같습니다.

문　피고소인한테 8,000만 원을 수표로 받았는가요

답　네, 모두 수표로 받았습니다.

문　피고소인한테 빌린 돈을 어떻게 했는가요

답　돈을 갖고 당좌수표를 지급제시한 사람을 찾아가 돈을 주고 함께 은행에 가 수표를 회수해 왔습니다.

문　진술인은 피고소인한테 1억 8,000만 원을 빌렸으면서 1억 원을 주지 않기 위해 8,000만 원만 빌렸다고 거짓말을 하는 것이 아닌가요

답　아닙니다. 저는 분명히 8,000만 원을 빌렸는데 피고소인이 차용증을 고쳐 1억 8,000만 원을 빌려주었다고 어거지를 쓰고 있습니다. 만일 제가 허위로 고소한 사실이 밝혀지면 어떤 처벌도 감수하겠습니다.

문　피고소인의 처벌을 원하는가요

답　네, 조사해서 꼭 처벌해 주시기 바랍니다.

문　이상 사실대로 진술했는가요

답　네, 사실대로 진술했습니다.

문　이 사건과 관련해 더 할 말이 있는가요

답　평소 피고소인이 자기 재산이 몇백 억은 된다고 은근히 돈 자랑을 하고 엄청 인심을 잘 쓰는 것처럼 해 좋은 사람으로 생각하고 있었기 때문에 이런 짓을 할 사람이라고는 꿈에도 생각하지 못했습니다. 그런데 제가 이렇게 당하고 보니 너무나도 배신감이 크고 괘씸한 생각이 듭니다.

위 조서를 진술자에게 열람하게 하였던 바, 진술한 대로 오기나
증감 변경할 것이 전혀 없다고 말하므로 간인한 후 서명날(무)인
케 하다.

진 술 자   이 피 해
2 0 0 7. 3. 1 0.
서울중앙지방검찰청
검   사 장 검 사
검찰주사 한 훈 희

피의자신문조서			
성 명	박두환 (朴斗煥)	주민번호	530528-1000000

	위 사람에 대한 사문서변조 등
	피의사건에 관하여 2007. 3. 20.
	서울중앙지방검찰청
	검 사 장 검 사 는(은)
	검찰주사 한 훈 희 를(을)
	참여하게 하고 피의자에 대하여 아래와 같이 신문한다.
문	피의자의 성명, 연령, 생년월일, 직업, 본적, 주거를 말하시오.
답	성명은 박 두 환 호주는 본인
	연령은 53세 생년월일은 1953. 5. 28. 생
	직업은 술집 경영(황궁룸살롱)
	직장 전화번호는 02)345-****
	본적은 충남 당진군 배신면 사기리 123
	주거는 서울 강남구 도곡동 고급아파트 5동 1001호
	자택 전화번호는 02)345-****, 011-345-**** 입니다.

검사는 피의사건의 요지를 설명하고 검사의 신문에 대하여 형사

소송법 제200조의 규정에 의하여 진술을 거부할 수 있는 권리

가 있음을 알려준즉 피의자는 신문에 따라 진술하겠다고 대답

하다.

문   피의자는 형벌을 받은 사실이 있는가요

답   2000년 서울지방법원서부지원에서 사기죄로 징역 2년에 집
    행유예 3년을 선고받은 사실이 있습니다.

문   피의자의 학력 및 경력 등은 어떻게 되는가요

답   지방에 있는 상고를 졸업한 후 서울로 올라와 술집과 호텔
    등에서 웨이터로 일하다가 2000년부터 강남구 신사동에서
    황궁이라는 상호로 직접 룸살롱을 운영하고 있습니다.

문   가족 관계는 어떻게 되는가요

답   처와 딸 1명, 아들 2명이 있습니다.

문   재산 및 월수입은 얼마나 되는가요

답   재산은 200억 원, 월수입은 약 2,000만 원 정도 됩니다.

문   군복무는 마쳤는가요

답   건강이 좋지 않아 입대하지 않았습니다.

문   정당이나 사회단체에서 활동한 사실이 있는가요

답   없습니다.

문   피의자는 고소인 이피해를 아는가요

답   제가 강남구 신사동에서 룸살롱을 운영하고 있을 때 고소인

이 술을 마시러 자주 와 단골이 되어 친하게 지냈기 때문에 잘 압니다.

문 피의자는 언제부터 룸살롱을 운영했는가요

답 2000년 3월경부터 시작했습니다.

문 피의자는 고소인에게 돈을 빌려준 사실이 있는가요

답 네, 그런 사실이 있습니다.

문 언제, 어디에서, 얼마를 빌려주었는가요

답 2006. 11. 15. 서울 강남구 신사동 소재 그린호텔 커피숍에서 1억 8,000만 원을 빌려주었습니다.

문 돈을 빌려준 경위를 진술해 보시오

답 제가 돈을 빌려주기 약 몇 개월 전에 고소인이 아는 분들과 함께 제 가게로 와 아가씨들과 술을 마시고 술값이 많이 나왔는데도 현금으로 계산하고 아가씨와 웨이터들에게 많은 팁을 주어 인상에 남았습니다. 그 후에도 고소인이 제 가게에 자주 찾아와 같이 술을 마시면서 이야기를 하다 보니 나이가 비슷해 친구로 지내자고 해 친하게 지내게 되었습니다. 그런데 고소인이 사업상 급히 돈이 필요하다며 2억 원을 빌려달라고 하기에 1억 8,000만 원밖에 없다고 했더니 그거라도 빌려주면 3개월 내에 변제하겠다고 하여 차용증을 받고 빌려주었습니다. 여기 고소인이 저한테 돈을 빌려간 후 작성해 준 차용증이 있으니 참고하시기 바랍니다.

이때 검사는 피의자로부터 차용증을 제출받은 후,

문	이자는 얼마나 받기로 했는가요
답	월 5%씩 받기로 하고 이자를 못 내는 달은 월 8%를 받기로 했습니다.
문	당시 고소인에게 현금으로 주었는가요, 아니면 수표로 주었는가요
답	8,000만 원은 수표로 주고 1억 원은 현금으로 주었습니다.
문	1억 원이나 현금으로 준 이유는 무엇인가요
답	당시 고소인이 현금이 필요하다며 최대한 현금을 많이 주면 좋겠다고 해 평소 손님들한테 술값으로 받은 현금을 금고에 보관해 놓았던 것과 은행에서 찾아 주었습니다.
문	당시 은행에서 얼마를 찾았는가요
답	정확히 기억이 나지 않지만 약 5,000만 원 정도 찾은 것 같습니다.
문	피의자는 이피해에게 정말로 1억 8,000만 원을 빌려주었는가요
답	네, 1억 8,000만 원을 빌려주었습니다.
문	고소인은 피의자로부터 8,000만 원을 빌리고 차용증의 금액란에 한글이나 한자로 쓰지 않고 숫자로 80,000,000원이라고 썼는데 피의자가 1억 원을 더 받기 위해 8자 앞에 1자를 추가해 180,000,000원이라고 차용증을 고치고 1억 원을 더 달라고 해 고소했다고 하는데 어떤가요
답	아닙니다. 저는 분명히 1억 8,000만 원을 빌려주고 빌려준

대로 차용증을 받았습니다.

문   당시 차용증을 몇 장 작성했는가요

답   한 장을 작성하여 복사한 후 원본은 제가 가지고 사본은
     고소인이 가져갔습니다.

문   고소인은 한 장을 작성하여 피의자에게 주고 복사하지 않
     아 차용증 사본이 없다고 하는데 왜 거짓말을 하는가요

답   아닙니다. 당시 차용증을 작성한 후 바로 복사하여 원본
     은 제가 가지고 사본은 고소인에게 주었습니다.

문   당시 누가 어디에서 복사를 했는가요

답   제 가게에서 일하던 종업원 김덕종이 그린호텔 근처에 있는
     문방구에 가서 복사하여 왔습니다.

문   피의자가 고소인에게 돈을 빌려줄 당시 김덕종이 같이 있었
     는가요

답   김덕종하고 제 가게 직원인 이삼규도 같이 있었습니다.

문   김덕종과 이삼규가 지금도 피의자의 가게에서 일하고 있
     는가요

답   이삼규는 얼마 전에 그만두었고 김덕종은 지금도 제 가게에
     서 일하고 있으니 그 사람한테 물어보면 제가 얼마를 빌려
     주었는지 알 수 있을 것입니다.

문   고소인은 피의자에게 8,000만 원을 빌리고 약속 날짜가 되
     어 돈을 가지고 갔는데 피의자가 변조한 차용증 사본을 주
     면서 1억 8,000만 원을 달라고 하여 고소한 것이라고 하는

데 피의자는 차용증을 고친 사실이 없단 말인가요

답 저는 차용증을 고친 사실이 없습니다. 당시 저는 분명히 1억 8,000만 원을 빌려주고 고소인이 작성한 차용증을 복사하여 원본은 제가 갖고 사본은 고소인한테 주었는데 고소인이 1억 원을 주지 않기 위해 저를 고소하고 사본을 잃어버렸다며 거짓말을 한 것입니다.

문 고소인은 8,000만 원을 빌렸다고 하는데 피의자는 정말로 1억 8,000만 원을 빌려주었는가요

답 네, 저는 분명히 1억 8,000만 원을 빌려주었습니다. 제가 재산이 200억 원이 넘는데 무엇 때문에 그까짓 1억 원을 더 받겠다고 거짓말을 하겠습니까.

문 원래 쌀 99석을 가진 사람이 100석을 채울 욕심으로 한 섬 가진 사람 것을 탐낸다고 하지 않는가요

답 저는 그런 사람이 아닙니다. 저는 평생 놀고 먹어도 살 수 있는 재산이 있는데 왜 1억 원 때문에 처벌받을 짓을 하겠는가요. 저는 분명히 1억 8,000만 원을 빌려주었습니다. 그때 같이 있던 제 직원들을 불러서 물어보면 제 말이 사실이라는 것을 알 수 있을 것입니다.

문 고소인은 8,000만 원을 빌렸는데 피의자가 1억 원을 더 받기 위해 차용증을 고쳤다고 하면서 만약 자기가 거짓으로 고소했다면 무고죄로 달게 처벌받겠다고 하는데 어떻게 생각하는가요

답   고소인이야 1억 원이 엄청나게 많은 돈이니까 그 돈을 주지 않기 위해 거짓말을 할 수 있지만, 저는 1억 원이 별로 많은 돈이 아니기 때문에 거짓말을 할 이유가 없습니다.

문   고소인이 이자를 약속 날짜에 주었는가요

답   이자를 못 내는 달은 8%를 내야 한다고 해서 그랬는지 약속 날짜에 잘 갖다 주었습니다.

문   피의자는 재산이 200억 원이 넘는다고 했는데 어떻게 그렇게 많은 재산을 모았는가요

답   제가 고등학교를 졸업하고 술집에서 일하면서 번 돈으로 땅을 조금씩 사놓았는데 그것이 많이 올랐고, 또 제 부모님이 시골에서 농사를 많이 짓고 계시다가 서해안 고속도로가 나면서 보상을 많이 받았는데 제가 독자라 저한테 보상금을 모두 증여하여 재산이 좀 많아졌습니다.

문   증여세는 제대로 납부했는가요

답   네, 모두 납부했습니다. 제가 건강이 좋지 않아 군대는 안 갔지만 세금은 제대로 납부했습니다. 술집을 운영하면서도 세금 한 푼 떼먹지 않았습니다.

문   이상 사실대로 진술했는가요

답   네, 사실대로 진술했습니다.

문   피의자에게 유리한 증거나 더 할 말이 있는가요

답   저는 너무 억울합니다. 이 사건을 철저히 조사하여 고소인을 무고죄로 처벌해 주시면 고맙겠습니다.

위 조서를 진술자에게 열람하게 하였던 바, 진술한 대로 오기나
증감 변경할 것이 전혀 없다고 말하므로 간인한 후 서명날(무)인
케 하다.

진 술 자   박 두 환
2 0 0 7.   3.   2 0.
서울중앙지방검찰청
검   사   장 검 사
검찰주사   한 훈 희

진 술 조 서

① 성 명	김덕종 (金德鐘)	② 주민번호	600511-1000000		
③ 주 거	서울 강북구 우이동 123 우이아파트 101동 203호				
④ 본 적	전남 목포시 목포동 98-3				
⑤ 직 업	종 업 원 (황궁룸살롱)	⑥ 연 령	46세	1960. 5. 11. 생	
⑦ 전화번호	02)453-****, 011-453-****				

피의자 박두환에 대한 사문서변조 등 피의사건에 관하여 2007.

4. 13. 서울중앙지방검찰청 501호 검사실에서 임의로 아래와

진술하다.

1. 저는 위 주거지에서 처와 아들 두 명과 함께 거주하면서 룸살
   롱에서 웨이터로 일하고 있습니다.
1. 저는 서울 강남구 신사동 소재 황궁룸살롱에 근무할 당시 그
   린호텔에서 제 사장인 박두환이 이피해라는 사람에게 돈을 빌
   려주는 것을 본 사실이 있는데 이에 대하여 물으신다면 사실대
   로 진술하겠습니다.
이때 검사는 위 진술의 취지를 명확히 하기 위해 임의로 다음과
같이 문답하다.
문   진술인이 김덕종인가요

답	네, 제가 김덕종입니다.
문	진술인은 박두환을 아는가요
답	네, 제가 근무하는 황궁룸살롱의 사장이라 잘 압니다.
문	진술인은 박두환이 이피해에게 돈을 빌려준 사실을 알고 있는가요
답	네, 알고 있습니다.
문	어떻게 알게 되었는가요
답	박두환이 저에게 단골로 오는 이피해라는 사람이 돈을 빌려달라고 하는데 현금으로 달라고 하는 것이 이상하다며 나중에 어떻게 될지 모르니 같이 있으면 좋겠다고 해 돈을 빌려줄 때 같이 있었습니다. 그리고 박두환이 이피해에게 돈을 주고 차용증을 받아 저한테 문방구에 가서 복사해 오라고 심부름을 시켰기 때문에 알게 되었습니다.
문	박두환이 언제, 어디에서, 얼마를 빌려주었는가요
답	2006. 11. 15.경 서울 강남구 신사동 소재 그린호텔 커피숍에서 1억 8,000만 원을 빌려주었습니다.
문	진술인이 빌려준 것도 아닌데 어떻게 빌려준 날짜와 장소를 정확히 기억하는가요
답	앞에서 말씀드린 대로 박두환 사장이 1억 8,000만 원이나 되는 큰돈을 빌려주는 것을 직접 보았고 차용증을 복사해 주었기 때문에 정확히 기억하고 있습니다.
문	돈을 어떻게 주었는가요

답 1억 원은 현금으로 주고 8,000만 원은 수표로 주었습니다.

문 1억 원이나 되는 돈을 현금으로 준 것이 사실인가요

답 네, 사실입니다. 박두환이 이피해에게 돈을 주면서 세어보라고 하니까 혼자 언제 세느냐며 저한테 같이 세보자고 해 함께 돈을 세기도 했습니다.

문 박두환이 1억 원이나 되는 현금을 어떻게 마련했는가요

답 술장사를 하기 때문에 손님이 현금으로 준 돈을 금고에 보관해 놓았던 것을 준 것으로 알고 있습니다.

문 차용증은 누가 작성했는가요

답 이피해가 직접 작성했습니다.

문 이것이 이피해가 작성한 차용증인가요

이때 검사는 피의자가 제출한 차용증을 보여준 바,

답 네, 당시 이피해가 작성한 차용증이 맞습니다.

문 차용증의 금액을 얼마로 작성했는가요

답 1억 8,000만 원을 빌려주었으니까 당연히 1억 8,000만 원으로 작성했습니다.

문 금액을 숫자로 작성했는가요, 아니면 한글이나 한자로 작성했는가요

답 차용증에 있는 것처럼 숫자로 작성했습니다.

문 진술인이 차용증을 복사했다고 했는데 사실인가요

답 박두환이 이피해에게 돈을 주고 차용증을 받아 저한테 주면서 복사해 오라고 해 제가 그린호텔 근처에 있는 문방구

에서 복사했습니다.

문 차용증을 복사해 어떻게 했는가요

답 제가 차용증을 복사해 원본과 사본을 박두환에게 주니까 박두환이 원본을 가지고 사본은 이피해에게 주었습니다.

문 고소인은 차용증을 한 장 작성하여 박두환에게 주고 사본은 받지 않았다고 하는데 어떤가요

답 아닙니다. 원본은 박두환이 가지고 사본은 이피해가 가져갔는데 이피해가 돈을 주지 않기 위해 거짓말을 하는 것입니다.

문 오히려 진술인이 박두환의 부탁을 받고 거짓말을 하는 것이 아닌가요

답 아닙니다. 저는 사실대로 말씀드렸습니다.

문 진술인은 언제부터 박두환의 종업원으로 일했는가요

답 2000년 3월경부터 일했습니다.

문 월급은 얼마나 받는가요

답 따로 월급을 받는 것은 없고 제 손님의 매상 중에서 10%를 받습니다.

문 진술인도 이피해를 알고 있었는가요

답 이피해는 제가 일하는 황궁룸살롱에 자주 오는 단골손님이라고 하는데 제 손님이 아니기 때문에 저는 잘 모릅니다.

문 이상 사실대로 진술했는가요

답 네, 사실대로 진술했습니다.

문   이 사건과 관련해 더 할 말이 있는가요

답   이피해가 돈을 주지 않기 위해 거짓말을 하고 있는 것 같으
      니 철저히 조사해서 진실을 밝혀주시면 고맙겠습니다.

위 조서를 진술자에게 열람하게 하였던 바, 진술한 대로 오기나 증감 변경할 것이 전혀 없다고 말하므로 간인한 후 서명날(무)인 케 하다.

진 술 자 김 덕 종
2 0 0 7. 4. 1 3.
서울중앙지방검찰청
검   사 장 검 사
검찰주사 한 훈 희

진 술 조 서 (제2회)			
① 성 명	김덕종 (金德鐘)	② 주민번호	600511-1000000
③ 주 거	서울 강북구 우이동 123 우이아파트 101동 203호		
④ 본 적	전남 목포시 목포동 98-3		
⑤ 직 업	종 업 원 (황궁룸살롱)	⑥ 연 령	46세 | 1960. 5. 11. 생
⑦ 전화번호	02)453-****, 011-453-****		

피의자 박두환에 대한 사문서변조 등 피의사건에 관하여 2007.
4. 20. 서울중앙지방검찰청 501호 검사실에서 임의로 아래와 같
이 진술하다.

문   진술인은 전회에 사실대로 진술했는가요
답   네, 사실대로 진술했습니다.
문   진술인은 박두환이 고소인에게 돈을 빌려줄 때 같이 있었
      다고 했는데 사실인가요
답   네, 사실입니다.
문   박두환이 고소인에게 현금으로 1억 원을 준 것도 사실인
      가요
답   네, 사실입니다.
문   고소인은 8,000만 원을 빌렸다고 하는데 박두환이 정말로

　　　　1억 8,000만 원을 주었는가요

답　　네, 그렇습니다.

문　　1억 원을 현금으로 준 것이 맞는가요

답　　네, 맞습니다.

문　　1억 원이나 되는 현금을 어떻게 주었는가요

답　　박두환이 만 원짜리를 서류 봉투에 담아 와 이피해에게 건
　　　네주었습니다.

문　　서류 봉투를 몇 개나 주었는가요

답　　한 개 주었습니다.

문　　서류 봉투가 얼마나 크길래 1억 원이나 들어간 봉투를 주었
　　　다고 하는가요

답　　오래되어 잘 기억이 나지 않지만 박두환이 1억 원이 들어
　　　있는 서류 봉투를 이피해한테 주자 이피해가 돈을 꺼내 세
　　　다가 이 많은 돈을 혼자 어떻게 세느냐며 저한테도 세어보
　　　라고 해 저도 같이 센 기억이 납니다.

문　　고소인이 1억 원을 다 셀 때까지 진술인도 같이 세었는가요

답　　저는 돈을 세다가 중간에 급한 전화가 와 다 세지 못하고
　　　밖으로 나왔습니다.

문　　그런데 어떻게 박두환이 고소인에게 현금으로 1억 원을 주
　　　었다고 하는가요

답　　제가 끝까지 다 세어보지는 않았지만 100만 원짜리 돈뭉치
　　　가 100개인 것을 확인했기 때문에 1억 원을 주었다고 하는

것입니다.

문 　진술인은 박두환이 1억 원을 서류 봉투 한 개에 담아왔다
　　고 했는데 만 원짜리를 100만 원씩 묶은 다발이 100개나
　　들어가는 서류 봉투가 있는가요

답 　박두환이 가져온 봉투는 일반 서류 봉투가 아니라 상당히
　　큰 누런색 봉투였기 때문에 다 들어갑니다.

문 　아무리 큰 봉투라고 하더라도 1억 원이면 만 원짜리로 100
　　만 원씩 묶을 경우 100개나 되어 다 들어가지 않을 것 같
　　은데 왜 거짓말을 하는가요

답 　당시 박두환이 큰 봉투에다 현금을 넣어온 것이 사실입니다.

문 　박두환은 은행에서 5,000만 원을 현금으로 찾아 고소인에
　　게 주었다고 하는데 어떤가요

답 　저는 금고에 보관해 놓은 1억 원을 준 것으로 알고 있습니다.

문 　박두환이 평소 현금을 얼마나 가지고 있었는가요

답 　잘 모르겠습니다.

문 　그런데 어떻게 금고에 보관해 놓았던 돈을 고소인에게 주었
　　다고 하는가요

답 　평소 박두환이 돈이 많기 때문에 그 정도는 금고에 보관하
　　고 있을 것 같아 그렇게 말한 것입니다.

문 　고소인은 박두환한테 돈을 빌릴 때 단둘이 있었다고 하는
　　데 왜 진술인은 같이 있었다고 하는가요

답 　아닙니다. 박두환이 이피해한테 돈을 빌려줄 때 저도 같이

있었습니다.

문　당시 고소인의 인상착의가 어떠했는가요

답　당시 이피해는 곤색 양복을 입고 있었는데 키는 약 1미터 70센티미터, 몸무게는 약 65킬로 정도 되고 얼굴이 좀 잘생긴 편이었습니다.

문　고소인과 대질조사를 해도 좋은가요

답　대질조사를 하고 말 것도 없이 저는 당시 있었던 사실을 본대로 말씀드렸습니다.

문　진술인은 고소인과 대질조사를 받기 싫다는 뜻인가요

답　제가 무엇 때문에 그런 거짓말을 하는 사람과 대질조사를 받습니까. 검찰청에 왔다 갔다 하는 것도 힘든데…….

문　진술인은 고소인과 대질조사를 하면 거짓말한 사실이 드러날 것 같으니까 대질조사를 받지 않겠다고 하는 것이 아닌가요

답　아닙니다. 당시 박두환이 이피해에게 수표로 8,000만 원과 현금으로 1억 원을 주는 것을 보았기 때문에 굳이 대질조사를 할 필요가 없다고 생각합니다.

문　고소인은 박두환한테 수표로만 8,000만 원을 빌렸고 당시 본 사람이 아무도 없었다고 하는데 왜 진술인은 계속 거짓말을 하는가요

답　저는 거짓말하지 않고 사실대로 말했습니다.

문　박두환이 고소인에게 준 수표는 얼마짜리인가요

답 잘 모르겠습니다.

문 현금은 만 원짜리로 주었다고 정확히 기억하면서 왜 수표
    는 얼마짜리로 주었는지 모르는가요

답 오래되어 기억이 나지 않습니다.

문 얼마 되지 않은 일인데 아직 젊은 사람이 왜 오래되어 기억
    이 나지 않는다고 하는가요

답 이때 진술인은 아무런 대답을 하지 않고 천장만 바라보고 있다.

문 박두환이 고소인에게 현금으로 1억 원을 주었다고 하는 말
    은 거짓말이지요

답 네, 사실은 거짓말입니다.

문 박두환이 고소인에게 돈을 빌려줄 때 진술인이 같이 있었
    던 것은 사실인가요

답 아닙니다. 당시 저는 그 자리에 없었습니다.

문 그런데 왜 같이 있어 잘 알고 있다고 했는가요

답 박두환이 신사동에 있는 그린호텔 커피숍에서 이피해에게
    1억 8,000만 원을 빌려주고 차용증을 받았는데 이피해
    가 1억 원을 주지 않기 위해 8,000만 원만 빌렸다고 자기
    를 고소했다며 아주 억울해하면서 만일 경찰이나 검찰에
    서 부르면 처음 돈을 빌려줄 때 같이 있었던 것처럼 진술
    해 달라고 부탁해 알고 있다고 한 것입니다.

문 진술인은 박두환이 고소인에게 돈을 빌려줄 때 같이 있지
    않아 돈을 빌려준 사실을 모르고 있었단 말인가요

답　네, 박두환이 이피해에게 돈을 빌려줄 때 같이 있지 않았는데 나중에 박두환이 말해서 돈을 빌려준 사실을 알게 되었습니다.

문　그런데 왜 박두환이 고소인에게 돈을 빌려줄 때 같이 있었다고 했는가요

답　앞에서 말씀드린 대로 박두환이 저한테 이피해에게 1억 8,000만 원을 빌려주었는데 이피해가 1억 원을 주지 않기 위해 8,000만 원만 빌렸다고 거짓말을 하고 있다고 했습니다. 그러면서 저한테 차용증을 보여주기에 설마 박두환이 아무리 돈에 환장이 들었더라도 자기 종업원을 속이고 거짓말을 하겠나 싶어 박두환의 말이 맞다고 생각하고 부탁한 대로 그렇게 진술했던 것입니다.

문　박두환이 고소인에게 돈을 빌려주고 받은 차용증을 진술인이 복사했다고 한 것도 거짓말인가요

답　저는 복사를 한 사실도 없고 박두환이 돈을 빌려줄 때 같이 있지도 않았습니다.

문　진술인은 결국 박두환의 부탁을 받고 거짓말을 한 것인가요

답　죄송합니다.

문　진술인은 박두환이 시키는 대로 거짓말을 하는 대신 어떤 대가를 받기로 약속한 것이 아닌가요

답　그런 약속을 한 사실은 없습니다. 박두환이 워낙 짠돌이라 그런 약속을 하지는 않았지만 차용증을 보여주며 1억

8,000만 원을 빌려주었는데 이피해가 8,000만 원만 빌려 갔다고 거짓말을 한다고 해 박두환에게 속아 사실로 믿고 그렇게 진술했을 뿐입니다.

문 거짓말을 하다가 사실대로 진술하는 이유가 무엇인가요

답 이피해와 대질조사를 하면 제가 그 사람 앞에서 양심상 계속 거짓말을 할 자신이 없고, 설령 거짓말을 하더라도 바로 드러날 것 같아 사실대로 진술하는 것입니다.

문 박두환의 평소 행동은 어떠했는가요

답 아주 구두쇠 중의 구두쇠고 짠돌이 중의 짠돌이입니다.

문 얼마나 구두쇠기에 그렇게 말하는가요

답 박두환의 딸이 갑자기 아파서 병원에 입원해 있었는데 종업원들이 5만 원씩 걷어 병문안을 가 병원비에 보태라고 준 일이 있습니다. 그런데 나중에 종업원 중 한 명이 갑자기 아파 수술을 하게 되었는데 그 종업원의 생활이 무척이나 어려운 줄 알면서도 박두환이 자기 딸이 아파 입원할 때 받은 대로 딱 5만 원만 주고 갔다는 말을 들었습니다. 그뿐만이 아니라 축의금이나 부의금도 종업원이 5만 원을 내면 박두환도 똑같이 5만 원을 내는 등 아주 지독한 구두쇠입니다.

문 박두환의 재산은 얼마나 되는가요

답 박두환이 어느 날 은근히 자랑을 하면서 자기가 사는 고급 아파트에는 돈 많은 사람이 워낙 많아 몇억 원을 입금해도 은행에서 VIP 대접을 해주지 않아 한 은행에 100억 원을

입금했더니 VIP 대접을 해주더라고 한 적이 있는데 여러 가지 사정으로 미루어볼 때 재산이 몇백 억은 되는 것으로 알고 있습니다.

문 그렇게 많은 재산을 어떻게 모았다고 하던가요

답 본인 말로는 호텔과 술집 등에서 일하면서 번 돈으로 땅을 샀는데 땅값이 많이 올라 돈을 벌었다고 하는데 제가 알기로는 황궁룸살롱을 할 때 많이 번 것으로 알고 있습니다.

문 황궁룸살롱에 손님이 많았는가요

답 손님도 많았지만 세금을 제대로 내지 않고 장사를 하니까 돈을 많이 모은 것이지요.

문 박두환은 성실히 세금을 납부했다고 주장하는데 사실이 아니란 말인가요

답 제가 알기로는 대부분의 술집이 어느 정도는 탈세를 하는 것으로 알고 있는데 박두환은 특히 심하게 탈세하고 구두 쇠 짓을 많이 했습니다.

문 박두환이 어떻게 구두쇠 짓을 많이 했는가요

답 예를 들면 자기가 식사를 살 것처럼 종업원들과 회식을 한다고 해놓고 주류상을 하거나 안주류를 파는 사람들을 불러 식사비를 지불하게 하고 자기는 한 푼도 내지 않습니다. 그리고 평소 아는 사람들한테 마치 술을 살 듯이 자기 가게로 오라고 해놓고 나중에는 계산서를 주면서 계산하라고 하는 등 말도 못하게 짠 행동을 합니다. 그리고 평소에 재산이 많다

고 은근히 자랑하면서 친구나 주위 사람들이 어려운 일이 생겨도 절대로 도와주지 않고 도와주더라도 겨우 몇만 원 내면서 생색만 내는 등 돈 앞에서는 껌뻑 죽는 사람입니다.

문 그래도 세무서나 경찰서 등 영업과 관련된 공무원들에게는 잘했을 텐데 어떤가요

답 다른 술집 사장들은 관할 파출소에 가끔 야식도 사주고 크리스마스나 연말 같은 때는 고생한다고 통닭과 맥주 등을 사주는 경우가 있는데 박두환은 절대로 그런 일을 하지 않습니다. 그러나 자기한테 어려운 일이 생기면 평소 자기가 알고 있는 경찰관이나 세무서 직원들한테 간이라도 빼줄 듯이 하면서 부탁하고 평소 어려운 일이 없으면 연락도 안 합니다.

문 어떻게 박두환에 대해 그렇게 잘 아는가요

답 제가 시골에서 고등학교를 졸업하고 서울로 올라와 처음 사회생활을 할 때부터 박두환의 밑에서 일했기 때문에 잘 압니다.

문 그런데 왜 박두환 밑에서 그렇게 오랫동안 일을 하고 있는가요

답 물론 제가 아쉬워서 일을 하고 있지만 때로는 박두환이 불쌍하다는 생각이 들어 일하고 있는지도 모릅니다.

문 박두환이 불쌍하다는 생각이 든다는 말은 무슨 뜻인가요

답 박두환이 돈이 많아 주위에 사람이 많은 것 같지만 엄청

짜고 냉정해 오래된 친한 친구가 없습니다. 박두환이 무척 말을 잘하고 주위 사람들한테 잘 베푸는 것처럼 하니까 처음에는 사람들이 박두환을 좋은 사람으로 알고 친하게 지내다가 그의 인간성을 알게 되면 대부분이 멀리하기 때문에 외톨이가 되어 좀 불쌍한 생각이 들어 제가 오랫동안 붙어 있는 것인지도 모른다는 뜻입니다.

문 이상 사실대로 진술했는가요

답 네, 사실대로 진술했습니다.

문 이 사건과 관련해 더 할 말이 있는가요

답 박두환에게 속아 본의 아니게 거짓말을 해 죄송합니다.

위 조서를 진술자에게 열람하게 하였던 바, 진술한 대로 오기나 증감 변경할 것이 전혀 없다고 말하므로 간인한 후 서명날(무)인 케 하다.

진 술 자 김 덕 종
2 0 0 7. 4. 2 0.
서울중앙지방검찰청
검   사 장 검 사
검찰주사 한 훈 희

피의자신문조서 (제2회)			
성 명	박두환 (朴斗煥)	주민번호	530528-1000000

위의 사람에 대한 사문서변조 등

피의사건에 관하여 2007. 4. 21.

서울중앙지방검찰청

검   사   장 검 사 는(은)

검찰주사   한 훈 희 를(을)

참여하게 하고 피의자에 대하여 다시 진술 거부권이 있음을 알린

즉 신문에 따라 진술하겠다고 대답하다.

문   피의자는 전회에 사실대로 진술했는가요
답   네, 모두 사실대로 진술했습니다.
문   피의자는 고소인에게 돈을 빌려줄 때 종업원 김덕종이 같
     이 있었다고 했는데 사실인가요
답   네, 사실입니다.
문   고소인으로부터 받은 차용증을 김덕종에게 복사해 오라고
     시킨 것도 사실인가요
답   네, 사실입니다.

문　김덕종은 피의자가 고소인에게 돈을 빌려줄 때 같이 있지 않았을 뿐만 아니라 차용증을 복사한 사실이 없다고 하는데 어떤가요

답　아닙니다. 제가 고소인에게 돈을 빌려줄 때 분명히 김덕종이 같이 있었고 차용증도 복사했습니다.

문　김덕종은 그런 사실이 없다고 하는데 피의자는 왜 거짓말을 하는가요

답　아마 김덕종이 검찰청에 불려 다니는 게 싫어 거짓말을 한 것 같습니다.

문　김덕종은 피의자가 고소인에게 돈을 빌려줄 때 같이 있지 않았고 차용증을 복사한 사실이 없는데 피의자가 그렇게 진술해 달라고 부탁해 거짓말을 했다가 사실대로 진술했는데 피의자는 왜 계속해서 거짓말을 하는가요

답　아닙니다. 제가 고소인에게 돈을 빌려줄 때 김덕종이 같이 있었고 차용증을 복사해 왔습니다.

문　피의자는 지난번에 고소인에게 1억 원을 현금으로 빌려주었다고 했지요

답　네, 그렇습니다.

문　피의자는 1억 원을 금고에 보관해 놓았던 돈과 은행에서 5,000만 원을 찾아 주었다고 했는데 맞는가요

답　네, 맞습니다.

문　피의자가 은행에서 현금을 찾았다고 주장하여 피의자의 계

좌를 조사해 보았지만 그런 증거가 없는데 어떻게 된 것인 가요

답 제가 오래된 일이라 잘 기억이 나지 않아 잘못 진술한 것 같습니다.

문 고소인에게 몇 개월 전에 돈을 빌려주었는데 왜 오래되어 잘 기억이 나지 않는다고 변명하는가요

답 제가 돈을 좀 많이 만지다 보니 헷갈려 은행에서 현금을 찾 았다고 했는데 어쨌든 제가 고소인에게 1억 8,000만 원을 빌려준 것은 사실입니다.

문 피의자가 고소인에게 돈을 빌려줄 때 같이 있었다고 한 김 덕종이 피의자의 부탁으로 거짓말을 했다가 다시 사실대 로 진술했고, 피의자가 은행에서 현금을 찾은 사실이 없어 거짓말을 한 사실이 드러났는데도 왜 계속해서 이피해에 게 1억 8,000만 원을 주었다고 거짓말을 하는가요

답 제가 1억 8,000만 원을 빌려주었기 때문에 차용증을 그렇 게 받지 않았습니까. 저는 분명히 1억 8,000만 원을 빌려주 었습니다.

문 피의자는 재산이 200억 원이나 된다면서 어떻게 남의 돈 1억 원을 탐내며 거짓말을 하는가요

답 저는 거짓말을 하지 않았습니다.

문 이상 사실대로 진술했는가요

답 네, 사실대로 진술했습니다.

문   더 할 말이 있는가요

답   저는 분명히 고소인에게 1억 8,000만 원을 빌려주었습니다.

위 조서를 진술자에게 열람하게 하였던 바, 진술한 대로 오기나 증감 변경할 것이 전혀 없다고 말하므로 간인한 후 서명날(무)인 케 하다.

진 술 자   박 두 환

2 0 0 7. 4. 2 1.

서울중앙지방검찰청

검   사   장 검 사

검찰주사   한 훈 희

		피의자신문조서[5]	
성 명	박두환 (朴斗煥)	주민번호	530528-1000000

위 사람에 대한 특정범죄가중처벌등에관한법률 위반(조세포탈)

피의사건에 관하여 2007. 4. 25.

서울중앙지방검찰청

검   사   장 검 사 는(은)

검찰주사   한 훈 희 를(을)

참여하게 하고 피의자에 대하여 아래와 같이 신문한다.

문	피의자의 성명, 연령, 생년월일, 직업, 본적, 주거를 말하시오.
답	성명은 박 두 환 호주는 본인
	연령은 53세 생년월일은 1953. 5. 28. 생
	직업은 상업(황궁룸살롱)
	직장 전화번호는 02)355-****
	본적은 충남 당진구 배신면 사기리 123
	주거는 서울 강남구 도곡동 고급아파트 5동 1001호
	자택 전화번호는 02)543-****, 011-543-**** 입니다.

---

5) 사무서변조 등 사건과 별개의 사건이므로 특정범죄가중처벌등에관한법률 위반(조세포탈)으로 다시 피의자신문조서를 작성한 것입니다.

검사는 피의사건의 요지를 설명하고 검사의 신문에 대하여 형사

소송법 제200조의 규정에 의하여 진술을 거부할 수 있는 권리

가 있음을 알려준즉 피의자는 신문에 따라 진술하겠다고 대답

하다.

문   피의자는 형벌을 받은 사실이 있는가요
답   2000년 서울지방법원서부지원에서 사기죄로 징역 2년에 집
     행유예 3년을 선고받은 사실이 있습니다.
문   피의자의 학력 및 경력은 어떻게 되는가요
답   지방에 있는 상고를 졸업한 후 서울로 올라와 술집과 호텔
     에서 웨이터로 일하다가 2000년부터 직접 룸살롱을 운영
     하고 있습니다.
문   가족 관계는 어떻게 되는가요
답   처와 아들 2명, 딸 1명이 있습니다.
문   재산 및 월수입은 얼마나 되는가요
답   재산은 200억 상당의 동·부동산이 있고, 월수입은 약
     2,000만 원 가량 됩니다.
문   군복무는 마쳤는가요
답   건강이 좋지 않아 입대하지 않았습니다.
문   정당이나 사회단체에서 활동한 사실이 있는가요
답   없습니다.
문   피의자는 현재 어떤 일에 종사하고 있는가요

답	서울 강남구 신사동에 있는 그린호텔 지하에서 황궁룸살롱이라는 상호로 유흥주점을 운영하고 있습니다.
문	룸살롱을 언제부터 운영했는가요
답	2000년 3월경부터 운영하고 있습니다.
문	룸살롱의 규모와 시설 등은 어떻게 되는가요
답	지하 약 150평에 룸이 20개, 주방 1개, 홀 등이 있습니다.
문	종업원은 몇 명이나 되는가요
답	웨이터 10명, 웨이터 보조 20명, 아가씨 약 50명, 주방 아줌마 3명 등이 있습니다.
문	하루 매출은 얼마나 되는가요
답	보통 1~2천만 원 정도 됩니다.
문	피의자는 세무조사를 받은 사실이 있는가요
답	네, 2007. 4. 15.부터 4. 20.까지 6일 동안 국세청 조사과 직원들이 나와 세무조사를 한 사실이 있습니다.
문	세무조사 결과는 어떻게 되었는가요
답	이때 피의자는 아무 말을 하지 못하고 머리를 숙이고 있다.
문	국세청의 세무조사 결과 피의자는 2000년부터 2006년까지 룸살롱을 운영하면서 약 30억 원 정도의 부가세와 소득세를 포탈하여 고발을 당했는데 어떻게 생각하는가요
답	제가 잘못한 것이니 세무조사 결과를 받아들이겠습니다.
문	피의자는 어떤 방법으로 부가세와 소득세를 포탈했는가요
답	주류 도매상과 짜고 일부만 정상적인 거래를 한 것처럼 세

금계산서를 발행하거나 주류를 정상적인 가격보다 싸게 구입하면서 서로 자료를 남기지 않았습니다. 그리고 월급을 주지 않는 웨이터들에게 월급을 지급한 것처럼 비용으로 처리하여 공제를 받는 등 여러 가지 방법으로 포탈했습니다.

문 다른 방법으로는 포탈하지 않았는가요

답 현금으로 술값을 지불한 경우에는 매상이 없는 것처럼 허위로 장부를 기재하여 신고하고, 믿을 만한 단골손님이 술값을 카드로 계산할 때는 결제하지 않고 외상을 한 것으로 했다가 나중에 술값을 깎아주는 대신 현금으로 받아 매출이 없는 것으로 해 소득을 은폐하는 등의 방법을 사용했습니다.

문 피의자는 장부를 제대로 작성하지 아니하기도 하고, 작성했다고 하더라도 고의로 폐기하거나 세금계산서를 조작하기도 했는데 사실인가요

답 모두 그렇게 한 것은 아니고 일부만 그렇게 했습니다.

문 피의자는 2005년도에 특히 많은 세금을 납부하지 않고 포탈했는데 그럴 만한 이유가 있었는가요

답 특별한 이유는 없고 그해에 장사가 잘되어 매출이 많았기 때문에 포탈 세액이 많아진 것입니다.

문 피의자는 위와 같이 세금을 포탈하여 재산을 많이 모은 것이 아닌가요

답 아닙니다. 다른 세금은 다 냈습니다.

문　피의자는 어떻게 하여 세무조사를 받게 되었는가요

답　정확히 알 수 없지만 제 추측으로는 제 가게에서 종업원으로 일하던 직원이 국세청에 제보하여 세무조사를 받게 된 것으로 알고 있습니다.

문　피의자는 지난번에 사문서변조 등으로 조사받을 때 모든 세금을 성실히 납부했다고 당당하게 말하지 않았는가요

답　잘못했습니다.

문　납세의무는 대한민국의 국민이라면 누구나 지켜야 하는데 피의자는 재산이 200억 원이나 된다면서 왜 그렇게 많은 세금을 납부하지 않았는가요

답　술집을 하는 사람들 대부분이 제대로 세금을 납부하지 않기 때문에 저도 관례대로 그렇게 했습니다.

문　내가 국민으로서 지켜야 할 의무를 다하면 되지 왜 다른 사람들 핑계를 대며 피의자의 행위를 합리화시키는가요

답　이때 피의자는 상당히 억울해하는 표정을 지으며 아무 말을 하지 않고 있다.

문　피의자는 아파서 입대하지 않았다고 했는데 정말로 아파서 입대하지 않았는가요

답　네, 맞습니다.

문　어디가 아팠는가요

답　척추가 아팠습니다.

문　지금도 아픈가요

답 지금은 괜찮습니다.

문 군대에 갈 때 아팠던 허리가 지금 괜찮은 것은 치료를 해서 그런가요

답 세월이 지나면서 자연히 치료되어 아프지 않게 된 것입니다.

문 군에 입대하지 않을 정도였다면 상당히 아팠을 텐데 특별한 치료를 받지 않고도 세월이 흘러 자연히 치료가 되었다는 게 말이 되는가요

답 병이라는 게 아팠다가 나을 수도 있는 것 아닌가요. 당시에는 허리가 많이 아파 군에 입대하지 않았을 뿐입니다.

문 피의자는 돈을 쓰거나 소위 빽을 동원하여 군에 입대하지 않은 것 같은데 어떤가요

답 아닙니다. 당시에 허리가 아파 입대하지 않았습니다.

문 모두 다 그런 것은 아니지만 우리나라에서 돈을 많이 번 사람들의 일부는 피의자처럼 군대에 가지 않고 남보다 유리한 입장에서 사회생활을 하거나, 세금을 포탈하는 등 부정한 방법으로 돈을 많이 벌고도 주변에 불행한 일을 당하거나 어려운 사람들이 있을 경우 가난한 사람들보다 더 무관심한 것 같은데 피의자는 어떻게 생각하는가요

답 저는 아파서 군대를 안 갔고 그렇게 살지 않았습니다.

문 이상 사실대로 진술했는가요

답 네, 사실대로 진술했습니다.

문 피의자에게 유리한 증거나 더 할 말이 있는가요

답   앞으로는 돈 욕심 부리지 않고 국민으로서의 의무를 다하
      며 성실하게 살겠으니 선처해 주시면 고맙겠습니다.

위 조서를 진술자에게 열람하게 하였던 바, 진술한 대로 오기나 증감 변경할 것이 전혀 없다고 말하므로 간인한 후 서명날(무)인 케 하다.

진 술 자 박 두 환
2 0 0 7. 4. 2 5.
서울중앙지방검찰청
검   사 장 검 사
검찰주사 한 훈 희

조 사 후 기

　일반적으로 고소 사건은 특별한 경우가 아니면 먼저 고소인의 진술을 듣고 피고소인을 조사합니다. 따라서 이 사건도 먼저 고소인을 불러 고소 내용을 확인한 후 피고소인을 조사했는데 처음에는 고소인이 돈을 주지 않기 위해 박두환을 허위로 고소한 것이 아닌가 하고 의심을 했습니다. 그런데 조사를 하다 보니 박두환이 1억 원을 더 받아내기 위해 차용증을 고친 사실을 알게 되어 재산이 많은 사람이 어떻게 이렇게 탐욕스러운 짓을 할 수 있을까 하고 많은 생각을 했습니다.

　이 사건을 조사하면서 알게 된 사실인데 참고인 김덕종이 진술했듯이 박두환은 평소 돈에 무척 인색했습니다. 아는 사람한테 술을 사겠다고 해 놓고 자기가 운영하는 술집에 술이나 안주 등을 납품하는 소위 을을 불러 술값을 내게 했습니다. 그리고 평소 자기 직원들이나 주위 사람들한테 은근히 돈 자랑을 많이 하면서도 자신의 아버지가 상을 당하여 종업원이 5만 원을 부의금으로 내면 그 종업원의 부모가 상을 당할 경우 박두환도 종업원과 똑같이 5만 원만 낼 정도로 지독한 짠돌이였습니다.

　물론 세금도 제대로 납부하지 않았습니다. 특히 손님한테 술값을 현금으로 받을 경우에는 아무런 증거가 남지 않기 때문에 세금을 한 푼도 내지 않았습니다. 그리고 종업원을 채용한 지 1년이 다 되어가면 퇴직금을 주지 않기 위해 여러 가지 꼬투리를 잡아 잘라 버리고 새로운 종업원을 채용하기도 했습니다.

검찰청에서 어떤 사건을 조사하다 피의자가 많은 세금을 포탈한 정황이 밝혀지거나 강한 의심이 들 경우 국세청에 통보하여 세무조사를 하게 하는 경우가 있습니다. 그러면 국세청에서는 세무조사를 하여 세금포탈 금액이 많을 경우 검찰에 고발하고 검찰에서 조세범처벌법 위반[6]으로 처벌합니다. 그런데 이 사건의 경우에는 검찰에서 의뢰하여 세무조사를 한 것이 아니라 박두환의 종업원이 국세청에 세금포탈 사실을 제보하여 국세청에서 세무조사를 한 후 검찰에 고발하여 조사하게 된 것입니다.

처음 박두환이 이피해에게 돈을 빌려줄 때 같이 있었던 종업원이 두 명이라고 했는데 그중 한 명이 처음에는 박두환이 이피해에게 1억 8,000만 원을 빌려준 것이 사실이라고 믿고 박두환이 시키는 대로 1억 8,000만 원을 빌려준 것이 맞다고 진술했습니다. 그런데 그 종업원이 검찰에서 참고인으로 조사를 받다가 박두환이 자기를 속인 사실을 알고 인간적으로 너무 큰 배신감을 느꼈습니다. 박두환이 아무리 돈에 눈이 멀었다고 하지만

---

6) 포탈세액이 연간 5억 원 이상인 경우에는 특정범죄가중처벌등에 관한 법률 위반으로 가중처벌 합니다.

엄청난 재산을 가지고 있으면서 빌려주지 않은 돈을 빌려주었다고 거짓말을 하고 자기를 목격자로 내세워 거짓 진술을 하게 한 행위에 대해 괘씸하게 생각한 것입니다. 그래서 그 종업원이 국세청에 박두환의 탈세 사실을 제보하여 국세청에서 세무조사를 한 후 검찰에 고발하여 특정범죄가중처벌등에관한법률 위반으로 기소하여 재판을 받게 했습니다.

박두환이 구속되고 나서 자기 가족을 시켜 합의하기 위해 이 피해에게 연락했는데 이피해는 너무 괘씸하고 배신감이 들어 합의하고 싶지 않다며 어떻게 하면 좋겠느냐며 검찰청으로 필자를 찾아왔습니다. 필자도 솔직히 박두환이 뻔뻔스럽게 거짓말을 하며 애를 먹인 생각이 나 합의하지 말라고 하고 싶었습니다. 그러나 "합의는 본인이 알아서 하는 것이지 우리가 하라 마라 할 일이 아니다. 죄는 미워하되 사람은 미워하지 말라는 말이 있으니 알아서 하라"고 했습니다. 그랬더니 이피해가 고민하다가 박두환의 가족과 합의한 후 박두환의 처벌을 원하지 않는다며 선처해 달라는 내용의 탄원서와 합의서를 작성하여 법원에 제출하였으나 박두환이 특정범죄가중처벌등에관한법률 위반으로 기소되어 있었기 때문에 1심에서 실형을 선고받았습니다.

이 사건의 박두환처럼 재산을 많이 가진 사람들이 탐욕을 부리다가 교도소에서 썩는(?) 경우가 생각보다 많이 있습니다. 이

책 첫머리에서도 언급했듯이 우리나라의 경제성장이 너무 짧은 기간에 급격하게 이루어지다 보니 국민들에게 돈이 최고라는 가치관이 자리 잡게 되어 너무 탐욕스러워져 생긴 결과라고 생각합니다. 실제로 필자가 아는 사람들 중에도 돈이 최고라고 하는 사람들이 제법 많이 있습니다. 그러나 가족 간의 사랑, 친구들과의 우정, 어려운 처지에 있는 사람들에 대한 동정과 배려 등이 세상을 살면서 돈으로 살 수 없는 너무나도 소중한 것들이 많이 있습니다. 그런데도 박두환처럼 재산이 많은 사람들 중에 탐욕을 부리다 망신을 당하고 구속되는 사람들이 많이 있습니다. 그래서 노자는 "만족할 줄 알면 수치를 겪지 않으며(知足不辱), 그칠 줄 알면 위태롭지 않다(知止不殆)"고 했나 봅니다.

Chapter 7

강간치상 무고 사건

강간치상 무고 사건

이 사건은 피해자가 강간을 당하는 과정에서 상처를 입었다며 거짓으로 고소하여 무고로 처벌 받은 사건이라 "강간치상 무고 사건"이라고 했습니다. 강간죄는 여자를 폭행 또는 협박하여 강제로 성교(성관계)하는 죄를 말하고, 치상이란 강간을 하는 과정에서 상해를 입히는 것을 말합니다. 따라서 강간치상죄는 강간과 상해라는 두 죄가 결합된 것입니다.

이무고라는 여성은 남편과의 사이에 아들 한 명을 둔 유부녀였는데 우연히 황당한이라는 마음씨 좋은 사람을 알게 되어 그의 내연녀가 되었습니다. 흔히 하는 말로 바람을 피운 것입니다. 당시 황당한은 서울 동대문구 제기동에서 한약상을 운영하면서 중국에서 약재를 수입해 팔아 제법 많은 돈을 벌었는데 이무고를 알게 된 후 내연 관계를 유지하면서 경제적으로 많은 도움을 주었습니다.

그런데 황당한이 사업을 하다가 가끔 급한 일이 있을 때는 이무고로부터 돈을 빌려 쓰고 갚을 때는 이자 명목으로 많은 돈을 주었습니다. 황당한이 돈이 많다는 것을 안 이무고는 돈을 빌려줄 때마다 차용증을 받았는데 순진한 황당한은 장난스럽게 "2000년 2월 1일 금 500만 원을 차용하되 위 돈을 2000년 5월

1일까지 변제하지 못할 시에는 내 ×을 떼어가도 좋음, 차용인 황당한", "금일 금 300만 원을 차용하였는 바, 위 돈을 2000년 8월 1일까지 변제하지 못할 경우에는 하루에 두 번 성관계할 것을 약속함, 차용인 황당한" 등과 같은 내용의 차용증을 써 주었습니다. 누가 보아도 장난으로 써 준 차용증임을 알 수 있는 내용이었습니다. 그런데 황당한은 이무고에게 빌린 돈을 갚고도 그녀를 믿었기 때문에 차용증을 돌려받지 않았습니다.

황당한은 이무고와 내연 관계를 맺고 지내다가 그녀가 욕심이 많고 성격이 비뚤어져 있음을 알고 차츰 만나는 횟수를 줄이다 결국에는 관계를 끊어버렸습니다. 그러자 이무고는 황당한으로부터 돈이라도 뜯어낼 생각으로 그에게서 받은 위와 같은 차용증을 근거로 황당한이 자신에게 빌려간 돈을 갚지 않았다며 그를 사기죄로 고소했습니다. 그런데 어떤 이유인지 모르겠지만 황당한은 사기죄로 기소되어 재판을 받게 되었고 구속을 면하기 위해 이무고에게 주지 않아도 될 돈을 주고 합의했습니다. 이렇게 돈을 받아낸 이무고는 황당한으로부터 더 많은 돈을 뜯어낼 궁리를 하다가 과거에 황당한과 성관계를 가진 사실을 근거로 거짓으로 강간을 당했다고 꾸며 경찰에 고소를 했는데, 경찰에서 강간죄는 친고죄라 범인을 알게 된 날로부터 6개월 내에 고소를 해야 된다는 말을 듣고 고소를 취소했습니다.[7] 대신 이무고는 황당한으로부터 강간을 당하면서 상처를 입고 임신 8개월 된 딸을 조기 출산했다며 친고죄에 해당하지 않고 강간죄보다 형량이 무거운 강간치상죄로 죄명을 바꿔 다시 고소했습니다. 그리고 당시 자신의 여자 조카가 남자 친구와 놀러 왔다가 강간당한 장면을 보았다며 이들을 목격자로 내세웠습니다. 경찰에서는 고소인과 목격자의 진술을 토대로 황당한을 구속하겠다며 영장을 신청했는데 검사는 뭔가 이상한 생각이 들었는지 일단 불구속 상태로 송치하라고 하여 필자가 황당한을 조사하게 되었습니다.

경찰에서 조사한 내용을 꼼꼼히 살펴 보니 이무고가 허위로 고소를 했다는 느낌이 들었지만 목격자의 진술 내용이나 진단서 등으로 미루어 볼 때 그렇게 쉽게 단정 지을 수 있는 상황이 아니었기 때문에 처음부터 다시 조사를 시작했습니다. 이 사건을 조사하면 할수록 이무고가 거짓말을 하고 있다는 생각이 더 강하게 들었으나 이무고가 너무나도 억울한 표정을 지으며 상황에 맞게 눈물을 잘 흘리며 변명하는 바람에 섣불리 거짓으로 고소했다고 단정할 수도 없고 딱히 무고라고 할 증거가 없어 거짓말탐지기 검사까지 하게 되었습니다. 거짓말탐지기 검사를 할 때

---

7) 2012. 12. 18. 형법 개정으로 제306조의 친고죄 규정을 삭제하여 이제는 친고죄가 아니다.

는 본인의 동의를 받게 되어 있는데 이무고가 검사 결과에 대하여 이의를 제기하지 못하도록 동의서와는 별도로 "만일 거짓말탐지기 검사 결과 본인이 거짓 반응으로 나올 경우 황당한의 주장을 모두 인정하고 무고죄로 달게 처벌을 받겠습니다"라는 내용의 각서를 받았습니다. 그런데 거짓말탐지기 검사 결과 예상대로 이무고가 거짓말을 하고 있는 것으로 나왔습니다. 그래서 거짓말탐지기 검사 결과를 보여주며 이제 모든 것을 인정하고 깨끗이 끝내자고 했더니 "거짓말탐지기라는 것이 기계로 사람을 검사하는 것인데 어떻게 믿을 수 있느냐, 거짓말탐지기 검사를 할 때 안 좋은 일이 있어 심리적으로 불안하여 거짓 반응이 나온 것이니 철저히 조사하여 상대방을 처벌해 달라"고 하는 것입니다. 조사받을 때마다 말을 바꾸며 상황에 맞게 변명하고 그럴싸하게 눈물을 흘리면서 자신이 억울하다고 하더니 또 거짓말을 하며 자기 주장을 합리화하는 모습을 보고 어이가 없었습니다. 그렇지만 거짓말탐지기 검사 결과 외에는 뚜렷한 증거가 없기 때문에 다시 조사할 수밖에 없었습니다. 이런 경우에는 흔히 이런 말을 합니다. "심증은 가나 물증이 없다"고. 이 사건이 바로 그런 사건이었습니다. 여러 정황상 이무고가 거짓으로 고소를 하고 거짓말을 하고 있는 것이 분명한데 물증이 없는 것입니다. 그래서 어떻게 조사할지 많은 고민을 했습니다. 거짓말탐지기 검사를 하기 전부터 이무고가 거짓말을 하고 있는 것이 분명하다고 확신을 하고 있었지만 증거나 증인[8] 등이 없기 때문에 어떻게 해서든 사건의 실체를 밝혀야 했습니다. 다른 사건도 마찬가지지만 특히 이 사건은 가볍게 넘길 일이 아니었습니다. 만약 강간을 하면서 상처를 입힌 것이 사실이라면 황당한은 강간치상죄로 무기 또는 5년 이상의 징역형에 처할 수 있기 때문에 구속이 되어야 하고, 이무고가 거짓으로 고소를 했다면 무고죄[9]로 구속이 되어야 할 중한 사건이었기 때문입니다. 막말로 누군가는 한 명 크게 당해야 할 사건이었습니다. 그래서 필자도 고민이 깊어질 수밖에 없었습니다. 여러 가지 궁리를 하다가 별로 의심하지 않았던 목격자를 다시 조사해 보기로 했습니다. 당시 목격자는 이무고의 여자 조카인 이증인과 이증인의 남자 친구인 김증인이 있었는데 김증인은 대학교 4학년인 학생이었습니다. 본 사건의 주임검사가 김증인과 같은 대학교 출신이라 쉽게 설

---

8) 정확한 용어는 참고인입니다. 참고인은 피의자(범죄의 혐의를 받고 있는 사람)가 아닌 제3자로서 경찰이나 검찰 등 수사기관에서 진술하는 사람입니다. 우리가 흔히 말하는 증인은 법원에서 선서를 하고 증언하는 사람을 가리키는 용어입니다.

9) 무고죄는 10년 이하의 징역 또는 1,500만 원 이하의 벌금에 처할 수 있습니다. 물론 벌금을 선고받으면 징역을 안 살 수도 있지만 이 사건의 경우에는 워낙 죄질이 좋지 않아 징역형에 처할 가능성이 아주 높았고 실제로 징역 3년을 선고받았습니다.

득할 수 있을 것 같고, 김증인을 상대로 조사하다 보면 뭔가 실마리를 찾을 수 있을 것 같은 생각이 들어 그를 먼저 불러 조사한 것입니다. 김증인에게 "만약 거짓말을 하면 이 사건의 피의자(황당한)가 억울하게 감옥을 가야 할 상황인데 명문대를 다니는 학생이 거짓말을 하여 억울한 사람을 감옥에 보내면 앞으로 이 세상을 살면서 마음이 편하겠느냐, 여기에 있는 검사가 당신 학교 선배인데 검사님 앞에서 솔직히 진술하여 억울하게 처벌받는 일이 없도록 하면 좋겠다"고 설득했습니다. 그러나 김증인은 강간 현장을 목격한 대로 경찰에서 사실대로 모두 진술했기 때문에 새롭게 더 진술할 내용이 없다고 버텼습니다. 그래서 필자가 커피를 타 주고 수사관 생활을 하면서 겪은 여러 가지 사건들을 들려주며 최대한 친근감을 갖게 하면서 여러 가지 방법으로 설득해 보았지만 김증인 역시 호락호락 넘어가지 않았습니다. 그러나 포기하지 않고 "모든 것을 다 조사했는데 당신이 피의자와 어떤 관계인지도 확인했다. 계속 거짓말을 하면 증인으로 채택하여 법원에서 증언하게 하고 만약 법원에서도 거짓말을 하면 위증죄로 처벌받게 하겠다"고 했더니 마음이 흔들렸는지 결국 사실대로 진술하겠다고 했습니다. 오전 9시에 출석하여 이렇게 사실대로 진술하겠다고 말하기까지 거의 3시간이 걸려 점심시간이 다 되었습니다. 그래서 김증인의 마음이 바뀌기 전에 빨리 조서로 남겨놓을 필요가 있어 점심을 사주면서 억울하게 누명을 쓰고 감옥에 간 사람의 입장을 생각해 보라며 말을 바꾸지 못하도록 설득하고 식사를 끝내자마자 사무실로 돌아가 이 사건에 대한 진실을 듣게 되었습니다. 이무고는 김증인의 먼 친척이지만 이모가 되고 이증인은 이무고의 친조카인데 이들은 이무고의 부탁을 받고 경찰에서 거짓말로 강간 현장을 목격했다고 진술했다는 것입니다. 김증인으로부터 사건 내용을 모두 파악한 후 이증인을 불러 김증인의 진술 내용을 확인한 후, 김증인과 이증인의 진술 내용을 토대로 이무고를 소환하여 모든 것이 다 밝혀졌으니 사실대로 말하라고 추궁했지만 끝까지 거짓말을 했습니다. 이무고를 구속하기 위해 긴급체포하자 이무고가 필자와 검사를 쳐다보면서 "당신들이 나를 구속해! 억울한 나를 구속하고서 온전한가 보자!"며 기세등등하게 협박까지 하는 모습을 보고 참 대단하다는 생각을 했습니다. 결국 법원에서 이무고에 대한 구속영장이 발부되어 구속된 상태에서 재판을 받았는데 징역 3년을 선고받았습니다.

고　소　장

고 소 인 　　이 무 고(690317-2000000)

　　　　　　　서울 광진구 구의동 123 무고빌라 302호

　　　　　　　연락처 : 011-4567-****

피고소인 　　황 당 한(621020-1000000)

　　　　　　　서울 강동구 구의동 911 황당아파트 501동 911호

　　　　　　　연락처 : 02)345-****, 011-345-****

고　소　취　지

　피고소인은 고소인에게 빌려간 돈을 준다며 찾아와 고소인을 침대 위에 눕혀 놓고 강간하여 고소인에게 전치 3주의 진단이 나오게 하고, 당시 임신 중이던 고소인의 아이를 조기 출산케 한 자이니 조사하여 처벌해 주시기 바랍니다.

고　소　내　용

1. 고소인과 피고소인의 관계

고소인은 동네에 있는 카페에서 친구들과 함께 술을 마시다가 우연히 피고소인을 만나 서로 친하게 지내며 돈을 빌려준 사실이 있어 잘 아는 사이입니다.

2. 피고소인과의 돈 거래

고소인은 피고소인이 동대문구 제기동에서 한약상을 하면서 사업상 급히 돈이 필요하다고 할 때마다 돈을 빌려주었는데 바로 변제하겠다고 해놓고 약속을 지키지 않아 많은 어려움을 겪은 사실이 있습니다.

3. 피고소인의 강간

피고소인이 돈을 빌려간 후 갚지 않아 사기죄로 고소하여 피고소인이 기소되어 재판을 받게 되었는데 2005. 5. 10. 15시경 금 3,500만 원에 합의를 보자며 고소인의 집으로 찾아왔습니다. 그래서 안방으로 들어오라고 한 후 돈을 가져왔느냐고 물어보니까 가져오지 않았다고 해 합의를 보려면 돈을 가져와야 되지 않느냐고 했습니다. 그랬더니 갑자기 피고소인이 문을 잠근 후 "돈은 무슨 돈이냐, 00년, 0같은 년, 00에 금테 둘렀냐"며 욕을 했습니다. 그리고 고소인을 침대 위에 눕혀 놓고 배 위에 올라가 주먹으로 온몸을 때린 후 의식을 잃은 고소인의 옷을 벗기고 강제로 성관계를 해 고소인이 통증을 느끼고 깨어나 두 손으로 가슴을 밀며 반항하자 피고소인의 손가락을 고소인의 성기에 집어넣고 약 10분가량 휘저어 상처를 입히고 당시 임신 중이던 아이를 조기 출산케 했습니다.

4. 고소인의 피해

피고소인으로부터 강간을 당하여 피를 흘리고 너무나도 아파 병원에 갔더니 성기가 헐고 두 팔과 다리에 멍이 들어 3주간의 치료를 요한다는 진단이 나오고, 임신된 딸을 8개월 만에 조기 출산했습니다.

5. 결론

위와 같이 피고소인은 고소인을 강간하면서 상해를 입히고 아이를 조기 출산케 한 파렴치한이니 철저히 수사하여 강간치상죄로 처벌해 주시기 바랍니다.

2 0 0 9. 4. 2.

위 고소인 이 무 고

강동경찰서 귀중

피의자신문조서			
성 명	황당한 (黃當漢)	주민번호	621020-1000000

위 사람에 대한 강간치상

피의사건에 관하여 2009. 10. 7.

서울동부지방검찰청

검 사 박 검 사 는(은)

검찰주사 한 훈 희 를(을)

참여하게 하고 피의자에 대하여 아래와 같이 신문한다.

문	피의자의 성명, 연령, 생년월일, 직업, 본적, 주거를 말하시오
답	성명은 황 당 한 호주는 본인
	연령은 46세 생년월일은 1962. 10. 20. 생
	직업은 상업(한약상)
	직장 전화번호는 02)456-****
	본적은 경기도 포천군 군내면 당하리 376-12
	주거는 서울 강동구 구의동 911 황당아파트 501동 911호
	자택 전화번호는 02)345-****, 011-345-****
	입니다.

검사는 피의사건의 요지를 설명하고 검사의 신문에 대하여 형사

소송법 제200조의 규정에 의하여 진술을 거부할 수 있는 권리

가 있음을 알려준즉 피의자는 신문에 따라 진술하겠다고 대답

하다.

문 피의자는 형벌을 받은 사실이 있는가요

답 1996. 10. 8. 서울지방법원북부지원에서 도로교통법 위반
   으로 벌금 100만 원을 선고받은 사실이 있습니다.

문 피의자의 학력 및 경력, 가족 관계, 재산 정도 등은 경찰에
   서 진술한 내용과 같은가요

답 네, 모두 같습니다.

문 피의자는 고소인 이무고를 언제, 어떻게 알게 되었는가요

답 1995년 3월 초에 동네에 있는 카페에서 술을 한잔하다가
   옆자리에서 친구들과 함께 술을 마시던 고소인과 인사를
   나눈 후 자주 만나다 정이 들어 오랫동안 내연 관계를 유지
   하며 지내게 되었습니다.

문 고소인과 내연 관계를 유지한 기간이 얼마나 되는가요

답 1995년 3월 말경부터 2000년 12월경까지 약 5년 9개월 정
   도 됩니다.

문 피의자는 고소인을 강간한 사실이 있는가요

답 저는 그런 사실이 없습니다.

문 피의자는 2005. 5. 10.경 고소인의 집에 간 사실이 있는가요

답　저는 그런 사실이 없습니다. 저는 고소인의 집이 어디에 있는지도 모릅니다.

문　고소인과 오랫동안 내연 관계를 유지하고 있었다면서 집이 어디에 있는지 모른다는 게 말이 되는가요

답　제가 고소인과 내연 관계를 유지하면서 사업상 급할 때 돈을 빌리고 모두 갚았는데 고소인이 돌려주지 않은 영수증을 가지고 있다가 저를 상대로 사기죄로 고소하여 합의금을 받아낸 후 이사를 가버려 집이 어디에 있는지 알지 못합니다.

문　고소인이 언제 피의자를 사기로 고소했는가요

답　2004. 12. 초순경입니다.

문　그 사기 사건은 어떻게 되었는가요

답　고소인에게 돈을 주고 합의하여 벌금 300만 원을 선고받았습니다.

문　고소인에 의하면 피의자가 사기죄로 재판을 받게 되자 합의하겠다며 자기 집에 찾아왔다고 하는데 왜 고소인의 집을 모른다고 하는가요

답　앞에서도 말씀드렸듯이 고소인이 저를 사기죄로 고소한 후 합의금을 받고 이사를 가버려 저는 고소인이 어디에서 살고 있는지 모릅니다.

문　고소인에 의하면 그날 피의자가 합의하겠다며 자기 집으로 찾아왔기에 돈을 가져왔느냐고 묻자 피의자가 "돈은 무슨

돈이냐, 00년. 0같은 년. 00에 금테 둘렀냐"고 욕을 한 후 갑자기 침대 위에 눕혀 놓고 배 위에 올라가 양손으로 온몸을 때려 의식을 잃은 고소인의 옷을 벗기고 강간을 했다고 하는데 정말로 고소인의 집에 간 사실이 없는가요

답 저는 정말로 고소인의 집에 간 사실이 없습니다. 믿어주세요.

문 고소인은 피의자가 강간을 해 통증을 느끼고 깨어나 강간을 못하게 두 손으로 가슴을 밀며 반항하자 피의자가 손가락을 성기에 집어넣고 약 10분가량 휘저어 상처를 입혀 당시 임신 8개월인 아이를 조기 출산케 했다고 하는데 그런 사실이 없는가요

답 저는 절대로 그런 사실이 없습니다. 고소인의 주장은 너무 허무맹랑합니다.

문 고소인은 피의자로부터 강간을 당할 때 다쳤다며 진단서까지 제출했는데 피의자는 고소인을 강간한 사실이 없단 말인가요

답 고소인이 어떻게 진단서를 발급받았는지 모르지만 저는 고소인으로부터 사기죄로 고소를 당하고 합의를 본 후 고소인을 만난 사실도 없고 집을 찾아간 사실도 없습니다. 제가 경찰에서 강간치상죄로 조사받고 너무 창피한 생각이 들어 고소인을 만나 조용히 해결하기 위해 친구를 시켜 고소인의 아들이 다니는 학교를 찾아가 집을 알아보라고 시켰는

데 아들을 만나지 못한 사실이 있을 뿐입니다.

문 고소인을 만나 어떻게 조용히 해결하려고 했는가요

답 고소인이 저한테 돈을 뜯어내기 위해 강간당했다고 허위로 고소했다는 직감이 들어 돈을 좀 주고 고소를 취소하게 할 생각이었습니다.

문 그런데 왜 합의하지 않았는가요

답 고소인의 집을 몰라 찾아갈 수도 없었지만 고소인이 경찰서에서 너무 거짓말을 많이 해 잘못하면 큰일 나겠다 싶어 끝까지 진실을 밝힐 생각으로 합의할 생각을 포기했습니다.

문 당시 고소인의 집에 있던 이증인이라는 조카와 그의 남자 친구 김증인에 의하면 고소인이 피의자한테 강간을 당하고 살려달라고 고함을 지르며 알몸인 상태로 거실로 나오는 것을 보았다고 하는데 왜 거짓말을 하는가요

답 고소인의 조카와 남자 친구가 누군지 모르지만 고소인과 짜고 서로 입을 맞춰 거짓말을 하고 있는 것입니다. 저는 고소인의 집을 알지도 못하는데 어떻게 집을 찾아가며 그런 일을 저지를 수 있습니까. 말도 안 되는 억지 주장입니다.

문 이증인과 김증인에 의하면 고소인이 알몸인 상태로 거실로 나와 살려달라고 소리를 질러 방에서 나와 왜 그러느냐고 묻자 쓰러지면서 피의자에게 강간을 당했다고 해 김증인이 부엌으로 가 식칼을 들고 나와 피의자를 죽여 버리겠다고 하니까 고소인이 말려 그만둔 사실이 있다고 하는데 왜 계속해서

거짓말을 하는가요

답 제 답답한 마음을 어떻게 표현해야 좋을지 모르겠습니다. 고소인은 보통 여자가 아니라서 충분히 그런 일을 꾸며낼 사람입니다. 저는 절대로 그런 사실이 없습니다.

문 피의자는 내연 관계로 지내던 고소인으로부터 사기죄로 고소를 당하고 재판을 받게 되자 앙갚음을 하기 위해 강간을 했으면서 거짓말을 하고 있는 것이 아닌가요

답 막말로 제가 고소인을 강간한다고 하더라도 그 사람은 절대로 그냥 쉽게 당할 여자가 아닙니다. 고소인은 보통 독한 여자가 아니며 너무나 거짓말을 잘하는 여자입니다. 저는 절대로 고소인을 강간한 사실이 없습니다. 그리고 임신 8개월이 되면 배가 불룩할 텐데 아무리 성관계를 하고 싶다고 하지만 어떻게 그런 여자를 상대로 강간을 할 수 있겠습니까. 저는 절대로 그런 사실이 없습니다.

문 피의자는 고소인과 왜 헤어졌는가요

답 고소인은 여자지만 너무 성질이 독하고 양심이 비뚤어져 툭하면 거짓말을 하고 돈만 뜯어가려고 해 제가 일부러 만나지 않았습니다.

문 이상 사실대로 진술했는가요

답 네, 사실대로 진술했습니다.

문 더 할 말이 있는가요

답 고소인이 여자라고 해서 그 사람 말만 믿지 말고 제가 억울

하게 당하지 않도록 잘 조사해서 진실을 밝혀 주시면 고맙겠습니다. 제가 사기죄로 조사받을 때도 고소인이 여자라고 제 말을 들어주지 않아 억울하게 돈을 주고 합의하여 피해가 큽니다.

위 조서를 진술자에게 열람하게 하였던 바, 진술한 대로 오기나 증감 변경할 것이 전혀 없다고 말하므로 간인한 후 서명날(무)인 케 하다.

진 술 자 황 당 한

2 0 0 9. 1 0. 7.

서울동부지방검찰청

검   사 박 검 사

검찰주사 한 훈 희

진 술 조 서				
① 성 명	이무고 (李誣誥)	② 주민번호		690317-2000000
③ 주 거	서울 광진구 구의동 123 무고빌라 302호			
④ 본 적	대구시 황당구 무고동 367			
⑤ 직 업	주 부	⑥ 연 령	39세	1969. 3. 17. 생
⑦ 전화번호	011-4567-****			

피의자 황당한에 대한 강간치상 피의사건에 관하여 2009. 10. 10.

서울동부지방검찰청 100호 검사실에서 임의로 아래와 같이 진술

하다.

문   진술인이 이무고인가요

답   네, 제가 황당한을 고소한 이무고입니다.

이때 검사는 진술인으로부터 그의 신분증을 제출받아 본인임을
확인한 후,

문   진술인은 경찰에서 사실대로 진술했는가요

답   네, 모두 사실대로 진술했습니다.

문   진술인은 피의자를 언제, 어떻게 알게 되었는가요

답   1995년 3월경 집 근처에 있는 카페에서 친구들과 맥주

를 마시다가 우연히 피의자를 만나 알게 되었습니다.

문　진술인은 피의자에게 돈을 빌려주고 상당히 가깝게 지냈던
　　　것 같은데 어떤가요

답　피의자가 돈이 필요하다고 할 때마다 친척들에게 빌려주었
　　　는데 돈을 갚지 않아 많은 고생을 한 사실이 있습니다만 특
　　　별한 관계는 아닙니다.

문　피의자와 성관계는 갖지 않았는가요

답　그런 짓은 하지 않았습니다.

문　피의자는 진술인과 오랫동안 내연 관계를 맺고 지냈다고 하
　　　는데 왜 성관계를 가진 사실이 없다고 하는가요

답　그 사람이 왜 그렇게 주장하는지 모르지만 저는 그런 사실
　　　이 없고 단지 좀 친하게 지냈을 뿐입니다.

문　진술인이 피의자로부터 강간을 당했다고 했는데 사실인가요

답　강간을 당했으니까 고소를 했지요.

문　피의자는 진술인의 집을 찾아간 사실이 없다고 하는데 어
　　　떻게 생각하는가요

답　그 사람은 입만 열면 거짓말을 하면서 피해 가는 사람이라
　　　그 사람 말을 믿으면 안 됩니다.

문　피의자는 진술인이 사기죄로 고소한 후 합의금을 받고 이사
　　　를 가버려 집이 어디에 있는지 모른다고 하는데 아니란 말인
　　　가요

답　그것은 황당한이 다 알고 있으면서 거짓말을 한 것입니다.

그 사람은 말을 둘러대고 거짓말하는 데는 아주 선수입니다.

문 피의자는 진술인의 집이 어디에 있는지 모르기 때문에 찾아간 사실이 없다고 하는데 진술인은 강간을 당한 것이 사실이란 말인가요

답 네, 사실입니다. 철저히 조사해서 처벌해 주시면 고맙겠습니다.

문 진술인이 딸을 조기 출산한 것도 피의자의 강간 때문인가요

답 네, 피의자가 손가락을 제 성기에 집어넣고 휘젓는 바람에 조기 출산했습니다.

문 다른 이유로 조기 출산한 것은 아닌가요

답 말도 안 됩니다. 저는 임신한 동안 한 번도 아프지 않았기 때문에 피의자가 그런 짓을 하지 않았으면 조기 출산할 이유가 없었습니다.

문 진술인이 다쳤다고 제출한 진단서도 피의자의 강간 때문인가요

답 피의자가 강간하면서 저를 때리고 손가락을 제 성기에 넣고 휘저어 상처를 입었기 때문에 진단서를 발급받았습니다.

문 진술인이 강간당할 때 살던 집은 방이 몇 개나 되며 크기는 어느 정도인가요

답 방 두 개와 조그만한 거실이 있는데 실평수로 약 13평 정도 됩니다.

문 당시 진술인은 조카와 조카의 남자 친구가 옆방에 있었다

고 했는데 별로 크지도 않은 집에서 대낮에 옆 방에 사람들이 있는데도 피의자가 그렇게 대담하게 강간을 했다는 게 선뜻 이해가 되지 않는데 어떤가요

답   피의자는 처음에 옆방에 아무도 없는 줄 알고 그런 짓을 한 것 같습니다.

문   처음 피의자가 강간을 하기 위해 진술인의 배 위에 올라갔을 때 고함을 지르며 도움을 요청했다면 옆방에 있던 조카와 남자 친구가 듣고 들어와 강간을 못하게 할 수도 있었을 텐데 왜 그렇게 하지 않았는가요

답   당시 임신 중인데다가 갑자기 당한 일이라 고함을 지를 생각을 못했습니다.

문   진술인이 피의자로부터 강간을 당할 때 임신 8개월이라고 했는데 사실인가요

답   네, 사실입니다.

문   임신 8개월이면 배가 상당히 불러 있었을 텐데 피의자가 그런 진술인을 보고 강간을 했단 말인가요

답   그 사람은 성격이 포악하고 인간성이 더러운 사람이라 자기 욕망을 채우기 위해서는 못할 짓이 없는 사람이기 때문에 충분히 그러고도 남을 사람입니다.

문   피의자가 강간한 시간이 얼마나 되는가요

답   제가 피의자로부터 맞고 의식을 잃었다가 깨어났기 때문에 강간한 시간이 얼마나 되는지 잘 모르겠습니다.

문	피의자가 진술인의 성기에 삽입을 했는가요
답	네, 피의자가 자기 성기를 제 성기에 집어넣고 강간하는 바람에 제가 아파서 깨어났습니다.
문	당시 피의자가 사정을 했는가요
답	피의자가 저를 강간할 때 제가 아파서 깨어나 두 손으로 그의 가슴을 밀치는 바람에 사정하지 못했습니다.
문	그렇게 밀쳐 사정을 못 하게 했다면 처음부터 반항을 해 강간을 못 하게 할 수도 있지 않았는가요
답	합의하기 위해 찾아왔다고 해 믿고 있었는데 갑자기 눕혀 놓고 때리며 강간을 했기 때문에 밀고 반항할 상황이 아니었습니다.
문	피의자가 왜 진술인의 성기에 손을 집어넣고 휘저었는가요
답	제가 사정을 못하게 가슴을 밀쳐내니까 심술이 나서 그런 것 같습니다.
문	피의자가 진술인의 성기에 손가락을 넣고 휘저어 조기 출산한 것이 사실인가요
답	네, 사실입니다. 제가 제출한 진단서를 보면 알 수 있을 것입니다.
문	진술인은 강간을 당하고 진단서까지 발급받았으면서 몇 년 동안 가만히 있다가 이제 와서 고소를 한 이유가 무엇인가요
답	처음에는 바로 고소를 하기 위해 진단서를 발급받았는데 출산 직후라 경찰서에 들락거리기도 힘들고 여자로서 창피

한 생각이 들어 고소를 하지 않았습니다. 그리고 피의자가 한 번이라도 찾아와 잘못했다고 사과할 줄 알았는데 찾아오지 않아 괘씸한 생각이 들어 고소한 것입니다.

문 진술인은 처음 피의자를 상대로 강간죄로 고소했다가 이를 취소하고 형이 더 무거운 강간치상죄로 죄명을 바꿔 고소했는데 왜 그랬는가요

답 특별한 이유는 없고 제가 법을 잘 몰라 그랬습니다.

문 강간죄는 친고죄라 범인을 안 날로부터 6개월이 지나면 고소할 수 없어 처벌할 수 없다는 사실을 알고 고소를 취소하고 친고죄가 아닌 강간치상죄로 고소한 것을 보면 법을 잘 아는 것 같은데 왜 법을 잘 몰라 그랬다고 하는가요

답 처음에는 몰랐는데 경찰관이 알려줘 알았습니다.

문 피의자의 처벌을 원하는가요

답 네, 꼭 처벌해 주세요.

문 피의자와 합의할 생각이 있는가요

답 합의할 마음은 조금도 없습니다. 이번 기회에 버릇을 고쳐 놓고 싶습니다.

문 이상의 진술이 사실인가요

답 네, 사실입니다.

문 더 할 말이 있는가요

답 피의자를 꼭 구속해서 처벌해 주시면 고맙겠습니다.

위 조서를 진술자에게 열람하게 하였던 바, 진술한 대로 오기나 증감 변경할 것이 전혀 없다고 말하므로 간인한 후 서명날(무)인 케 하다.

진 술 자 이 무 고
2009. 10. 10.
검   사 박 검 사
검찰주사 한 훈 희

피의자신문조서 (제2회 대질)			
성 명	황당한 (黃當漢)	주민번호	621020-1000000

위의 사람에 대한 강간치상

피의사건에 관하여 2009. 10. 12.

서울동부지방검찰청

검 사 박 검 사 는(은)

검찰주사 한 훈 희 를(을)

참여하게 하고 피의자에 대하여 다시 진술 거부권이 있음을 알린

즉 신문에 따라 진술하겠다고 대답하다.

문 피의자는 전회에 사실대로 진술했는가요

답 네, 모두 사실대로 진술했습니다.

문 피의자는 고소인의 집이 어디에 있는지 모른다고 했는데
   사실인가요

답 네, 사실입니다.

문 고소인을 강간한 사실이 없다고 한 것도 사실인가요

답 네, 사실입니다.

문 그런데 왜 고소인은 피의자에게 강간을 당해 상해를 입고
   아이를 조기 출산했다고 하는지 그 이유를 아는가요

답   지난번에 저를 사기죄로 고소하여 제가 5,000만 원이나 주
      고 합의한 사실이 있는데 이번에도 돈을 뜯어내기 위해 고
      소한 것 같습니다.

이때 검사는 피의자의 옆에 앉아 있는 고소인에게,

문   진술인은 피의자의 말을 잘 들었는가요

답   네, 잘 들었습니다. 그런데 피의자의 주장은 모두 거짓말입
      니다. 이 사람은 툭하면 거짓말을 하고 사람을 속이기 때문
      에 절대로 믿으면 안 됩니다.

문   피의자는 진술인의 집이 어디에 있는지 모른다고 하는데 어
      떻게 생각하는가요

답   제 집을 모르면 어떻게 찾아올 수 있는가요. 피의자가 거짓
      말을 하고 있습니다.

문   피의자가 강간한 것도 사실인가요

답   네, 사실입니다. 저는 지금까지 살아오면서 선의의 거짓말
      외에는 해본 적이 없습니다.

이때 피의자는 큰 소리로 "웃기고 있네, 툭하면 거짓말하고 사
기치고 공갈치며 먹고살았으면서 뭐 거짓말을 안 해!"라고 하다.

문   진술인은 거짓말탐지기 검사를 받겠다고 동의한 사실이 있
      지요

답   네, 있습니다.

문   거짓말탐지기 검사 결과 진술인이 거짓 반응이 나오면 피의
      자의 주장을 모두 인정하고 사실대로 진술하겠다고 한 사

실도 있지요

답　네, 그렇습니다.

문　거짓말탐지기 검사 결과 진술인은 거짓 반응이 나오고 피
　　의자는 진실 반응이 나왔는데 어떻게 생각하는가요

이때 검사는 거짓말 탐지기 검사 결과 통보서를 보여준 바,

답　저는 거짓말탐지기 검사 결과를 믿을 수 없습니다.

문　왜 믿을 수 없는가요

답　거짓말탐지기는 기계인데 기계가 사람을 검사한다는 것도
　　그렇고 그날의 심리 상태에 따라 다르게 반응이 나오는 것
　　인데 어떻게 믿을 수가 있는가요

문　거짓말탐지기 검사하는 날 심리 상태가 어떠했기에 이제 와
　　서 믿을 수가 없다고 하는가요

답　제 집안에 좋지 않은 일이 있어 기분이 아주 좋지 않았고
　　좀 불안한 상태였습니다.

문　기분이 좋지 않고 불안한 일이 무엇이었는가요

답　그런 것까지 밝힐 수는 없지만 그날 기분이 좋지 않고 마음
　　이 불안해서 거짓 반응이 나온 것 같습니다.

이때 피의자가 "이 사람은 툭하면 말을 바꾸고 자신을 합리화하
는 사람이라 믿으면 안 됩니다"라고 하다.

문　진술인은 불리한 상황이 되면 항상 그럴싸한 변명을 하는
　　데 왜 각서까지 써놓고 이제 와서 기분이 좋지 않고 불안해
　　서 거짓말탐지기 검사 결과가 거짓 반응으로 나왔다며 믿

문 을 수 없다고 하는가요

답 저는 불리할 것도 없고 변명을 한 사실도 없습니다.

문 그럼 피의자가 진술인의 집을 찾아가 강간을 한 것이 사실
   이란 말인가요

답 네, 사실입니다.

문 당시 진술인은 임신 8개월이라고 했지요

답 네, 그렇습니다.

문 피의자가 아무리 나쁜 사람이라고 해도 임신 8개월이나 되
   는 사람을 강간할 수 있단 말인가요

답 이 사람은 성격이 포악하고 이중인격자라 자기 욕망을 채우
   기 위해서는 못할 짓이 없는 사람입니다.

이때 검사는 다시 피의자에게,

문 피의자는 진술인의 주장을 어떻게 생각하는가요

답 이 사람은 이렇게 거짓말을 잘합니다. 사실 거짓말탐지기
   검사하는 날 제가 더 불안했습니다. 이 사람 집을 찾아간
   사실도 없는데 강간했다고 고소를 당하여 거짓말탐지기 검
   사까지 받는 것도 기분이 좋지 않았고, 혹시라도 제가 강간
   했다는 반응이 나오면 저는 아무 죄도 없이 구속을 당해야
   한다고 생각하니 잠도 안 오고 검사를 마칠 때까지 얼마나
   불안했는지 모릅니다.

문 피의자는 정말로 진술인의 집이 어디에 있는지 모르는가요

답 이 사람이 저를 사기죄로 고소한 후 돈을 받고 이사를 가버

려 어디에서 살고 있는지 모릅니다.

문　피의자는 지금까지 사실대로 진술했는가요

답　네, 사실대로 진술했습니다.

문　더 할 말이 있는가요

답　진실을 밝혀 또 억울하게 처벌받지 않도록 해 주시면 고맙
겠습니다. 이 꽃뱀 같은 여자 때문에 제 집안이 풍비박산
나고 사업도 못하고 있어 피해가 이만저만이 아닙니다.

위 조서를 진술자에게 열람하게 하였던 바, 진술한 대로 오기나 증감 변경할 것이 전혀 없다고 말하므로 간인한 후 서명날(무)인 케 하다.

진 술 자   황 당 한

이 무 고

2 0 0 9. 1 0. 1 2.

검   사 박 검 사

검찰주사   한 훈 희

<table>
<tr><td colspan="4" align="center">진 술 조 서</td></tr>
<tr><td>① 성　　명</td><td colspan="2">김증인 (金證人)　② 주민번호</td><td>850710-1000000</td></tr>
</table>

① 성　　명	김증인 (金證人)　② 주민번호	850710-1000000
③ 주　　거	경기 의정부시 호원동 911 증인빌라 301호	
④ 본　　적	경북 포항시 증인동 911	
⑤ 직　　업	학 생　⑥ 연　령　23세	1985. 7. 10. 생
⑦ 전화번호	011-567-****	

피의자 황당한에 대한 강간치상 피의사건에 관하여 2009. 10. 13.

서울동부지방검찰청 100호 검사실에서 임의로 아래와 같이 진술

하다.

1. 저는 위 주거지에서 부모님과 함께 거주하면서 ○○대학교 경제
   학과 4학년에 재학 중입니다.
1. 저는 경찰에서 친구 이증인과 함께 이증인의 고모인 이무고의
   집에 놀러 갔다가 강간 현장을 목격한 사실이 있다고 진술한 사
   실이 있는데 이에 대하여 물으신다면 사실대로 진술하겠습니다.
이때 검사는 위 진술의 취지를 더욱 명확히 하기 위하여 다음과
같이 임의로 문답하다.
문　　진술인이 김증인인가요
답　　네, 제가 김증인입니다.

이때 검사는 진술인으로부터 그의 신분증을 제출받아 본인임을 확인하다.

문 진술인은 이무고와 이중인을 아는가요

답 이무고는 제 먼 친척인 이모이고, 이중인의 고모이기 때문에 어렸을 때부터 모두 잘 압니다.

문 진술인은 경찰에서 강간치상 사건의 참고인으로 진술한 사실이 있는데 모두 사실대로 진술했는가요

이때 검사는 진술인의 조서를 보여준 바,

답 아닙니다. 사실대로 진술하지 않았습니다.

문 어떤 부분을 사실대로 진술하지 않았는가요

답 제가 경찰에서 진술한 내용 모두가 사실이 아닙니다.

문 그런데 왜 강간 현장을 목격한 것처럼 진술했는가요

답 사실은 이모인 이무고의 부탁을 받고 거짓으로 진술했습니다.

문 거짓으로 진술한 이유가 무엇인가요

답 오래된 일이라 누가 저한테 전화를 해서 만났는지 정확히 기억이 나지 않지만 이모의 집에서 이중인과 이모를 만났습니다. 그때 이모가 황당한이라는 사람에게 돈을 빌려주고 받지 못해 고소하여 여러 번 재판을 했는데 황당한이 변호사를 선임해 빠져나가고 돈을 주지 않아 구속을 시켜야 돈을 받을 수 있을 것 같다고 했습니다. 그러면서 자기가 강간을 당하는 장면을 본 것처럼 진술해 달라고 해 시키는 대

문 로 거짓으로 진술을 한 것입니다.

문 이모가 황당한에게 얼마를 빌려주고 받지 못했다고 하던 가요

답 정확히 얼마를 빌려주었는지는 말하지 않아 모르겠습니다.

문 이모가 알몸인 상태로 피를 흘리며 거실로 나와 강간을 당했다고 해 진술인이 화가 나 부엌으로 가 식칼을 들고 거실로 나왔는데 이모가 말려 그만두었다는 말은 다 그가 꾸며낸 이야기란 말인가요

답 네, 그렇습니다.

문 이모가 시키는 대로 하는 대신 어떤 대가를 받기로 약속했는가요

답 아닙니다. 앞에서도 말씀드렸지만 이무고는 제 이모가 되고, 이증인은 이모의 친조카이기 때문에 어떤 대가를 받기로 한 것은 아니고 이모가 돈을 빌려주고 받지 못했다고 해 시키는 대로 했을 뿐입니다.

문 진술인과 이무고, 이증인의 관계를 자세히 진술해 보시오

답 이무고는 제 어머니의 동생되는 친척이므로 제게는 이모가 되고, 이무고의 오빠가 이증인의 아버지니까 이무고는 이증인의 고모가 됩니다. 그리고 이증인이 저보나 나이가 어려 저한테 오빠라고 부릅니다.

문 그럼 진술인은 황당한을 이모의 집에서 본 것이 아니라 경찰에서 조사받을 때 처음 보았는가요

답　네, 그렇습니다.

문　경찰에서는 거짓으로 진술했으면서 왜 지금은 사실대로 진술하는가요

답　처음에는 이모의 부탁을 받고 그렇게 못하겠다고 거절했는데 이모가 황당한이라는 사람 때문에 이모부한테 이혼을 당할 처지에 놓여 있고 경제적으로 너무 힘이 든다며 간곡히 부탁을 해 거절할 수 없어 갈등을 겪다가 거짓말을 했습니다. 그런데 오늘 수사관님이 옛날 박정희와 전두환 독재 정권 시절 그들의 정권욕 때문에 선량한 사람들이 간첩으로 몰려 심한 고문을 당하고 억울하게 죽거나 감옥살이한 사례를 들려주면서, 만일 제가 사실대로 진술하지 않아 황당한이 처벌을 받는다면 얼마나 억울한 일이냐며 사실대로 진술해서 억울한 피해자가 나오지 않도록 하면 좋겠다는 말씀을 듣고 마음이 바뀌어 사실대로 진술하게 된 것입니다.

문　지금 심정이 어떤가요

답　사실대로 말씀드리고 나니 마음이 후련합니다.

문　본 사건과 관련하여 더 할 말이 있는가요

답　황당한 씨에게 진심으로 죄송하게 생각합니다. 그리고 다음에 기회가 되면 사죄를 하고 싶습니다.

위 조서를 진술자에게 열람하게 하였던 바, 진술한 대로 오기나 증감 변경할 것이 전혀 없다고 말하므로 간인한 후 서명날(무)인 케 하다.

진 술 자   김 증 인
2 0 0 9. 1 0. 1 3.
서울동부지방검찰청
검   사   박 검 사
검찰주사   한 훈 희

<table>
<tr><td colspan="4" align="center">진 술 조 서</td></tr>
<tr><td>① 성　명</td><td>이증인 (李證人)</td><td>② 주민번호</td><td>870713-2000000</td></tr>
<tr><td>③ 주　거</td><td colspan="3">서울 강북구 우이동 911 증인빌라 105호</td></tr>
<tr><td>④ 본　적</td><td colspan="3">경북 포항시 증인동 18-3</td></tr>
<tr><td>⑤ 직　업</td><td>회 사 원</td><td>⑥ 연　령 | 21세</td><td>1987. 7. 13. 생</td></tr>
<tr><td>⑦ 전화번호</td><td colspan="3">011-876-****</td></tr>
</table>

피의자 황당한에 대한 강간치상 피의사건에 관하여 2009. 10. 13.

서울동부지방검찰청 100호 검사실에서 임의로 아래와 같이 진술

하다.

1. 저는 위 주거지에서 부모님과 함께 거주하면서 직장 생활을 하
   고 있습니다.
1. 저는 경찰에서 고모인 이무고가 황당한이라는 사람한테 강간
   을 당한 현장을 목격한 사실이 있다고 진술한 사실이 있는데 이
   에 대하여 물으신다면 사실대로 진술하겠습니다.

이때 검사는 위 진술의 취지를 더욱 명확히 하기 위하여 다음과
같이 임의로 문답하다
문　　진술인이 이증인인가요
답　　네, 제가 이증인입니다.

문   진술인과 이무고의 관계는 어떻게 되는가요

답   제 아버지의 친동생이니까 제 친고모입니다.

문   진술인은 경찰에서 고모인 이무고가 황당한한테 강간을 당한 현장을 목격한 사실이 있다고 했는데 모두 사실대로 진술했는가요

이때 검사는 진술인이 경찰에서 진술한 내용을 읽어보도록 한 바,

답   네, 모두 사실대로 진술했습니다.

문   당시 진술인의 고모가 황당한한테 강간을 당한 것이 사실이란 말인가요

답   네, 사실입니다.

문   고모를 강간한 남자의 인상착의는 어떠했는가요

답   오래되어 무슨 옷을 입었는지 잘 기억이 나지 않지만 키는 약 1미터 75센티미터, 몸무게는 70킬로그램 정도인데 좀 잘생긴 편이고 얼굴에 수염이 많이 난 것으로 기억합니다.

문   당시 고모가 강간을 당했는데 왜 바로 경찰에 신고하지 않았는가요

답   제가 바로 신고하려고 했는데 고모가 알아서 하겠다고 해 신고하지 않았습니다.

문   고모가 강간당할 때 진술인은 무엇을 하고 있었는가요

답   당시 김증인과 서로 좋아서 사귀고 있었던 때라 김증인의 직장 문제 등 장래에 대한 이야기를 하고 있었습니다.

문   당시 김증인을 고모집으로 데리고 간 이유는 무엇인가요

답 특별한 이유는 없었고 제가 김증인이 다니는 대학교 근처에서 만나 데이트를 하다가 고모가 생각이 나 인사차 들렀습니다.

문 김증인에 의하면 진술인의 고모가 자기에게는 이모가 된다고 하는데 사실인가요

답 아닙니다. 이무고가 제 고모인 것은 맞지만 김증인의 이모는 아닙니다.

문 김증인은 이모인 이무고의 부탁을 받고 경찰에서 거짓으로 강간 현장을 목격한 것처럼 진술했다고 하는데 어떻게 생각하는가요

답 아닙니다. 당시에 실제로 그런 일이 있었습니다.

문 그럼 김증인이 검찰에서 거짓말을 했단 말인가요

답 김증인이 왜 그렇게 말했는지 모르지만 저는 본 그대로 진술했습니다.

문 고모가 강간하는 모습을 김증인과 같이 목격했는데 진술인은 왜 김증인과 다르게 진술하는가요

답 제 말이 맞습니다.

문 계속 거짓말을 하면 김증인을 불러 대질조사를 해야 되는데 그래도 좋은가요

답 이때 진술인은 고개를 숙이고 아무 말을 하지 않고 있다.

문 김증인과 진술인은 어떤 사이인가요

답 사실은 제 면 친척 됩니다. 그래서 제가 오빠라고 부릅니다.

문	그런데 왜 남자 친구라고 했는가요
답	김증인을 제 오빠라고 하면 서로 짜고 거짓말을 한 사실이 들통 날 것 같아 그렇게 말을 맞추고 거짓말을 했습니다.
문	검찰에서 김증인이 한 진술이 사실이란 말인가요
답	네, 사실입니다.
문	진술인은 고모를 강간했다고 한 황당한을 경찰서에서 처음 보았는가요
답	네, 경찰서에서 처음 보았습니다. 제가 경찰서에서 참고인으로 진술하러 가기 전에 고모가 황당한의 인상을 알려주었기 때문에 황당한을 보자마자 고모가 말한 사람이라는 것을 알고 강간을 할 때 본 사람이라고 했습니다.
문	그런데 왜 강간한 사실을 목격한 것처럼 거짓말을 했는가요
답	고모가 무척이나 억울해 하면서 황당한한테 돈을 빌려주고 받지 못해 사기죄로 고소하여 재판을 받고 있는데 황당한이 변호사를 선임해 빠져나가 구속이 되지 않으니까 돈을 주지 않는다면서 그 사람을 구속해야 돈이 나온다며 도와달라고 해 거짓말을 했습니다.
문	아무리 그래도 그렇지 죄 없는 사람을 구속되게 해서야 되겠는가요
답	고모가 황당한 때문에 고모부와 이혼당할 상황에 처해 있어 무척이나 힘들어하며 도와달라고 해 고모 말이 사실인 줄 알고 불쌍한 생각이 들어 그랬는데 저도 경찰에서 거짓

진술을 하고 무척 후회하고 괴로웠습니다.

문 고모한테 어떤 대가를 받기로 하고 거짓말을 한 것은 아닌가요

답 어떤 대가를 받기로 한 것은 아니고 그냥 불쌍해서 시키는 대로 했을 뿐입니다.

문 당시 고모의 생활 형편은 어떠했는가요

답 고모와 고모부의 사이가 좋지 않아 고모부가 집을 나간 후 생활비를 주지 않고 집에 들어오지 않아 아주 외롭고 경제적으로 어렵게 살고 있다고 들었습니다.

문 경찰서에서는 고모가 황당한한테 강간을 당할 때 목격했다고 거짓말을 하고서 지금은 사실대로 진술하는 이유가 무엇인가요

답 김증인과의 관계가 밝혀져 더 이상 거짓말을 해도 소용없을 것 같은 생각이 들고 저도 사실대로 말하는 것이 마음 편할 것 같아 사실대로 진술하는 것입니다.

문 지금 심정이 어떤가요

답 솔직히 말씀드리고 나니 속은 시원한데 고모가 어떻게 될 것 같아 걱정이 됩니다.

문 이상의 진술이 사실인가요

답 네, 사실입니다.

문 더 할 말이 있는가요

답 제가 거짓말을 하는 바람에 황당한 씨가 많은 고생을 한 것 같아 진심으로 죄송하게 생각합니다.

위 조서를 진술자에게 열람하게 하였던 바, 진술한 대로 오기나 증감 변경할 것이 전혀 없다고 말하므로 간인한 후 서명날(무)인 케 하다.

진 술 자 이 증 인
2 0 0 9. 1 0. 1 3.
서울동부지방검찰청
검   사 박 검 사
검찰주사 한 훈 희

진 술 조 서 (제2회)			
① 성 명	이무고 (李誣告)	② 주민번호	690317-2000000
③ 주 거	서울 광진구 구의동 123 무고빌라 302호		
④ 본 적	대구시 황당구 무고동 367		
⑤ 직 업	주 부	⑥ 연 령 39세	1969. 3. 17. 생
⑦ 전화번호	011-4567-****		

피의자 황당한에 대한 강간치상 피의사건에 관하여 2009. 10. 14.

서울동부지방검찰청 100호 검사실에서 임의로 아래와 같이 진술

하다.

문   진술인은 지금까지 사실대로 진술했는가요
답   네, 사실대로 진술했습니다.
문   진술인은 피의자한테 강간을 당한 것이 사실인가요
답   네, 사실입니다.
문   진술인은 허위로 고소를 하고 거짓말을 하면 무고죄로 처
      벌받을 수 있다는 사실을 알고 있는가요
답   네, 알고 있습니다. 그러나 저는 당한 그대로 고소했기 때
      문에 처벌받을 일은 하지 않았다고 생각합니다.
문   진술인이 강간당할 때 진술인의 조카인 이증인과 그의 남

　　　　자 친구 김증인이 있었다고 했지요

답　네, 그렇습니다.

문　진술인은 김증인이 이증인의 남자 친구라고 했는데 진술인
　　과는 아무런 관계가 없는가요

답　저와는 아무런 관계가 없고 단지 조카의 남자 친구인데 이
　　증인이 제 집에 데리고 와 몇 번 본 사실이 있습니다.

문　김증인은 진술인이 이모가 된다고 하는데 왜 아무런 관계
　　가 없다고 하는가요

답　(이때 진술인은 한참 동안 아무 말을 하지 않고 있다가) 제
　　가 김증인의 이모가 된다는 사실은 처음 듣는 말입니다. 저
　　는 김증인과 그런 관계인지 몰랐습니다.

문　진술인은 조카가 누구인지도 모른단 말인가요

답　먼 친척을 어떻게 다 알 수 있는가요

문　진술인은 김증인이 조카인지 알면서 이증인의 남자 친구라
　　고 거짓말을 하며 모른다고 하는 것이 아닌가요

답　아닙니다. 김증인은 저와 아무런 친척 관계가 아닙니다.

문　친척 관계는 호적 등을 조사하면 다 알 수 있는데 왜 이런
　　것까지 거짓말을 하는가요

답　김증인이 제 친척인지 저도 다음에 알아보겠습니다.

문　진술인은 경찰에서 피의자한테 강간당하여 피를 흘리며 알
　　몸인 상태로 거실로 나오는 모습을 이증인과 김증인이 보았
　　다고 했지요

답   네, 그들이 똑똑히 보았습니다.

문   그리고 김증인이 부엌에서 칼을 들고 나왔다고 했지요

답   김증인이 칼을 들고 나왔는지 잘 기억이 나지 않습니다.

문   진술인은 경찰에서 김증인이 부엌에서 칼을 들고 나와 피의
     자를 죽여 버리겠다고 해 말린 사실이 있다고 했으면서 왜
     지금은 잘 기억이 나지 않는다고 하는가요

이때 검사는 진술인의 진술조서 중 해당되는 부분을 보여준 바,

답   제가 오래전에 당한 일이고 경찰에 고소한 지 몇 개월이 되
     어 잘 기억이 나지 않습니다.

문   진술인이 피의자한테 강간당할 때 이증인과 김증인이 진술
     인의 집에 있었던 것이 사실인가요

답   네, 사실입니다.

문   이증인과 김증인은 진술인이 강간당할 때 진술인의 집에
     간 사실이 없다고 하는데 왜 거짓말을 하는가요

답   왜 그들이 이제 와서 거짓말을 하는지 모르지만 제가 황당
     한한테 강간당할 때 이증인과 김증인이 분명히 있었습니다.

문   진술인은 계속해서 거짓말만 할 것인가요

답   제가 무슨 거짓말을 한다고 그래요. 저는 사실대로 말하고
     있습니다.

문   김증인과 이증인에 의하면 진술인이 피의자한테 돈을 빌려
     주고 받지 못해 사기죄로 고소하여 재판을 받고 있는데 구
     속이 안 되니까 돈을 주지 않는다며 피의자한테 강간당할

때 현장에서 목격한 것처럼 진술해 달라고 부탁해 경찰에
서 거짓으로 진술했다고 하는데 왜 그렇게 뻔뻔하게 거짓말
만 하는가요

답 (이때 진술인은 매우 놀란 표정을 짓고 한동안 아무 말을 하
지 않고 있다가) 검사님이 그들을 회유하니까 무서워서 거짓
말을 했는지 모르지만 제가 황당한한테 강간당할 때 목격한
것이 사실입니다. 저는 절대로 거짓말을 하지 않았습니다.

문 김증인과 이증인은 진술인의 조카인데 그들을 회유한다고
강간당한 현장을 보았으면서 보지 않았다고 거짓말을 하면
서까지 진술인에게 불리한 진술을 하겠는가요

답 제가 황당한한테 강간당할 때 그들이 분명히 제 집에 있었
고, 제가 강간을 당하고 알몸으로 거실로 나오는 것을 직접
보았습니다.

문 진술인은 피의자한테 강간을 당할 때 맞고 아이를 조기 출
산했다며 진단서를 제출했는데 그 진단서도 가짜지요

답 무슨 말씀을 그렇게 심하게 하세요. 당시 저는 황당한한테
강간을 당하고 나서 병원에 가 진단서를 발급받았는데 왜
가짜라고 하는지 이해가 되지 않습니다.

문 당시 진술인을 진료하고 진단서를 발급해 준 의사에 의하
면 진술인이 맞은 것도 아니고, 강간을 당하여 조기 출산
한 것이 아니라 다른 원인 때문이라고 하는데 왜 계속해서
거짓말만 하는가요

답　당시 저를 진료한 의사가 오래되어 기억을 제대로 하지 못해 그러는지 몰라도 저는 분명히 황당한한테 강간을 당할 때 맞아 상처를 입고 아이를 조기 출산했습니다.

문　진술인은 진술할 때마다 불리하면 거기에 맞게 자신을 합리화시키며 거짓말을 하는데 어떻게 생각하는가요

답　저는 합리화한 적도 없고 거짓말을 한 적도 없습니다.

문　이상의 진술이 사실인가요

답　네, 사실입니다.

문　더 할 말이 있는가요

답　강간을 하고도 이리저리 빠져나가는 황당한은 내버려 두고 왜 연약한 여자인 저만 자꾸 거짓말을 하는 사람으로 몰아가는지 이해가 되지 않습니다.

위 조서를 진술자에게 열람하게 하였던 바, 진술한 대로 오기나 증감 변경할 것이 전혀 없다고 말하므로 간인한 후 서명날(무)인 케 하다.

진 술 자 이 무 고
2 0 0 9. 1 0. 1 4.
서울동부지방검찰청
검   사 박 검 사
검찰주사 한 훈 희

피의자신문조서			
성 명	이무고 (李誣告)	주민번호	690317-2000000

위 사람에 대한 무고

피의사건에 관하여 2009. 10. 14.

서울동부지방검찰청 100호 검사실에서

검 사 박 검 사 는(은)

검찰주사 한 훈 희 를(을)

참여하게 하고 피의자에 대하여 아래와 같이 신문한다.

문	피의자의 성명, 연령, 생년월일, 직업, 본적, 주거 등은 어떠한가요
답	성명은 이 무 고 호주는 정 두 환
	연령은 39세 생년월일은 1969. 3. 17. 생
	직업은 무직
	본적은 대구시 황당구 무고동 367
	주소는 서울 광진구 구의동 123 무고빌라 302호
	전화번호는 011-4567-**** 입니다.

검사는 피의사건의 요지를 설명하고 검사의 신문에 대하여 형사

소송법 제200조의 규정에 의하여 진술을 거부할 수 있는 권리

가 있음을 알려준즉 피의자는 신문에 따라 진술하겠다고 대답

하다.

문 피의자는 형벌을 받은 사실이 있는가요

답 2002. 3. 6. 서울지방법원북부지원에서 사기죄로 징역 1년
    에 집행유예 2년을 선고받고, 2005. 7. 10. 서울동부지방
    법원에서 공갈죄로 징역 1년을 선고받은 사실이 있습니다.

문 피의자의 학력 및 경력은 어떻게 되는가요

답 고향에서 고등학교를 졸업한 후 서울로 올라와 회사에 다
    니다가 그만두고 결혼하여 두 아이를 키우며 지내고 있습
    니다.

문 가족 관계는 어떻게 되는가요

답 남편과는 별거 중이고 아들, 딸과 함께 생활하고 있습니다.

문 피의자의 재산 및 월수입은 얼마나 되는가요

답 재산은 전세보증금 1억 원이 있고, 수입이 없어 언니가 도
    와줘 살고 있습니다.

문 훈장이나 포상을 받은 사실이 있는가요

답 없습니다.

문 정당이나 사회단체에 가입한 사실이 있는가요

답 없습니다.

문   건강 상태는 어떤가요

답   화병이 좀 있습니다.

문   피의자는 고소장을 제출한 사실이 있지요

답   네, 2009. 4. 2. 강동경찰서에 고소장을 제출한 사실이 있습니다.

문   이것이 피의자가 제출한 고소장인가요

이때 검사는 2009형 제2671호 사건기록에 있는 고소장을 보여준 바,

답   네, 제가 제출한 고소장이 맞습니다.

문   이 고소장을 언제, 어디에서 작성했는가요

답   2009. 4. 2.경 서울 강동구 구의동에 있는 서울동부지방법원 앞에 있는 대서소에서 작성했습니다.

문   고소 요지가 무엇인가요

답   제가 황당한을 사기로 고소하여 재판을 받게 되었는데 재판을 며칠 앞두고 합의를 보자며 제 집으로 찾아왔습니다. 그래서 합의를 보려면 돈을 가져와야 될 것 아니냐고 했더니 황당한이 안방문을 닫은 후 "00년, 0같은 년, 00에 금테 둘렀느냐"며 욕을 하면서 갑자기 저를 침대 위에 눕혀 놓고 배 위에 올라타 주먹으로 전신을 구타하여 제가 의식을 잃자 옷을 벗기고 강제로 성관계를 해 제가 통증을 느끼고 깨어났습니다. 그래서 제가 두 손으로 황당한의 가슴을 밀며 반항하자 손가락을 제 성기에 집어넣고 약 10분가

	량 휘저어 상처를 입고 임신한 아이를 조기 출산하게 했다는 내용입니다.
문	위 고소 내용은 사실인가요
답	네, 사실입니다.
문	황당한은 피의자를 강간하기는커녕 피의자의 집에 간 사실이 없다고 하는데 계속해서 황당한한테 강간을 당했다고 할 것인가요
답	저는 분명히 황당한한테 강간을 당했기 때문에 고소했습니다.
문	피의자는 이전에 황당한과 성관계를 가진 사실이 있는가요
답	황당한이 제 남편을 찾아준다는 핑계로 저를 데리고 강원도에 가다가 여관에서 강간한 사실은 있어도 서로 좋아서 성관계를 한 사실은 없습니다.
문	피의자가 황당한을 사기죄로 고소할 때 작성한 고소장을 보면 1995. 4. 12. 강북구 우이동에 있는 황홀여관에서 동침을 한 후 거의 매일같이 동침을 해왔다고 했는데 왜 성교한 사실이 없다고 하는가요
답	당시 고소장을 대신 써준 사람이 그렇게 해야 황당한을 구속할 수 있다고 해 그렇게 쓴 것이지 실제로는 서로 좋아 성교한 사실이 없고 강간을 당한 사실이 있을 뿐입니다.
문	황당한을 구속하기 위해 고소했다면서 강간당한 사실을 빼고 서로 좋아 성교한 것으로 했다는 게 말이 되는가요

답 저는 법을 몰라 고소장을 써준 사람이 하라는 대로 했습니다.

문 그런데 왜 피의자의 남편은 황당한과 피의자를 간통으로 고소했는가요

답 남편이 제가 황당한에게 돈을 빌려준 사실을 알고 저와 황당한의 관계를 의심하면서 사실대로 말하라고 때리며 자인서를 쓰라고 해 시키는 대로 작성해 주었더니 그것을 근거로 간통으로 고소한 것입니다.

문 돈을 빌려주었다고 의심을 하면서 때린다는 것도 그렇지만 강간을 당했는데 간통을 했다고 하는 게 말이 되는가요

답 (이때 피의자는 한참 동안 아무 말을 하지 않고 있다가) 남편이 오해를 해서 그렇게 된 것입니다.

문 남편이 피의자와 황당한과의 관계를 오해했다면 오히려 사실대로 강간을 당했다고 해야 더 의심을 하지 않았을 텐데 왜 간통을 했다고 했는가요

답 남편이 막무가내로 때려 저도 모르게 간통을 했다고 했습니다.

문 피의자는 황당한한테 강간을 당한 사실은 있어도 간통한 사실은 없다고 하지만 2000. 5. 24. 황당한이 작성하여 피의자에게 준 차용증을 보면 "금액 3,000만 원, 본인은 위 금액에 대하여 2000년 6월 말까지 갚을 것을 약속함, 단 위 금액에 대하여는 차용금액이 아닌 몸값으로 지

불한다. 이를 어길 시는 내 O에 대하여 어떠한 구속을 해도 상관하지 않는다"라고 되어 있고, 또 다른 차용증에는 "일금 1,500만 원정을 2000년 5월 말까지 변상하고 만일 못 갚을 때는 O을 떼어 가도 무방함"이라고 되어 있는 것으로 보아 피의자는 황당한과 서로 정을 통한 사이로 보이는데 왜 강간을 당한 사실이 있을 뿐이라고 하는가요

답 차용증을 받을 당시 제가 술이 취해 황당한이 그런 차용증을 작성했는지 몰랐었습니다.

문 다른 차용증도 대부분이 위와 같이 작성되어 있는데 왜 술 핑계를 대는가요

답 제가 술을 몇 잔만 마셔도 정신이 없어 왜 그런 차용증을 받았는지 기억이 나지 않습니다.

문 황당한이 작성한 모든 차용증은 피의자가 술이 취했을 때 받은 것인가요

답 네, 대부분 술이 취했을 때 받았습니다.

문 피의자의 평소 주량이 얼마나 되는가요

답 소주 반병 정도 마시면 취합니다.

문 왜 술을 마신 상태에서 차용증을 받는가요

답 왜 그랬는지 저도 잘 모르겠습니다.

문 피의자는 황당한한테 차용증을 받아 그것을 근거로 사기죄로 고소하여 합의금까지 받았으면서 지금은 왜 술이 취한 상태에서 차용증을 받았다고 거짓말을 하는가요

답　　오래되어 잘 기억이 나지 않지만 제가 황당한한테 돈을 빌려주고 받지 못한 것이 사실이므로 고소한 것입니다.

문　　황당한은 피의자에게 돈을 빌리고 모두 변제하면서 피의자를 믿고 차용증을 돌려받지 않았는데 피의자가 돌려주지 않은 차용증을 가지고 있다가 고소한 것이라고 하는데 왜 돈을 빌려주고 받지 못했다며 거짓말을 하는가요

답　　돈을 주고 차용증을 돌려받지 않는 사람이 어디 있는가요. 황당한이 돈을 갚지 않았기 때문에 차용증을 제가 가지고 있었던 것입니다.

문　　황당한은 피의자와 내연 관계로 지냈기 때문에 돈을 변제하고도 피의자를 믿고 차용증을 돌려받지 않았는데 피의자는 돌려주지 않은 차용증을 갖고 있다가 돈을 뜯어내기 위해 사기당했다고 고소한 것이 아닌가요

답　　아닙니다. 저는 돈을 받지 않았기 때문에 고소했습니다.

문　　피의자는 황당한을 사기죄로 고소한 후 합의금을 받고 또 돈을 뜯어내기 위해 황당한한테 강간을 당했다며 고소장을 제출했으나 경찰관으로부터 강간죄는 친고죄라 범인을 안 날로부터 6개월이 경과하면 고소할 수 없다는 말을 듣고 피의자가 딸을 조기 출산한 날 강간당하고 상해를 입었다며 친고죄가 아닌 강간치상죄로 고소를 한 것이 아닌가요

답　　저는 강간죄는 범인을 안 날로부터 6월이 경과하면 고소할 수 없다는 말을 들은 사실이 없습니다.

문	그런데 왜 강간죄에 대한 고소를 취소하고 강간치상죄로 다시 고소했는가요
답	제가 경찰관에게 황당한한테 강간을 당하면서 맞고 다쳤다고 하니까 경찰관이 강간당할 때 맞고 상처를 입었다면 강간치상죄에 해당되고 형량이 더 높다고 해서 강간치상죄로 고소한 것입니다.
문	피의자는 황당한을 사기죄로 고소한 후 언제 이사했는가요
답	2005년 5월 말경에 이사했습니다.
문	피의자가 황당한을 사기죄로 고소하여 돈을 받고 이사를 간 후 다시 강간치상죄로 고소하여 황당한이 집을 알아내기 위해 자기 친구를 시켜 피의자의 아들이 다니는 학교를 찾아가게 했으나 친구가 아들을 만나지 못해 집이 어디에 있는지 모른다고 하는데 어떻게 피의자의 집을 찾아갈 수가 있는가요
답	황당한이 제 집을 알고 있으면서 자기 친구를 시켜 제 아들을 납치하기 위해 학교로 찾아간 것이지 제 집을 알아내기 위해 찾아간 것이 아닙니다.
문	황당한이 피의자의 아들을 납치하려고 한 이유가 무엇인가요
답	제가 황당한을 강간치상죄로 고소하니까 고소를 취소하도록 협박하기 위해 제 아들을 납치하려고 했을 것입니다.
문	피의자는 황당한과 서로 좋아 성교한 것이 아니라 강간을

당했다면서 사기죄로 고소할 때 왜 강간죄에 대해서는 고소
하지 않았는가요

답 돈을 받으면 그만이다 싶어 가만히 있었습니다.

문 돈을 받으면서 왜 이제 와서 다시 강간치상죄로 고소했는
가요

답 그때 당한 생각을 하니 분하기도 하고 그냥 두면 다른 피해
자가 나올 것 같아 정의 차원에서 고소했습니다.

문 황당한 때문에 생긴 다른 피해자가 있는가요

답 있는지 없는지 알 수 없지만 충분히 그럴 수 있다는 뜻입
니다.

문 피의자는 정의 차원에서 황당한을 고소했다고 하는데 죄를
뒤집어씌워 고소하는 것이 정의인가요

답 죄를 지은 사람을 고소하는 것은 정의로운 일이라고 생각
합니다.

문 피의자는 계속해서 황당한한테 강간을 당했다고 주장하고
있지만 피의자의 주장대로 당시 다른 방에 다 큰 조카들이
두 명이나 있었다면 어떻게 황당한이 피의자에게 폭력을 행
사며 강간할 수 있는가요

답 황당한은 입만 열면 거짓말을 하고 행실이 나쁜 사람이기 때
문에 조카들이 있어도 그런 짓을 할 사람입니다.

문 황당한은 특별한 전과도 없고 선량해 보이는데 왜 그렇게
나쁜 사람이라고 하는가요

답 제가 당했기 때문에 나쁜 사람이라고 하는 것입니다.

문 당시 피의자는 황당한에게 맞아 정신을 잃었다가 깨어났다고 했는데 왜 조카들한테 고함을 질러 도움을 청하지 않았는가요

답 고함을 질렀지만 당시 배를 곯고 있을 때라 제 고함 소리가 들리지 않았을 것입니다.

문 황당한한테 돈까지 빌려 줄 여유가 있는 사람이 배를 곯고 있어 고함 소리가 들리지 않았다는 게 말이 되는가요

답 돈이 없어서가 아니라 임신을 했는데 남편이 집을 나가 혼자 살고 있었기 때문에 밥 해줄 사람이 없어 제대로 먹지 못해 힘이 없어 고함 소리가 들리지 않았을 것이라는 뜻입니다.

문 임신 8개월이면 피의자의 배가 상당히 불러 있었을 텐데 황당한도 아내가 있고 자식을 낳아 기르는 사람인데 어떻게 임신한 사람을 때리고 강간을 하며 손가락을 성기에 집어넣고 휘저을 수 있단 말인가요

답 저를 죽이려고 그랬는데 무슨 짓을 못하겠습니까.

문 피의자의 주장대로라면 당시 조카와 그의 남자 친구가 있었는데 황당한이 어떻게 피의자를 죽일 생각을 할 수 있단 말인가요

답 순간적으로 저를 죽일 수 있었다는 뜻입니다.

문 순간적으로 죽일 수 있었다는 말은 무슨 뜻인가요

답 황당한의 평소 행실이 나쁜 사람이기 때문에 돈을 주지 않기 위해 죽일 수도 있었다는 뜻입니다.

문 모든 사실이 드러났는데도 피의자는 왜 계속 거짓말을 하고 변명만 하는가요

답 저는 거짓말을 하거나 변명하지 않고 사실대로 진술했습니다.

문 피의자는 황당한에게 빌려준 돈을 다 받았으면서 돌려주지 않은 차용증을 가지고 있다가 사기죄로 고소하여 합의금으로 5,000만 원이나 받아냈으면서 또 돈을 뜯어내기 위해 강간당했다며 고소한 것이지요

답 아닙니다. 저는 억울합니다.

문 피의자의 조카들이 사실대로 다 진술했는데 거짓말만 하면서 뭐가 그리 억울한가요

답 조카들이 착각으로 잘못 말한 것을 가지고 저를 나쁜 사람으로 몰아가니 억울합니다.

문 조카가 두 명이나 똑같이 피의자가 돈을 받아내기 위해 황당한한테 강간당하는 장면을 목격한 것처럼 진술해 달라고 부탁해 경찰서에서 허위로 진술했다가 검찰에서 사실대로 진술했는데 조카들이 착각으로 잘못 말했다고 하면 누가 믿어줄 것 같은가요

답 믿어주든 안 믿어주든 조카들이 착각으로 진술했을 것입니다.

문 거짓말탐지기 검사 결과도 피의자가 거짓말을 하고 있는 것

으로 나오지 않았는가요

답   저는 그런 기계는 믿을 수 없습니다.

문   피의자는 아직도 무슨 잘못을 했는지 모르고 계속해서 거짓말을 할 것인가요

답   저는 절대로 거짓말을 하지 않았습니다.

문   피의자에게 유리한 증거나 더 할 말이 있는가요

답   당시 황당한이 저한테 폭력을 행사하고 강간을 한 것이 사실입니다.

위 조서를 진술자에게 열람하게 하였던 바, 진술한 대로 오기나
증감 변경할 것이 전혀 없다고 말하므로 간인한 후 서명날(무)인
케 하다.

진 술 자   이 무 고
2 0 0 9. 1 0. 1 4.
서울동부지방검찰청
검   사   박 검 사
검찰주사   한 훈 희

조 사 후 기

필자는 오랫동안 검찰청에서 수사관 생활을 하면서 많은 사람들을 조사한 경험이 있지만 이 사건의 이무고처럼 거짓말과 변명을 잘하는 사람을 별로 보지 못했습니다. 필자가 글 쓰는 재주가 좋아 이 사건을 소설로 쓴다면 이무고가 얼마나 변명을 잘하고 거짓말을 하는지 자세하게 묘사할 수 있겠지만 그런 재주가 없는 데다 검찰에서 조사하는 형식을 그대로 따르다 보니 한계가 있어 아쉬운 생각이 듭니다.

필자는 고등학교 다닐 때부터 성선설을 굳게 믿고 있었습니다. 어린아이들의 그 순수하고 맑은 눈동자와 순진무구한 행동을 보면서 사람은 태어날 때부터 선하다고 하는 생각을 조금도 의심하지 않았기 때문입니다. 사람은 태어날 때는 선하게 태어나는데 살다 보니 악에 물들어 나쁜 사람이 된다고 생각한 것입니다. 그런데 이 사건을 조사하면서 사람은 원래 모두가 착하게 태어나지 않을 수 있다는 생각을 하게 되었습니다. 그중에는 이무고처럼 악한 본성을 타고 태어나 그 본성을 끝까지 가지고 살아가는 사람도 있다는 생각을 하게 된 것입니다.

조사를 모두 마치고 이무고를 구속하기 위해 경찰관이 수갑을 채우자 옆에 있던 황당한이 고맙다면서 안도의 한숨을 푹 쉬길래 그동안 고생 많이 했다고 위로해 주며 돌아가라고 했습니다. 그때 다른 곳에서 업무를 보고 오던 여직원이 황당한이 문을 열고 나가자마자 흥분을 감추지 못하고 두 손을 들고 "이제 살았다!"고 작은 목소리로 만세를 부르는 모습을 보았다고 하여 이 무고 때문에 얼마나 시달리며 마음고생을 했으면 그렇게 했겠나 싶어 안됐다는 생각을 했습니다.

실제로 이 사건이 있었던 때는 우리나라에 구속 전 피의자 신문 제도, 즉 영장실질심사 제도가 도입된 지 얼마 되지 않았을 때입니다. 그래서 관행처럼 이루어지던 구속수사에 제동이 걸려 검찰에서 영장을 청구해도 구속영장이 기각되는 경우가 많아졌습니다. 그리고 피의자가 영장실질심사에 응하지 않겠다고 하면 피의자가 법정에 가지 않고 판사가 수사기록만 검토하여 구속영장의 발부를 결정했습니다. 그런데 이무고는 억울하다며 영장실질심사를 받겠다고 해 심사가 이루어졌는데, 법원에서도 이무고가 검찰에서 하던 대로 눈물을 흘리며 억울하다고 주장했지만 영장 담당 판사는 이무고가 거짓말을 하고 있다는 것을 간파했는지 "여러 가지 증거로 볼 때 거짓말을 하고 있는 것으로 보이므로 구속되어야 한다"고 하며 영장을 발부했습니다.

이무고가 구속이 된 후 이튿날 담당 검사가 이무고를 소환하여 자백을 받는 게 어떻겠느냐고 했으나 필자는 반대했습니다.

왜냐하면 독자들도 느꼈겠지만 이무고는 너무나도 거짓말을 많이 하고 죄질이 좋지 않은데 혹시 이무고가 진심으로 잘못을 뉘우치지 않으면서도 형벌을 적게 받을 생각으로 죄를 자백하고 선처해 달라고 하여 그런 내용을 조서에 남기면 판사가 동정을 할 수도 있다고 생각했기 때문입니다.

보통의 무고 사건은 벌금을 내게 하거나 설령 실형을 선고할 경우에도 구형을 많이 하는 경우가 드뭅니다. 그러나 이 사건의 경우에는 검사가 5년을 구형했습니다. 그랬더니 부장검사가 5년은 너무 많으니 3년만 하면 어떻겠느냐고 했으나 필자가 이 사건을 조사한 과정을 설명하며 5년 정도 구형해야 한다고 주장해 실제로 5년을 구형했고, 이무고가 재판 과정에서도 계속 억울하다고 거짓말을 했지만 징역 3년을 선고받았습니다. 무고죄는 법대로라면 10년 이하의 징역에 처할 수 있지만 실제로 3년을 선고받은 경우는 별로 보지 못했는데 판사도 이무고의 죄질을 안좋게 보았던 것 같습니다.

Chapter 8

석룡산 살인미수 사건

석룡산 살인미수 사건

　이 사건 또한 가해자와 피해자 모두 돈에 대한 탐욕에서 비롯된 것인데 제목은 석룡산 정상 부근에서 사람을 밀어 죽이려다 실패하여, 즉 미수에 그쳐 "석룡산 살인미수 사건"이라고 했습니다.

　강남구 도곡동 탐욕아파트에 이전노라는 사람이 살고 있었습니다. 젊었을 때부터 사채업 등으로 돈을 많이 벌어 현금을 몇십억 원이나 가지고 있고 건물도 몇 채 있어 월세만 수천만 원씩 들어올 정도로 부자였습니다. 이렇게 부자인데도 너무나도 돈에 인색했습니다. 친구들과 식사를 하고 나서 식사비 몇만 원을 내기 아까워 이리 뺑돌 저리 뺑돌 하다가(이리 피하고 저리 피한다라는 뜻입니다) 결국은 자기보다 훨씬 못사는 마음 착한 친구가 식사비를 내게 만듭니다. 그리고 누구한테 아쉬운 부탁을 할 때는 은근히 돈 자랑을 하면서 후하게 인심 쓸 것같이 해놓고 아쉬운 일이 해결되면 언제 그랬느냐는 듯이 식사 한 끼 제대로 사기 싫어하는 지독한 노랑이였습니다.

　어느 날 이전노가 탐욕아파트에서 가까운 양재천에서 운동을 하다가 가끔 마주치는 같은 아파트에 사는 이두환이라는 사람을 알게 되었습니다. 이두환은 얼굴이 잘생기고 말을 잘해 누구든지 같이 이야기를 하다 보면 호감을 갖게 되는 사람이었습니다. 어느 날 서로 명함을 건네며 인사를 하다 성이 같은 이씨라는 사실을 알고 더 친근감을 갖게 되어 만날 때마다 허물없이 대화를 하는 사이가 되었습니다. 탐욕아파트에 사는 사람들은 대부분 부자이기 때문에 서로가 돈이 많다고 생각하는 경향이 있는데 이전노나 이두환 역시 서로 부자라고 생각하고 뭔가 도움이 될 것 같은 생각에 자주 만나다 친하게 되었습니다. 평소 이두환은 사채업을 하면서도 창피해서 그랬는지 "두환 주식회사 대표이사"라고 새긴 명함을 가지고 다니며 사업가처럼 행사하고 다녔는데, 이전노와 친하게 지내면서 대부업을 하고 있다고 솔직히 털어놓았습니다. 그리고 5억 원을 빌려주면 매달 2,000만 원씩 챙겨줄 수 있다고 하면서 은근히 투자를 권유했습니다. 5억 원을 빌려주면 가만히 앉아서 2,000만 원을 받을 수 있다는 말을 들은 이전노는 자기가 옛날에 대부업을 하던 생각이 나 며칠 동안 이리저리 머리를 굴리다가 매월 2,000만 원을 받을 수 있다는 욕심이 앞서 이두환에게 5억 원을 빌려주었습니다. 이전노는 이두환에게 돈을 빌려준 후로는 이전보다 더 자주 만나 같이 식사를 하기도 하고 운동을 하며 호형호제하는 사이가 되었습니다. 그러던 어느 날 이두환이 이전노에게 자기는 원래 골프를 자주 하는데 등산에 취미를 붙여보니 등산만큼 좋은 운동이 없다고 하면서 같이 등산을 다니자고 꼬셨습니다. 이전노가 도봉동에 살고 있을 때는 근처에 있는 도봉산이나 북한산을 자주 다녔는데 강남에 있는 탐욕아파트로 이사를 한 후에는 산을 다니지 않아 그렇지 않아도 산을 자주 가야겠다고 생각하고 있었는데 이두환이 등산을 같이 다니자고 하자 잘됐다 싶어 거의 매일같이 등산을 하게 되었습니다.

이두환은 매월 이자 2,000만 원을 주기로 한 날이면 약속 날짜를 하루도 어기지 않고 이전노의 통장에 입금시켜 주며 자신을 완전히 믿게 만들었습니다. 약속 날짜에 어김없이 2,000만 원이 입금된 통장을 본 이전노는 흡족한 마음으로 함박웃음을 지으며 이두환이 등산을 가자고 하면 두말 않고 따라 갔습니다. 이두환이 처음에는 서울에 있는 청계산과 도봉산 등을 같이 가자고 하다가 차츰 서울에서 멀리 떨어진 산으로 가자고 유인했습니다. 그리하여 경기도 가평에 있는 석룡산을 가게 되었습니다. 산에 올라가면서 이두환은 이전노에게 평소보다도 더 다정하게 대해주며 쉴 때는 먹을 것을 챙겨주고 땀을 닦아주면서 조금도 의심을 갖지 않게 하고 석룡산 정상 부근까지 올라갔습니다. 정상 부근에 있는 바위에서 쉬면서 이전노와 같이 주변 경관을 둘러보는 척하며 주위에 사람이 있는지 살펴보던 이두환이 주위에 아무도 없음을 확인하고 갑자기 이전노를 낭떠러지로 밀어버렸습니다. 60이 넘은 이전노는 낭떠러지로 굴러 떨어지면서 순간적으로 이렇게 죽는가 보다고 생각했는데 나뭇가지에 옷이 걸려 구르는 속도가 느려지면서 충격이 완화되어 다행히 죽지는 않았습니다. 그러나 살려달라고 고함을 지르면 이두환이 내려와서 죽일 것 같은 생각이 들어 피가 흐르고 고통이 이루 말할 수 없이 컸지만 살려 달라는 소리도 지르지 못하고 죽은 척하고 있었습니다.

이전노가 죽었다고 생각한 이두환은 다시 한 번 주위를 살펴본 후 목격자가 없음을 확인하고 속으로 해냈다는 만족감에 흥분된 발걸음으로 하산했습니다. 잠시 후 이두환이 내려갔다고 생각한 이전노는 그때서야 사람 살려 달라고 고함을 지르며 근처에 있는 바위로 기어 올라가다가 다른 등산객의 눈에 띄어 구조되었습니다. 하마터면 목숨을 잃을 뻔한 이전노는 병원에 후송되어 몇 개월 동안 치료받고 겨우 목발에 의지하여 거동하면서도 이두환의 살인미수죄를 입증하기 위해 온갖 노력을 다했습니다. 왜냐하면 이두환이 이전노를 밀 때 본 사람이 없었을 뿐만 아니라 다른 물증이 없어 이를 입증하기가 어려웠기 때문입니다. 다행히 이전노가 목숨을 건져 그나마 처벌이 가능했지만 이두환이 목격자가 없다는 사실을 알고 혐의를 부인하는 바람에 이를 밝히기가 무척 어려워 많은 고생을 했습니다.

돈 때문에 사람을 죽이려고 한 이두환이나 죽을 고비를 넘긴 이전노가 이제 새로운 사람이 되어 착하게 살고 있는지 아니면 개 버릇 남 못 준다는 말이 있듯이 아직도 탐욕스럽게 살아가고 있는지 모르지만, 탐욕을 부리면 죽을 수도 있다는 것을 보여주는 사건입니다. 그래서 성경에도 "돈은 일만 악의 뿌리"라고 가르치고 있는가 봅니다.

① 성 명	이전노 (李錢奴)	② 주민번호	440817-1000000
③ 주 거	서울 강남구 도곡동 123 탐욕아파트 305동 1405호		
④ 본 적	충남 대천시 수전동 365		
⑤ 직 업	사 업	⑥ 연 령	65세	1944. 8. 17. 생
⑦ 전화번호	02)234-****, 011-234-****		

피의자 이두환에 대한 살인미수 피의사건에 관하여 2010. 11. 2.

서울중앙지방검찰청 706호 검사실에서 임의로 아래와 같이 진술

하다.

1.   저는 위 주소지에서 부인과 딸이 함께 거주하고 있습니다.
1.   저는 같은 아파트에 사는 이두환과 함께 석룡산으로 등산
       을 갔다가 정상 부근에서 이두환이 저를 미는 바람에 죽을
       뻔한 사실이 있는데 이에 대하여 물으신다면 사실대로 대
       답하겠습니다.

이때 검사는 위 진술의 취지를 명확히 하기 위해 임의로 다음과

같이 문답하다.

문   진술인이 이전노인가요

답   네, 제가 이전노입니다.

이때 검사는 진술인이 제시하는 주민등록증을 보고 본인임을 확인한 후,

문 진술인이 이두환을 경찰에 신고했는가요

답 아닙니다. 제가 신고한 것이 아니라 산에서 굴러 떨어진 후 살려 달라는 제 고함 소리를 들은 어떤 등산객이 119와 112에 신고했습니다.

문 그때가 언제인가요

답 2010. 4. 3. 10:00경으로 알고 있습니다.

문 진술인은 피의자를 언제, 어떻게 알게 되었는가요

답 제가 탐욕아파트에 살면서 주로 양재천에서 저녁에 걷거나 조깅을 했는데 이두환이 거의 같은 시간에 운동을 하여 자주 마주쳐 서로 얼굴을 아는 사이가 되었습니다. 그러다가 2009년 4월 초순경 양재천에서 운동을 하던 중 이두환을 만나 정식으로 통성명을 하고 인사를 하다 성이 같고 같은 아파트에 살고 있다는 것을 알고 친해졌습니다. 그리하여 가끔 만나 운동을 한 후 술을 한잔하며 가깝게 지내던 중 돈을 빌려주게 되었습니다.

문 돈을 언제, 어디에서, 얼마나 빌려주었는가요

답 2009. 7. 6. 서울 강남구 신사동에 있는 전노빌딩 401호 피의자의 사무실에서 5억 원을 빌려주었습니다.

문 돈을 빌려준 경위를 진술해 보시오

답 이두환이 저한테 준 명함에는 두환 주식회사 대표이사로

되어 있고 석재사업을 한다고 해 그런 줄 알고 있었습니다. 그런데 어느 날 술을 한잔하면서 이런저런 이야기를 하다가 대부업을 하고 있다면서 5억 원을 빌려주면 매달 이자를 2,000만 원씩 주겠다고 하여 빌려주었습니다.

문 돈을 빌려준 증거가 있는가요

답 돈을 빌려주고 받은 차용증이 있는데 혹 필요할지 몰라 가져왔으니 제출하도록 하겠습니다.

이때 검사는 진술인이 제출하는 차용증을 복사한 후 원본을 돌려주고,

문 돈을 빌려주고 이자를 얼마나 받았는가요

답 매월 2,000만 원씩 8개월 동안 1억 6,000만 원을 받았습니다.

문 진술인은 원래 등산을 자주 하는가요

답 제가 탐욕아파트로 이사하기 전에 도봉구에 살았는데 그때는 집 근처에 있는 도봉산이나 북한산으로 가끔 등산을 다녔지만 탐욕아파트로 이사한 후에는 등산을 거의 하지 않았습니다.

문 그런데 어떻게 석룡산까지 갔는가요

답 피의자가 원래는 골프를 좋아해 필드에 자주 나갔는데 산에 다녀보니 등산만큼 좋은 운동이 없다고 하면서 돈이 많을수록 건강 관리를 잘해야 한다며 같이 등산을 다니자고 했습니다. 그래서 처음에는 집에서 가까운 청계산을 다니

다가 피의자가 좀 더 큰 산으로 가자고 해 수락산과 도봉산을 다니기 시작했습니다. 피의자가 산에 갈 때마다 저한테 나이가 많은데도 산을 잘 탄다고 하면서 경기도 가평에 석룡산이 있는데 골짜기 물이 맑을 뿐만 아니라 단풍이 매우 아름답고 산이 가파르지 않아 등산하기가 아주 좋다고 하면서 같이 가자고 해 가게 되었습니다.

문 그날 석룡산을 처음 갔는가요

답 아닙니다. 그날이 두 번째입니다.

문 처음에는 언제 갔는가요

답 2009. 10. 20.경 단풍이 절정일 때 갔습니다.

문 석룡산을 올라가는 길은 어떤가요

답 석룡산 골짜기를 가다 보면 왼쪽으로 올라가는 길이 있고 오른쪽으로 올라가는 길이 있는데 오른쪽으로 올라가는 길은 아주 가파르고 험합니다.

문 진술인과 피의자는 어느 쪽으로 올라갔는가요

답 처음에는 왼쪽으로 올라갔고 두 번째는 오른쪽으로 올라갔습니다.

문 피의자가 석룡산을 얼마나 올라가다가 밀었는가요

답 정상 부근에서 밀었습니다.

문 그곳은 상태가 어떠했는가요

답 앞에서 말씀드린 대로 석룡산을 오르다 보면 왼쪽으로 올라가는 길과 오른쪽으로 올라가는 길이 나옵니다. 오른쪽으로 가는 길은 처음이라 잘 몰라 피의자가 가는 대로 따라갔는데 길이 좁고 경사가 무척 심합니다. 피의자가 저를 민 곳에 조그마한 바위가 있었는데 그곳에서 올라온 길을 내려다보면 아찔할 정도로 가파르고 험합니다.

문   피의자가 진술인을 어떻게 밀었는지 진술해 보시오

답   석룡산 정상으로 올라가다가 조그마한 바위에 앉아 쉬고 있는데 피의자가 물을 마시라며 주길래 일어나 물을 마시고 다시 앉아서 쉬려고 했습니다. 그런데 피의자가 "이사장님, 이렇게 전망이 좋은 곳에 왔으니 구경 좀 하고 쉬세요" 라고 해 주위를 둘러보고 있는데 갑자기 두 손으로 제 등 뒤를 밀어 낭떠러지로 굴러떨어졌습니다.

문   어떻게 굴러떨어졌는가요

답   앞으로 몇 발자국 미끄러지다 넘어져 굴러떨어졌습니다.

문   얼마나 굴러떨어졌는가요

답   정확히는 모르겠지만 몇십 미터 굴렀던 것 같습니다.

문   그런데 어떻게 살아났는가요

답   제가 미끄러지면서 데굴데굴 구르다가 나무에 걸려 구르는 속도가 느려져 세게 떨어지지 않아 살아날 수 있었던 것 같습니다.

문   낭떠러지로 떨어진 후 어떻게 했는가요

답   엄청 고통스럽고 얼굴과 무릎 등에서 피가 흘렀지만 순간적으로 살려 달라고 고함을 지르면 피의자가 내려와서 죽일

것 같은 생각이 들어 고함도 지르지 못하고 고통을 참으며 피의자가 내려가기를 기다리고 있었습니다. 한참 후에 피의자가 내려간 것 같은 생각이 들어 "사람 살려 달라"고 고함을 지르며 기어서 근처에 있는 작은 바위로 올라가는데 어떤 등산객이 저를 보고 달려와 휴지로 피를 닦아주고 수건으로 피가 많이 흐르는 무릎 부위를 감싸준 후 뛰어 내려가 신고하여 119 구급대가 와 구조되었습니다.

문 진술인이 굴러떨어지고 나서 얼마 후에 구조되었는가요

답 거의 의식을 잃어 정확히 얼마 후에 구조되었는지 몰랐는데 병원에서 의식을 회복하고 나서 의사 선생님이 빨리 구조되지 않았으면 큰일 날 뻔했다고 하는 소리를 듣고 상당히 빨리 구조된 것으로만 알고 있습니다.

문 처음 경찰 조사는 언제 받았는가요

답 입원하고 3일 후에 경찰관이 찾아왔길래 사고 경위를 설명해 주었습니다.

문 병원에서는 얼마나 치료를 받았는가요

답 3개월 동안 입원하여 치료했는데 의사가 1년 정도 통원치료를 해도 완전히 회복이 안 될 것 같다고 했습니다.

문 주로 어디를 많이 다쳤는가요

답 허리와 다리를 많이 다쳤는데 다리는 정상으로 돌아가지 않아 평생 지팡이에 의지하며 생활해야 될 것 같다고 했습니다.

문 피의자가 진술인을 왜 밀었다고 생각하는가요

답 제가 빌려준 돈을 주지 않기 위해 죽이려고 밀었을 것입니다.

문 피의자가 어느 정도의 돈을 갖고 대부업을 했는가요

답 자기 말로는 수십억 원을 굴리는 것처럼 말하면서 매월 순수입이 1억 원 정도 된다고 했습니다.

문 피의자가 자기 돈으로 대부업을 했는가요

답 피의자가 저한테 5억 원을 빌려달라고 하면서 30억 원 정도를 굴린다고 해 모두 자기 돈으로 돈놀이를 한다고 생각했는데 지금 생각해 보니 주로 저 같은 사람한테 빌려서 한 것 같습니다.

문 왜 그런 생각이 드는가요

답 수십억 원을 굴린다고 한 사람이 5억 원을 주지 않기 위해 저를 죽이려고 한 것을 보니 그렇게 생각이 듭니다.

문 이상 사실대로 진술했는가요

답 네, 사실대로 진술했습니다.

문 더 할 말이 있는가요

답 경찰관은 목격자가 없어 처벌하기 곤란하다고 했는데 저도 증거를 찾기 위해 노력하고 있으니 검찰에서 처음부터 다시 조사해서 꼭 처벌해 주시면 고맙겠습니다.

위 조서를 진술자에게 열람하게 하였던 바, 진술한 대로 오기나 증감 변경할 것이 전혀 없다고 말하므로 간인한 후 서명날(무)인 케 하다.

진 술 자 　이 전 노

2 0 1 0. 11. 2.

서울중앙지방검찰청

검　　사　허 검 사

검찰주사　한 훈 희

피의자신문조서			
성 명	이두환 (李斗煥)	주민번호	531023-1000000
	위 사람에 대한 살인미수		
	피의사건에 관하여 2010. 11. 10.		
	서울중앙지방검찰청		
	검 사 허 검 사 는(은)		
	검찰주사 한 훈 희 를(을)		
	참여하게 하고 피의자에 대하여 아래와 같이 신문한다.		
문	피의자의 성명, 연령, 생년월일, 직업, 본적, 주거를 말하시오.		
답	성명은 이 두 환 호주는 본인		
	연령은 56세 생년월일은 1953. 10. 23. 생		
	직업은 대부업		
	직장 전화번호는 02)2345-****		
	본적은 경북 상주시 사기동 588		
	주거는 서울 강남구 도곡동 123 탐욕아파트 100동 911호		
	자택 전화번호는 02)456-****, 011-456-**** 입니다.		

검사는 피의사건의 요지를 설명하고 검사의 신문에 대하여 형사

소송법 제200조의 규정에 의하여 진술을 거부할 수 있는 권리가

있음을 알려준즉 피의자는 신문에 따라 진술하겠다고 대답하다.

문 피의자는 형벌을 받은 사실이 있는가요
답 1998. 3. 20.경 서울지방법원서부지원에서 폭력행위등처벌
　　에관한법률 위반으로 징역 2년, 2003년 3월경에 사기죄로
　　서울지방법원에서 징역 1년, 2007년 5월경에 서울동부지
　　방법원에서 폭력행위등처벌에관한법률 위반으로 징역 1년
　　을 각 선고받은 사실이 있습니다.
문 피의자의 학력 및 경력, 가족관계, 재산 정도 등은 경찰에
　　서 진술한 내용과 같은가요
답 네, 모두 같습니다.
문 피의자는 이전노를 아는가요
답 네, 같은 아파트에서 살면서 가끔 만나 운동을 한 후 술을
　　마시며 친하게 지냈기 때문에 잘 압니다.
문 피의자는 이전노로부터 돈을 빌린 사실이 있는가요
답 네, 그런 사실이 있습니다.
문 언제, 어디에서, 얼마를 빌렸는가요
답 2009. 7 .6. 서울 강남구 신사동 321 전노빌딩 401호에 있
　　는 제 사무실에서 5억 원을 빌렸습니다.
문 5억 원을 빌린 이유는 무엇인가요

답 대부업을 하는 데 필요해서 빌렸습니다.

문 대부업을 언제부터 했는가요

답 2008년 3월경부터 했습니다.

문 돈을 얼마나 갖고 대부업을 했는가요

답 약 30억 원을 가지고 했습니다.

문 30억 원을 다 빌려서 했는가요

답 아닙니다. 이전노한테 빌린 5억 원만 빼고 거의 다 제 돈으로 했습니다.

문 대부업을 어떤 식으로 운영했는가요

답 주로 후순위 담보대출을 했는데 이자는 매월 3%씩 받고, 3~6개월 정도로 짧은 기간에 돈이 급히 필요한 사람들에게 근저당설정을 하고 빌려주는 방법으로 운영했습니다.

문 피의자는 이전노와 석룡산에 등산을 간 사실이 있는가요

답 저는 그런 사실이 없습니다.

문 피의자는 2010. 4. 3. 이전노와 함께 석룡산에 등산을 간 사실이 없는가요

답 저는 그날 등산을 한 사실이 없습니다.

문 피의자는 등산을 좋아하는가요

답 좋아하지 않습니다.

문 등산을 하긴 하는가요

답 등산은 거의 하지 않고 골프를 자주 합니다.

문 이전노는 2010. 4. 3. 피의자와 함께 석룡산에 갔다고 하

	는데 왜 피의자는 그런 사실이 없다고 하는가요
답	제가 가지 않았으니까 가지 않았다고 하지요.
문	이전노는 그날 피의자와 함께 석룡산에 갔다가 정상 부근에서 피의자가 밀어 죽을 뻔했다고 하는데 정말로 등산을 하지 않았는가요
답	저는 이전노와 함께 석룡산에 간 사실이 없습니다.
문	평소에도 이전노와 등산한 사실이 없는가요
답	서울 근교에 있는 산을 2~3회 간 사실 외에는 없습니다.
문	피의자는 정말로 2010. 4. 3.경 석룡산에 간 사실이 없는가요
문	저는 석룡산에 간 사실이 한 번도 없습니다.
문	이전노는 피의자와 함께 두 번 석룡산을 갔다고 하는데 왜 한 번도 간 사실이 없다고 거짓말을 하는가요
답	저는 이전노와 함께 청계산과 도봉산을 두어 번 간 것 말고는 같이 산에 간 사실이 없습니다.
문	이전노는 피의자를 알게 된 후 자주 등산을 했다고 하는데 피의자는 왜 등산을 자주 하지 않았다고 하는가요
답	저는 원래 등산을 좋아하지 않기 때문에 이전노와 함께 자주 등산을 하지 않았습니다.
문	피의자는 이전노한테 빌린 돈을 갚았는가요
답	얼마 전에 모두 갚았습니다.
문	왜 갚았는가요

답 제가 자기를 죽이려고 했다고 모함하는 사람과 더 이상 거
   래하고 싶지 않아 모두 돌려주었습니다.
문 이상의 진술이 사실인가요
답 네, 모두 사실입니다.
문 피의자에게 유리한 증거나 더 할 말이 있는가요
답 저는 경찰에서도 똑같은 조사를 많이 받았으니 이제 저를
   더 이상 괴롭히지 않았으면 좋겠습니다.

위 조서를 진술자에게 열람하게 하였던 바, 진술한 대로 오기나 증감 변경할 것이 전혀 없다고 말하므로 간인한 후 서명날(무)인 케 하다.

진 술 자   이 두 환
2 0 1 0. 11. 10.
서울중앙지방검찰청
검   사   허 검 사
검찰주사   한 훈 희

피의자신문조서 (제2회)			
성 명	이두환 (李斗煥)	주민번호	531023-1000000

위의 사람에 대한 살인미수

피의사건에 관하여 2010. 11. 15.

서울중앙지방검찰청

검 사 허 검 사 는(은)

검찰주사 한 훈 희 를(을)

참여하게 하고 피의자에 대하여 다시 진술 거부권이 있음을 알린

즉 신문에 따라 진술하겠다고 대답하다.

문 전회의 진술은 사실인가요.
답 네, 모두 사실입니다.
문 피의자는 등산을 좋아하지 않는다고 했는데 맞는가요
답 네, 맞습니다.
문 피의자는 한마음이라는 등산 모임 회장을 한 사실이 있는
    가요
답 저는 그런 사실이 없습니다.
이때 검사는 피의자의 집에서 압수한 장부와 사진을 보여준 후,
문 피의자의 집에서 압수한 장부와 사진을 보면 피의자가 한

마음 등산 모임의 회장으로 활동했는데 왜 그런 사실이 없다고 하는가요

답　회원 중에 경제적으로 좀 여유가 있는 사람이 회장을 하면 좋겠다고 해 제가 형식적으로 회장을 하고 실질적인 운영은 총무가 했기 때문에 잘 기억이 나지 않아 그런 사실이 없다고 한 것입니다.

문　이 사진은 어느 산에서 찍은 것인가요

답　오래되어 잘 기억이 나지 않습니다.

문　사진에 있는 날짜를 보면 얼마 되지 않았는데 왜 오래되어 기억이 안 난다고 하는가요

답　제 사업에 신경을 쓰다 보니 정신이 없어 잘 기억이 나지 않습니다.

문　피의자는 등산은 거의 하지 않고 골프를 자주 한다고 했지만 등산 모임 회장을 하고 있고, 최근에도 산에 가서 사진을 찍은 것으로 보아 등산을 자주 하는 것 같은데 왜 거짓말을 하는가요

답　저는 등산보다 골프를 좋아하여 필드에 자주 가기 때문에 등산을 거의 하지 않는다고 한 것인데 우리나라 사람 중에 가끔씩 등산을 하지 않는 사람이 얼마나 있겠습니까.

문　피의자의 사진을 보면 여러 산에서 찍은 것이 많이 있는데 왜 등산을 자주 하지 않는다고 거짓말을 하는가요

답　이때 피의자는 무슨 말을 할 듯이 입만 삐죽거리며 아무 말

을 하지 않고 있다.

문 피의자는 이전노와 자주 등산을 간 것이 맞지요

답 제가 다른 사람하고는 등산을 자주 했지만 이전노와는 청
계산과 도봉산을 간 사실뿐이 없습니다.

문 그런데 왜 피의자는 골프를 자주하고 등산을 자주 하지 않
는다고 했는가요

답 그것은 이전노와 자주 등산을 하지 않았다는 뜻입니다.

문 피의자는 이전노의 돈을 변제하지 않기 위해 석룡산에 가
자고 유인하여 낭떠러지로 민 것이 아닌가요

답 제가 무엇 때문에 그런 천벌을 받을 짓을 합니까. 저는 절
대로 그런 짓을 하지 않았습니다.

문 이상 사실대로 진술했는가요

답 네, 사실대로 진술했습니다.

문 피의자에게 유리한 증거나 더 할 말이 있는가요

답 저는 이전노를 죽일 이유가 하나도 없는데 왜 그렇게 허무
맹랑한 주장을 하는지 도저히 이해가 되지 않습니다.

위 조서를 진술자에게 열람하게 하였던 바, 진술한 대로 오기나 증감 변경할 것이 전혀 없다고 말하므로 간인한 후 서명날(무)인 케 하다.

진 술 자　이 두 환

2 0 1 0. 11. 15.

서울중앙지방검찰청

검　　사　허 검 사

검찰주사　한 훈 희

피의자신문조서 (제3회 대질)			
성 명	이두환 (李斗煥)	주민번호	531023-1000000

위의 사람에 대한 살인미수

피의사건에 관하여 2010. 11. 20.

서울중앙지방검찰청

검　　사　허 검 사 는(은)

검찰주사　한 훈 희 를(을)

참여하게 하고 피의자에 대하여 다시 진술 거부권이 있음을 알린

즉 신문에 따라 진술하겠다고 대답하다.

문　피의자는 지금까지 모두 사실대로 진술했는가요

답　네, 모두 사실대로 진술했습니다.

문　피의자는 이전노와 석룡산에 같이 간 사실이 없다고 했는
　　데 사실인가요

답　네, 사실입니다.

문　만약 이전노와 석룡산에 간 사실이 밝혀지면 그의 모든 주
　　장을 인정하겠는가요

답　인정하고 말 것도 없이 저는 이전노와 석룡산에 같이 간 사
　　실이 없습니다. 저는 석룡산이 어디에 있는지도 모릅니다.

문   이전노와 대질해도 좋은가요

답   네, 좋습니다.

이때 검사는 대기실에 있는 이전노를 들어오게 한 후,

문   진술인이 이전노인가요

답   네, 제가 이전노입니다.

문   진술인은 피의자와 함께 두 번째 석룡산에 갔다가 피의자
      가 밀어 죽을 뻔했다고 했지요

답   네, 맞습니다.

문   피의자는 진술인과 청계산과 도봉산을 간 사실밖에 없다고
      하는데 어떻게 생각하는가요

답   제가 피의자와 함께 서울에 있는 산은 물론 경기도 가평에
      있는 석룡산을 두 번 간 것이 분명합니다.

문   피의자와 함께 석룡산에 같이 간 증거가 있는가요

답   피의자가 아직도 잘못을 뉘우치지 않고 거짓말을 하는 게
      괘씸하여 어떻게 해서든지 증거를 찾기 위해 노력하던 중
      석룡산에 갔을 때 피의자와 함께 사진을 찍은 생각이 나
      집안을 샅샅이 뒤져 같이 찍은 사진을 찾아서 가져왔으니
      제출하도록 하겠습니다.

이때 검사는 진술인이 제출한 사진 한 장을 받은 후,

문   이 사진은 석룡산 어디에서 찍은 것인가요

답   석룡산을 올라가다 보면 복호동 폭포가 있는데 그 입구에
      서 폭포를 배경으로 찍은 것입니다.

이때 검사는 다시 피의자에게 사진을 보여주고,

문   피의자는 진술인과 함께 석룡산에서 사진을 찍은 것이 사
     실인가요

답   (오랫동안 사진을 들여다보며 생각하는 척하더니) 잘 기억
     이 나지 않습니다.

문   그럼 진술인과 석룡산에 간 사실은 기억이 나는가요

답   그것도 잘 기억이 나지 않습니다.

문   간 사실이 없다는 건가요 아니면 가긴 갔는데 기억이 나지
     않는다는 건가요

답   간 것 같기도 하고 안 간 것 같기도 합니다.

문   나이도 많지 않은 사람이 왜 사진을 보고도 제대로 기억을
     못하는가요

답   제가 하는 일이 워낙 바쁘고 신경 쓸 일이 많아 잘 기억이
     나지 않습니다.

문   이 사진을 보면 석룡산 조무락골에 있는 복호동 폭포를 배
     경으로 찍은 것이 맞는 것 같은데 왜 기억이 나지 않는다고
     하는가요

답   이때 피의자는 얼굴이 빨개지면서 아무 대답을 하지 않고
     있다.

문   피의자가 아무리 부인을 해도 이 사진을 보면 진술인과 석
     룡산을 같이 간 것이 분명한데 왜 대답을 하지 않는가요

답   사진이 있으니까 같이 간 것 같긴 한데 잘 기억이 나지 않

습니다.

문   피의자는 진술인과 산에 자주 가지 않았다면서 산에서 찍은 사진을 보고도 왜 어디에서 찍었는지 기억이 잘 나지 않는다고 하는가요

답   제가 사업 때문에 너무 바빠 다른 일에 신경을 쓰지 못해 잘 기억을 하지 못할 때가 많습니다.

문   아무리 사업이 바쁘다고 하더라도 진술인과 청계산과 도봉산을 간 기억은 하면서 왜 석룡산에 간 기억은 못하는가요

답   돈을 몇십억 굴리다 보니 신경 쓸 일이 많아 기억이 안 날 때가 많습니다.

문   피의자는 석룡산에서 진술인을 죽이려고 한 것이 사실이지요

답   저는 절대로 그런 사실이 없습니다.

이때 진술인이 화를 내며 "이런 나쁜놈, 검사님 앞에서까지 거짓말을 하네!"라고 하다.

문   진술인이 화를 내며 하는 말을 듣고 어떤 생각이 드는가요

답   이분이 왜 이리 흥분을 하고 저를 모함하는지 모르겠습니다.

이때 검사는 다시 진술인에게,

문   피의자가 석룡산 어디에서 진술인을 밀었는가요

답   지난번에 말씀드린 대로 정상 부근에서 밀었습니다.

문   어떻게 밀었는가요

답 피의자가 갑자기 두 손으로 제 등을 밀었습니다.

문 피의자가 등을 밀어 어떻게 되었는가요

답 앞으로 몇 발자국 미끄러지면서 넘어져 데굴데굴 굴렀습니다.

문 피의자가 왜 진술인을 죽이려고 했다는 생각이 드는가요

답 그야 물론 돈을 주지 않기 위해 죽이려고 했을 것입니다.

이때 검사는 다시 피의자에게,

문 피의자는 진술인의 말을 잘 들었는가요

답 잘 들었는데 소설을 읽고 있는 것 같습니다.

문 진술인의 입장에서 생각해 보면 피의자가 자기를 죽이기 위해 밀었다고 거짓말을 할 이유가 없어 보이는데 어떻게 생각하는가요

답 왜 없는 사건을 만들어 저를 처벌하게 하려고 하는지 그 이유를 모르겠습니다.

문 피의자는 진술인이 죽으면 5억 원을 갚지 않아도 되기 때문에 죽이려고 한 것이 아닌가요

답 제가 몇십억 원을 굴리는데 그까짓 5억 원 때문에 사람을 죽이다니 말이나 됩니까. 저는 절대로 이분을 밀지 않았습니다.

문 피의자는 몇십억 원을 굴린다고 했지만 압수한 장부를 보면 실제로 굴린 돈은 몇억 원인데 왜 거짓말을 하는가요

이때 검사는 피의자가 작성한 대부자 명단과 금액 등이 기재된 장

부를 보여준 바,

답   몇십억 원이든 몇억 원이든 저는 이분을 죽일 이유가 전혀
      없습니다. 제가 이분을 밀었다는 증거를 갖고 조사하면 좋
      겠습니다.

문   진술인을 밀 때 본 사람은 없지만 피의자는 진술인을 죽이
      기 위해 밀었다고 보여지는데 왜 거짓말을 하는가요

답   (이때 피의자는 입술을 떨며) 저는 사람을 죽일 만큼 간이
      크지 않고 이분을 죽일 이유가 전혀 없습니다.

문   진술인을 죽일 이유가 충분히 있는데 왜 죽일 이유가 없다
      고 하는가요

답   이유는 무슨 이유입니까. 저는 그까짓 5억 원 때문에 사람
      을 죽일 만큼 쪼잔한 사람이 아닙니다.

문   피의자는 등산을 좋아하지 않는다고 했으나 등산 모임 회
      장을 하고 있고, 진술인과 석룡산에서 찍은 사진이 있는데
      도 석룡산에 같이 간 사실이 없다고 거짓말을 한 것으로 보
      아 진술인을 죽이기 위해 석룡산으로 등산을 가자고 유인
      해 낭떠러지로 밀었으면서 목격자가 없다고 거짓말을 하는
      것이 아닌가요

답   제가 기억이 잘 나지 않아 본의 아니게 거짓말을 한 꼴이
      되었는데 그런 식으로 생사람 잡지 않으면 좋겠습니다. 저
      는 절대로 이분을 밀지 않았습니다.

문   그럼 2010. 4. 3. 진술인과 석룡산에 간 것은 사실인가요

답   저는 그날 석룡산에 간 사실이 없습니다.

문   2009. 10. 20.에는 석룡산에 간 사실이 있는가요

답   그날도 석룡산에 간 사실이 없습니다.

문   여기 피의자와 진술인이 같이 사진을 찍은 증거가 있는데
      도 거짓말을 하는 이유가 무엇인가요

답   …….

문   피의자는 대부업을 하면서 매월 얼마나 벌었는가요

답   월 평균 2,000~3,000만 원 정도 벌었습니다.

문   그런데 왜 진술인을 죽이려고 했는가요

답   저는 이분을 죽이려고 한 사실이 없다고 하는데 왜 자꾸
      살인범으로 몰아가는지 모르겠습니다.

이때 피해자가 할 말이 있다고 해 진술인에게,

문   할 말이 무엇인가요

답   피의자는 저한테 몇십억 원을 굴려 매월 1억 원 정도를 번
      다고 했는데 사실이 아닌 것만 보아도 저를 죽이려고 민 것
      이 분명합니다.

이때 검사는 다시 피의자에게,

문   진술인의 말을 잘 들었는가요

답   제가 돈을 빌리기 위해 좀 과장을 한 것은 맞지만 저는 이
      분을 밀지 않았습니다.

문   석룡산에 같이 간 것은 맞는데 진술인을 밀지 않았다는 뜻
      인가요

답 석룡산에 간 것은 기억이 잘 나지 않지만 분명한 것은 이분
   을 밀지 않았다는 것입니다.

문 석룡산에 간 것은 잘 기억이 안 나고 진술인을 밀지 않은
   것은 분명히 기억을 한다는 말이 어디 있는가요

답 제가 밀지 않았다는 것을 말씀드리다 보니 좀 앞뒤가 맞지
   않는 말을 했을 뿐입니다.

문 이상 사실대로 진술했는가요

답 네, 모두 사실대로 진술했습니다.

문 피의자에게 유리한 증거나 더 할 말이 있는가요

답 이사장님이 왜 저를 모함하여 이렇게 힘들게 하는지 모르
   겠습니다.

위 조서를 진술자에게 열람하게 하였던 바, 진술한 대로 오기나 증감 변경할 것이 전혀 없다고 말하므로 간인한 후 서명날(무)인 케 하다.

진 술 자   이 전 노
          이 두 환
2 0 1 0. 11. 20.
서울중앙지방검찰청
검   사   허 검 사
검찰주사   한 훈 희

Chapter 9

이별이 자매 사건

이별이 자매 사건

이 사건은 장강쇠라는 한 남자의 욕망 때문에 너무나도 순진한 이별이와 그녀의 언니 이송화가 당한 사건이라 "이별이 자매 사건"이라고 했습니다. 이별이는 대학을 졸업하고 원하는 직장에 들어가기 위해 취업을 준비하며 커피숍에서 아르바이트를 하고 있었습니다. 그런데 장강쇠가 우연히 친구와 함께 이별이가 일하는 커피숍에 갔다가 예쁜 이별이를 보고 반해 그녀를 유혹하기 위해 결혼을 했으면서 미혼이라고 속였습니다. 그리고 장강쇠는 특별히 하는 일도 없으면서 어떻게 구입했는지 벤츠를 타고 다니며 잘나가는 사업가처럼 행세하고, 이별이의 환심을 사기 위해 매일 커피숍에 가서 눈도장을 찍으며 이별이를 유혹하기 시작했습니다. 처음에 이별이는 장강쇠가 자기보다 나이도 많고 매일 하는 일 없이 커피숍에 와서 어영부영 시간만 때우고 가는 것을 보고 한심한 생각이 들어 경계했습니다. 그러나 열심히 사업하느라 결혼을 못했다는 장강쇠의 거짓말에 속아 동정을 느끼고 호감을 갖게 되어 장강쇠를 좋아하게 되고 결국 사랑에 빠지게 되었습니다. 장강쇠는 순진한 이별이를 결혼하겠다고 속어 수시로 여관에 데리고 가 성적 욕망을 채우고, 이별이를 계속 농락하기 위해 돈이 많은 사람처럼 행세하며 함께 승마를 하거나 때로는 해외로 여행을 다니며 카지노에 출입하기도 했습니다.

장강쇠가 결혼도 하지 않고 열심히 사업하여 돈을 많이 번다고 철썩같이 믿고 결혼할 상대로 생각한 이별이는 장강쇠가 사업상 급히 돈이 필요하다고 하면 아르바이트를 해서 모은 돈을 빌려주기도 하고 심지어 보증을 서주기도 했습니다. 그러던 어느 날 이별이는 아무 의심 없이 자기 언니인 이송화에게 장강쇠를 결혼할 사람이라고 소개했습니다. 장강쇠는 이별이의 언니도 이별이를 닮아 예쁘다는 것을 알고는 언니를 건드려 볼 생각으로 이들 자매의 환심을 사기 위해 온갖 감언이설을 늘어놓으면서 이송화의 핸드폰 번호를 알아냈습니다.

어느 날 장강쇠가 친구들과 함께 술을 마시고 헤어져 집으로 가기 위해 택시를 기다리고 있는데 어떤 젊고 예쁜 아가씨가 술이 많이 취해 몸을 제대로 가누지 못하고 비틀거리며 자기 앞을 지나가는데 어디에선가 본 사람이라는 생각이 들었습니다. 처음에는 술집에서 본 아가씨인 줄 알고 그냥 택시를 타고 가려다가 다시 자세히 보고 이별이의 언니라는 것을 알게 되었습니다. 그래서 바로 달려가 어떻게 한번 건드려 볼까 하는 생각을 하다가 이송화가 너무 술에 많이 취해 힘들 것 같은 생각이 들자 속으로 응큼한 미소를 지으며 술에 취해 비틀거리며 걸어가는 이송화의 모습을 몰래 스마트폰으로 녹화했습니다. 그리고 며칠 후에 친구인 김강쇠의 스마트폰을 빌려 이송화에게 술이 취해 비틀거리는 모습을 찍은 동영상을 보내주며 그날 다른 남자와 성관계를 갖는 장면도 녹화해 놓았으니 시키는 대로 하지 않으면 이를 유포시키겠다는 메시지를 보내 은근히 협박하기 시작했습니다. 순진한 이송화는 알지도 못하는 사람으로부터 자기가 술이 취해 걸어가는 모습을 녹화한 동영상과 메시지를 받고 안절부절못하고 혼자 속앓이를 하기 시작했습니다. 오랜만에 친구들을 만나 잘 마시지 못하는 술을 몇 잔 마시다 보니 정신을 잃을 정도로 취해 겨우 몸을 가누어 집에 왔는데, 어떤 남자와 성교하는 장면을 녹화했다니 믿기지 않는 현실에 이루 말할 수 없이 걱정이 되었습니다. 그런데 자신이 술이 취해 비틀거리며 걸어가는 모습의 동영상을 보고 혹 어떤 남자한테 당했을지도 모른다는 생각이 들어 장강쇠의 협박을 믿게 되었습니다.

위와 같이 장강쇠는 이송화에게 협박을 해놓고 일부러 며칠 동안 아무런 연락을 하지 않아 이송화가 온갖 상상을 하며 초조하게 해놓고 다시 메시지를 보냈습니다. '만약 내가 시키는 대로 말을 잘 들으면 성교하는 장면을 녹화한 동영상을 삭제하겠다. 그리고 만약 내 말을 들을 생각이 있다면 김강쇠 이름으로 예약해 놓을 테니 2011년 12월 20일 20시까지 삼성동에 있는 행복호텔로 가서 샤워를 하고 기다리라'고 했습니다. 그렇게 하면 본인이 보는 앞에서 동영상을 삭제하겠다고 한 것입니다.

이송화는 너무나도 황당한 제의에 어떻게 할지 몰라 혼자서 이 생각 저 생각 하며 고민하다가 할 수 없이 시키는 대로 하겠다고 메시지를 보내놓고 불안한 마음으로 그날을 기다렸습니다. 이송화는 약속 날짜가 되자 행복호텔로 가 김강쇠가 예약해 놓은 방에 들어가 샤워를 하고 떨리는 마음을 진정시키며 기다리고 있는데 장강쇠가 이송화에게 '불을 끄고 커튼을 다 닫아 어둡게 해놓고 내가 옷을 벗고 샤워할 때까지 이불 속에서 꼼짝 말고 있으라'고 전화를 했습니다. 그래서 할 수 없이 시키는 대로 샤워를 한 후 불을 끄고 이불 속에서 초조하게 기다리고 있는데 어떤 사람이 노크를 한 후 문을 열고 들어왔습니다. 그리고 아주 부드럽고 자상한 목소리로 너무 걱정하지 말라며 안심시킨 뒤 샤워를 한 후 성관계를 갖고 나서 동영상을 삭제하겠다고 했습니다. 이송화는 불안한 마음으로 이런저런 생각을 하며 온갖 상상을 하다가 장강쇠가 샤워를 하고 나오자 그냥 동영상을 삭제해 주면 안 되겠느냐고 애원했지만 장강쇠는 동영상을 유출시킬 듯이 협박하여 결국 이송화를 농락했습니다. 장강쇠가 온갖 변태적인 방법으로 실컷 욕망을 채우고 나자 빨리 그의 손아귀에서 벗어나고 싶은 이송화가 불을 켜고 보니 자기를 농락한 사람이 바로 동생과 결혼을 약속한 장강쇠라는 사실을 알고

소스라치게 놀랐습니다. 그리고 자신의 처녀막이 터져 피가 난 것을 보고 술을 마신 날 자기가 다른 남자와 성관계를 가졌다는 장강쇠의 말이 거짓임을 알고 정신이 나간 사람처럼 넋을 잃어버렸습니다. 어떤 남자와 성교한 장면을 녹화했다고 거짓말을 하고 메시지를 보낸 남자가 자신의 여동생과 결혼할 사람이라니 얼마나 기가 막히고 놀랐겠습니까! 그러나 이미 엎질러진 물이니 원통하고 분했지만 어떻게 할 방법이 없었습니다. 순진한 이송화는 그래도 혹 뭔가 있는 줄 알고 걱정이 되어 장강쇠에게 자신이 보는 앞에서 동영상을 삭제해 달라고 하자 장강쇠는 '너무 사랑스러워 섹스를 한 번 하고 싶어서 거짓말을 했다'고 천연덕스럽게 말했습니다.

동생과 결혼을 약속한 남자에게 자매가 함께 농락당했다는 생각에 치밀어 오르는 분노를 느끼며 옷을 주섬주섬 입고 방문을 걷어차고 밖으로 나온 이송화는 택시를 타고 집으로 돌아와 이불을 뒤집어쓰고 한없이 울었습니다. 그리고 며칠 동안 밥도 제대로 먹지 못하고 이 사실을 동생한테 알려야 할지 고민하기 시작했습니다. 평소와 다르게 말이 없어지고 멍하니 앉아 창밖을 바라보며 우울증 환자처럼 생활하는 언니가 이상하다는 생각이 든 이별이는 무슨 일이 있느냐고 물어보았습니다. 그러나 언니는 아무 일도 없다고 하고 계속 혼자 고민하다가 할 수 없이 장강쇠와의 사이에 일어난 일을 모두 털어놓았습니다. 그렇지 않아도 장강쇠가 결혼한 유부남이라는 사실을 알고 괴로워하고 있던 이별이는 치미는 분노를 억누르며 장강쇠와의 관계를 끊기 위해 더 이상 만나지 말자는 메시지를 남기고 연락을 끊어버렸습니다. 그러자 장강쇠는 이별이를 만나기 위해 수없이 전화를 하고 메시지를 남겼지만 이별이는 그를 만나주지 않았습니다. 애가 탄 장강쇠는 어떻게 하면 이별이를 만날 수 있을까 하고 온갖 궁리를 하다가 이별이에게 빌린 돈을 갚겠다고 유인하여 강간을 했습니다. 결혼을 했으면서 미혼이라고 속이고 한 아가씨를 농락한 것도 모자라 언니까지 농락하고 또 강간하는 이런 거짓말 같은 이야기가 실제로 일어나고 있는 것이 현실입니다. 지금도 장강쇠처럼 성적 욕망을 채우기 위해 몹쓸 짓을 하다가 교도소에 갇혀 후회하고 있는 사람들이 있습니다.

고 소 장

고 소 인   이 별 이(860517-2000000)

서울 송파구 당한동 321 당한빌라 201호

연락처 : 02)987-＊＊＊＊, 010-0987-＊＊＊＊

피고소인   장 강 쇠(760111-1000000)

서울 송파구 사기동 654 사기빌라 301호

연락처 : 02)654-＊＊＊＊, 010-3654-＊＊＊＊

고 소 취 지

피고소인은 결혼하여 자식까지 있으면서 미혼이라고 속이고 고소인과 결혼하겠다고 거짓말하여 간음하고, 돈을 빌리고 이를 변제할 의사나 능력도 없이 3,000만 원을 빌려주면 3개월 후에 이자 500만 원을 포함하여 3,500만 원을 변제하겠다고 속여 이를 편취한 후 위 편취한 돈을 변제하겠다고 고소인을 불러내어 강간하였으니 철저히 조사하여 처벌해 주시기 바랍니다.

고 소 내 용

1. 고소인과 피고소인의 관계

피고소인은 고소인이 송파구 잠실동에 있는 청아커피숍에서 아르바이트를 하던 중 손님으로 자주 찾아와 알게 되었는데, 당시 피고소인은 사업을 하느라 결혼하지 못해 노총각이 되었다고 하여 서로 친밀하게 지내며 사귀던 중 결혼하기로 약속했던 사이입니다.

2. 피고소인의 혼인빙자 간음[10]

피고소인은 결혼하여 처와 자식이 있으면서도 미혼이라고 거짓말하여 고소인과 결혼하겠다고 속이고 성관계를 요구해 2010. 5. 1. 22:00경 서울 송파구 잠실동에 있는 황홀모텔에서 성교하고, 같은 달 6. 20:30경 위 같은 장소에서 성교한 것을 비롯하여 2011. 12. 26.까지 1개월에 5~6회씩 서울과 전국 각지를 돌아다니면서 혼인을 빙자하여 간음했습니다.

3. 피고소인의 사기

---

10) 혼인빙자 간음죄는 2009. 11 .26. 헌법재판소의 위헌 결정으로 폐지하였는데 이를 모르고 고소 내용에 포함시킨 것 같습니다.

2010. 10. 2. 서울 송파구 잠실동에 있는 청아커피숍에서 피고소인은 실업자라 돈을 빌리더라도 이를 변제할 의사나 능력이 없었음에도, 고소인에게 사업상 돈이 급하게 필요한데 3,000만 원을 빌려주면 3개월만 사용하고 이자 500만 원을 포함하여 3,500만 원을 틀림없이 변제하겠다고 거짓말하여 이에 속은 고소인은 피고소인의 말을 진실로 믿고 3,000만 원을 빌려주었습니다. 그러나 약속 날짜가 지나도 돈을 변제하지 않아 고소인이 돈을 달라고 독촉할 때마다 이 핑계 저 핑계 대면서 아직까지 변제하지 않고 있습니다.

4. 피고소인의 강간

위와 같이 고소인을 속이고 빌려간 돈을 변제하지 않아 독촉할 때마다 이 핑계 저 핑계 대면서 거짓말하며 돈을 변제하지 않고 있던 피고소인은 2012. 3. 3. 22:00경 고소인에게 빌려간 돈을 변제하겠다며 서울 송파구 잠실동에 있는 행복호텔 커피숍에서 만나자고 했습니다. 돈을 받을 욕심에 위 약속 장소에 나갔더니 피고소인이 아주 다정한 말로 '그동안 잘 지냈느냐, 무척 보고 싶었다. 우리 다시 시작하면 좋겠다'는 등 엉뚱한 이야기만 하면서 돈 이야기를 하지 않아 돈을 가져왔으면 빨리 달라고 하자, '시간이 오래되어 커피숍 문을 닫을 시간이 되었고 오늘 돈을 주고 나면 서로 만날 날이 없을 테니 근처에 있는 모텔에 가서 하고 싶은 이야기를 다 하고 돈을 주겠다'고 해 행복호텔 근처에 있는 황홀모텔 401호로 갔습니다. 위 모텔로 들어가 피고소인이 침대에 걸터앉더니 우리 옛날로 돌아가 다시 사랑하며 잘 지내자고 하기에 빌려간 돈이나 주고 이야기하자고 했더니 '돈은 무슨 돈이냐, 말을 듣지 않으면 돈을 줄 수 없다'고 하여 '결혼해 놓고 미혼이라고 속이고 몇 년 동안 농락했으면 이제 솔직해지라'고 하면서 돈이나 내놓으라고 했습니다. 그러자 피고소인이 갑자기 고소인을 침대 위에 눕혀놓고 배 위로 올라가 윗옷을 벗기고 강제로 키스를 하면서 바지를 내리려고 했습니다. 그래서 고소인이 절대로 안 된다며 두 발을 꼬고 가슴을 밀어내자 피고소인이 주먹으로 두 발을 치면서 '이 XX년 돈은 무슨 돈이냐, 빨리 옷이나 벗어! 옷을 벗지 않으면 여기서 살아남지 못할 테니 어디 누가 이기는지 해보자'며 계속해서 얼굴을 비롯하여 온몸을 때리고 강제로 바지와 팬티를 벗겨 피고소인의 성기를 고소인의 성기에 삽입하여 강간하고 이 과정에서 고소인은 전치 3주에 해당하는 상처를 입었습니다.

5. 결론

피고소인은 이미 결혼해 배우자와 아들이 있고 아무 직업도 없는 실업자이면서 사업을 하느라 결혼하지 못했다며 고소인에게 결혼하자고 속여 간음하고, 돈을 편취한 후 강간까지 한 파렴치범이니 철저히 조사하여 혼인빙자 간음죄, 사기죄, 강간치상죄 등으로 처벌해 주시기 바랍니다.

첨부 : 진단서 1통.

2012. 3. 10.
위 고소인 이 별 이

서울동부지방검찰청 귀중

진 술 조 서

① 성 명	이별이 (李별이)	② 주민번호	860517-2000000
③ 주 거	서울 송파구 당한동 321 당한빌라 201호		
④ 본 적	전북 부안군 착한면 선하리 911		
⑤ 직 업	무 직	⑥ 연 령	25세	1986. 5. 17. 생
⑦ 전화번호	010-0987-****		

피의자 장강쇠에 대한 사기 등 피의사건에 관하여 2012. 3. 25.

서울동부지방검찰청 327호 검사실에서 임의로 아래와 같이 진술

하다.

1. 저는 위 주거지에서 부모님, 언니 등과 함께 거주하면서 잠실
   에 있는 청아커피숍에서 아르바이트를 하던 중 피고소인 장강
   쇠를 알게 되어 결혼을 약속하고 사귄 사실이 있습니다.
1. 그런데 피고소인은 미혼이라고 속이고 저와 결혼하겠다고 거짓
   말하여 간음하고, 돈을 빌려간 후 빌린 돈을 갚겠다는 핑계로
   강간하여 고소한 사실이 있는데 이에 대하여 물으신다면 사실
   대로 진술하겠습니다.
이때 검사는 위 진술의 취지를 명확히 하기 위해 임의로 다음
과 같이 문답하다.

문 진술인이 이별이인가요

답 네, 제가 장강쇠를 고소한 이별이입니다.

문 이것이 진술인이 제출한 고소장인가요

이때 검사는 2012형 제1035호로 접수된 고소장을 보여준 바,

답 네, 제가 제출한 고소장이 맞습니다.

문 이 고소 내용과 같은 고소장을 다른 수사기관에 제출한 사실이 있는가요

답 없습니다.

문 고소 요지가 무엇인가요

답 피고소인이 저한테 미혼이라고 속여 혼인하겠다는 핑계로 간음하고, 피고소인은 실업자라 돈을 빌리더라도 변제할 의사나 능력이 없으면서 사업상 필요하다며 3,000만 원을 빌려주면 3개월 후에 이자 500만 원을 포함하여 3,500만 원을 변제하겠다고 속여 편취하였습니다. 그리고 빌린 돈을 변제하겠다며 모텔로 데리고 가 강간하여 상해를 입게 했으니 처벌해 달라는 내용입니다.

문 피고소인을 처음 언제, 어디에서 만났는가요

답 2010. 3. 2. 서울 송파구 잠실동에 있는 청아커피숍에서 만났습니다.

문 처음 성관계는 언제, 어디에서 가졌는가요

답 2010. 5. 1. 22:00경 서울 송파구 잠실동에 있는 황홀모텔에서 했습니다.

문　그 후에도 계속 성관계를 가졌는가요

답　2010. 5. 6. 20:30경 위 같은 모텔에서 성교한 후 2011.
　　12. 26. 까지 1개월에 5~6회씩 주로 서울과 경기도에서
　　성관계를 가졌습니다.

문　당시 피고소인이 결혼한 사실을 몰랐는가요

답　피고소인이 사업을 하느라 바빠서 결혼하지 못했다며 저와
　　결혼하겠다고 해 사실로 믿었는데 나중에 알고 보니 결혼
　　했습니다.

문　결혼한 사실을 어떻게 알았는가요

답　2011년 12월 말경에 피고소인이 자기 친구들 모임에 저를
　　데리고 가 저녁을 먹으며 술을 마시는데 한 친구가 술이 취
　　해 피고소인에게 '너는 능력도 좋다. 저렇게 꽃다운 아가씨
　　까지 거느릴 힘과 능력이 있으니'라고 해 제가 우리 곧 결
　　혼할 거라고 했습니다. 그랬더니 그 친구가 피고소인한테
　　언제 이혼했느냐고 하자 눈을 깜박거리면서 그런 말 하지
　　말라는 신호를 보내는 것을 보고 제가 피고소인이 결혼한
　　사실을 눈치챘습니다. 그래서 며칠 후에 피고소인과 단 둘
　　이 있을 때 다 알고 있는 것처럼 따져 물었더니 결혼한 사
　　실을 털어놓아 알게 되었습니다.

문　돈은 언제, 어디에서 빌려주었는가요

답　2010. 10. 2. 서울 송파구 잠실동에 있는 청아커피숍에
　　서 빌려주었습니다.

문	돈을 빌려준 경위를 진술해 보시오
답	피고소인이 저를 처음 만났을 때부터 중국에서 농산물을 수입해 판매하는 무역업을 한다고 해 그런 줄 알고 있었습니다. 그런데 피고소인이 수입품 결제대금이 급히 필요한데 돈이 좀 모자란다며 3,000만 원을 빌려주면 3개월 후에 원금과 함께 이자를 500만 원 준다고 해서 믿고 빌려주었습니다.
문	피고소인이 실제로 무역업을 했는가요
답	무역업은커녕 완전 백수(실업자)였습니다.
문	피고소인이 실업자라는 사실을 어떻게 알았는가요
답	돈을 주기로 약속한 날이 지나도 돈을 주지 않아 피고소인에게 언니한테 부탁해 마이너스 통장에서 찾아 빌려준 돈이니 빨리 갚아야 된다고 하면서 진짜 무역업을 하는지 사무실에 한번 가봐야겠다고 했습니다. 그랬더니 피고소인이 다음에 사무실에 데리고 가겠다고 하더니 이 핑계 저 핑계 대면서 데리고 가지 않고 미루다가 어느 날 자기도 모르게 오랫동안 놀다 보니 힘들다고 했습니다. 그래서 제가 무역업을 한다고 하더니 순 뻥이었다고 하니까 아무 말도 못하고 고개만 숙이고 있어 알게 되었습니다.
문	진술인이 피고소인에게 돈을 빌려준 증거가 있는가요
답	당시에는 피고소인이 미혼이라며 저와 결혼하겠다고 속여 성관계를 하던 사이였기 때문에 전혀 의심하지 않아 차용

증 같은 것은 받지 않았지만 수표로 찾아 주었으니 추적해 보면 알 수 있을 것입니다.

문 강간은 언제, 어디에서 당했는가요

답 2012. 3. 3. 23:00경 서울 송파구 잠실동에 있는 황홀모텔 401호에서 당했습니다.

문 강간을 당한 경위를 진술해 보시오

답 그날 피고소인이 돈을 주겠다며 잠실에 있는 행복호텔 커피숍으로 밤 10시까지 오라고 해 갔더니 아주 다정한 척하면서 '그동안 잘 지냈느냐, 무척 보고 싶었다. 우리 다시 시작하면 좋겠다'는 등 엉뚱한 말만 하면서 돈 이야기를 하지 않아 제가 돈이나 빨리 달라고 했습니다. 그랬더니 피고소인이 '시간이 오래되어 커피숍 문을 닫을 시간이 되었고 오늘 돈을 주고 나면 서로 만날 날이 없을 테니 마지막으로 근처 모텔에 가서 하고 싶은 이야기나 하고 돈을 주겠다'고 해 행복호텔 근처에 있는 황홀모텔로 갔습니다. 모텔로 들어가 피고소인이 침대에 앉더니 '우리 옛날로 돌아가 다시 사랑하며 잘 지내자'고 하기에 빌려간 돈이나 주고 이야기하자고 했더니 '돈은 무슨 돈이냐며 말을 듣지 않으면 돈을 줄 수 없다'고 하는 것입니다. 그래서 너무 어이가 없어 결혼을 해놓고 미혼이라고 속이고 몇 년 동안 농락했으면 이제 솔직해지라고 하면서 빨리 돈이나 내놓으라고 했더니 갑자기 저를 침대 위에 눕혀놓고 강간을 했습니다.

문   왜 그날 피고소인을 밤늦게 만났는가요

답   그날 오전에 피고소인이 저한테 전화를 해 밤 10시까지 나
      오라고 해 왜 그렇게 늦게 만나야 되느냐고 물었습니다. 그
      랬더니 자기한테 돈을 빌려간 친구가 21:30경에 행복호텔
      커피숍으로 돈을 가져오기로 했다면서 그 돈을 받으면 주
      겠다고 해 돈을 받을 욕심으로 밤늦게 만났습니다.

문   그렇다고 모텔을 따라간 것은 좀 이상하지 않은가요

답   피고소인이 마지막으로 하고 싶은 이야기를 하고 돈을 주겠
      다고 해 돈을 받을 욕심에 따라갔습니다.

문   피고소인이 강간할 때 진술인이 반항하지 않았는가요

답   피고소인이 제 배 위로 올라가 윗옷을 벗기고 강제로 키스
      를 하면서 하의를 벗기려고 해 제가 절대로 안 된다며 두 발
      을 꼬고 두 손으로 피고소인의 가슴을 밀며 반항했습니다.
      그랬더니 피고소인이 주먹으로 제 두 발을 치면서 '이 XX
      년 돈은 무슨 돈이야, 빨리 옷이나 벗어! 옷을 벗지 않으면
      여기서 살아남지 못할 테니 어디 누가 이기는지 해보자'며
      계속해서 온몸을 때리고 강제로 바지와 팬티를 벗겨 어떻게
      할 수가 없었습니다.

문   피고소인이 삽입하고 사정을 했는가요

답   네, 삽입하고 사정했습니다.

문   강제로 성교한 시간이 얼마나 되었는가요

답   약 5분 정도 한 것 같습니다.

문   이것이 진술인이 강간당할 때 다쳐 제출한 진단서인가요

이때 검사는 진술인이 제출한 진단서를 보여준 바,

답   네, 제가 제출한 진단서입니다.

문   피고소인이 강간할 때 온몸을 때렸다고 했는데 진단은 왜
      3주밖에 안 나왔는가요

답   제가 강간을 당하고 나서 너무 분해 어떻게 할까 혼자 고민
      하다가 강간당하고 10일 후에 병원에 가서 그랬는지 진단
      이 많이 나오지 않았습니다.

문   지금도 아픈 곳이 있는가요

답   피고소인한테 맞은 허벅지에 아직도 멍 등이 남아 있습니다.

문   피고소인의 처벌을 원하는가요

답   네, 엄벌해 주시면 고맙겠습니다.

문   더 할 말이 있는가요

답   저는 피고소인한테 너무 많이 속았습니다. 결혼해 아들까
      지 있으면서 미혼이라고 속여 간음하고, 하지도 않은 사업
      을 한다는 핑계로 돈을 갚을 마음도 없으면서 사기 치고 강
      간했습니다. 피고소인은 거짓말을 너무 잘하는 사람이니
      철저히 조사해서 처벌해 주시면 고맙겠습니다.

위 조서를 진술자에게 열람하게 하였던 바, 진술한 대로 오기나 증감 변경할 것이 전혀 없다고 말하므로 간인한 후 서명날(무)인 케 하다.

진 술 자 이 별 이
2 0 1 2. 3. 2 5.
서울동부지방검찰청
검   사 조 검 사
검찰주사 한 훈 희

피의자신문조서			
성 명	장강쇠 (張江釗)	주민번호	760111-1000000
	위의 사람에 대한 사기 등		
	피의사건에 관하여 2012. 4. 3.		
	서울동부지방검찰청 327호에서		
	검 사 조 검 사 는(은)		
	검찰주사 한 훈 희 를(을)		
	참여하게 하고 피의자에 대하여 아래와 같이 신문한다.		
문	피의자의 성명, 연령, 주민번호, 직업, 주거, 본적을 말하시오		
답	성명은 장 강 쇠 호주는 본인		
	연령은 35세 생년월일은 1976. 1. 11. 생		
	직업은 무역업		
	직장 전화 번호 02)555-****		
	본적은 경기도 간음군 사기면 강간리 3리		
	주거는 서울 송파구 사기동 654 사기빌라 301호		
	자택 전화번호는 02)654-****, 010-3654-**** 입니다.		

검사는 피의사건의 요지를 설명하고 검사의 신문에 대하여 형사
소송법 제200조의 규정에 의하여 진술을 거부할 수 있는 권리가
있음을 알려준즉 피의자는 신문에 따라 진술하겠다고 대답하다.

문   피의자는 형벌을 받은 사실이 있는가요

답   2004. 4. 14. 서울지방법원동부지원에서 사기죄로 징역 10월을 선고받은 사실이 있고, 2009. 8. 18. 서울중앙지방법원에서 같은 죄명으로 징역 1년에 집행유예 2년을 선고받은 사실이 있습니다.

문   피의자의 학력 및 경력은 어떻게 되는가요

답   시골에서 고등학교를 졸업한 후 서울로 올라와 룸살롱 등에서 약 3년 동안 웨이터로 일하다 군대에 갔다 왔습니다. 그리고 결혼 후 약 5년 정도 여러 가지 사업을 하다가 그만두고 현재는 특별히 하는 일 없이 놀고 있습니다.

문   가족 관계는 어떻게 되는가요

답   처와 아들 1명, 딸 1명이 있습니다.

문   재산 및 월수입은 얼마나 되는가요

답   재산은 처 명의로 된 약 1억 원 상당의 빌라가 있고, 저는 현재 놀고 있기 때문에 월수입이 없으나 아내가 장사를 해 월 200만 원 정도 벌고 있습니다.

문   병역은 마쳤는가요

답   2000년 3월 육군 병장으로 만기 제대했습니다.

문	피의자는 고소인 이별이를 아는가요
답	네, 고소인이 송파구 잠실동에 있는 청아커피숍에서 아르바이트를 할 때 자주 만나 잘 압니다.
문	피의자는 고소인에게 미혼이라고 거짓말한 사실이 있는가요
답	저는 그런 사실이 없습니다.
문	고소인은 피의자가 사업을 하느라 바빠서 결혼을 못했다며 미혼이라고 해 결혼까지 약속했다고 하는데 그런 사실이 없는가요
답	제가 고소인과 성관계를 가진 사실은 있지만 결혼하지 않았다는 말은 하지 않았습니다.
문	그냥 서로 좋아서 성관계를 가졌단 말인가요
답	네, 서로 사랑해서 성관계를 가졌습니다.
문	처음 언제, 어디에서 성교했는가요
답	2010. 5. 1. 22:00경 송파구 잠실동에 있는 황홀모텔에서 처음 성관계를 갖고, 두 번째는 같은 달 6일 20:30경 위 황홀모텔에서 성교한 것을 비롯하여 2011. 12. 26.까지 1개월에 5~6회씩 성관계를 했습니다.
문	피의자는 고소인으로부터 돈을 빌린 사실이 있는가요
답	네, 그런 사실이 있습니다.
문	언제, 어디에서, 얼마를 빌렸는가요
답	2010. 10. 2. 서울 송파구 잠실동 소재 청아커피숍에서 3,000만 원을 빌렸습니다.

문   무슨 명목으로 빌렸는가요

답   사업상 자금이 급히 필요하여 3,000만 원을 빌려주면 3개월만 사용하고 이자를 500만 원 주겠다고 하여 빌렸습니다.

문   당시 피의자는 무슨 사업을 하고 있었는가요

답   중국에서 참깨, 고추 등 농산물을 수입해서 팔고 우리나라에서 옷을 사 중국에 파는 무역업을 했습니다.

문   고소인한테 빌린 돈을 변제했는가요

답   변제하지 못했습니다.

문   왜 변제하지 못했는가요

답   사업이 어려워 갚지 못했습니다.

문   피의자는 무역업을 언제부터 언제까지 했는가요

답   2007년 3월경부터 2011년 10월까지 했습니다.

문   고소인은 피의자가 실업자였다고 하는데 왜 거짓말을 하는가요

답   아닙니다. 고소인이 제가 사업하는 것을 보지 못했기 때문에 실업자라고 하는지 몰라도 저는 실제로 사업을 했습니다.

문   사업이 어려웠던 이유는 무엇인가요

답   TV에 중국산 농산물이 가격은 싸지만 맛이 없고 농약을 많이 쳐 건강에 좋지 않다고 보도되는 바람에 팔리지 않아 어려웠습니다.

문   고소인은 피의자가 사업을 하지 않았다고 하는데 왜 자꾸 거짓말을 하는가요

답 아닙니다. 제가 강동구 길동에 사무실을 내고 실제로 무역업을 했습니다.

문 피의자가 사업을 했다는 증거가 있는가요

답 친구가 하는 사업자등록증을 빌려서 했기 때문에 제가 직접 무역업을 한 증거는 없습니다.

문 친구한테 사업자등록증을 빌려서 사업을 한 이유가 무엇인가요

답 사업자등록증을 내기가 귀찮아서 그랬습니다.

문 피의자는 사업을 하지 않아 능력도 없으면서 고소인과 성교한 것을 빌미로 돈을 갚을 마음도 없이 빌린 것이 아닌가요

답 갚을 마음도 없이 빌린 것은 절대 아닙니다. 당시 중국산 농산물이 맛이 없고 농약을 많이 쳐 몸에 좋지 않다는 뉴스가 나오는 바람에 사업이 어려워 갚지 못했습니다.

문 당시 피의자의 월수입이나 재무 상태는 어떠했는가요

답 처음에는 월 평균 500만 원 정도 벌어 재무 상태가 좋았는데 그 뉴스가 나온 후로는 사업이 어려워 거의 적자였습니다.

문 그러한 뉴스가 언제 나왔는가요

답 2010년 6월 중순경에 나왔습니다.

문 그렇다면 피의자는 고소인에게 돈을 빌리더라도 변제할 능력이 없었던 것 같은데 어떤가요

답 돈을 변제하기가 어려웠던 것은 사실이지만 사업이 잘되면

갚을 수 있었습니다.

문 피의자는 고소인을 상대로 강제로 성교한 사실이 있는가요

답 저는 그런 사실이 없습니다.

문 피의자는 2012. 3. 3. 23:00경 고소인과 성교한 사실이 있는가요

답 그날 성교한 사실은 있지만 강제로 성교한 것은 아닙니다.

문 그날 어디에서 성교했는가요

답 서울 송파구 잠실동에 있는 황홀모텔에서 했습니다.

문 고소인과 성교한 경위를 진술해 보시오.

답 고소인이 제가 빌린 돈을 갚으라며 수시로 전화를 하고 문자메시지를 보내 너무 마음이 힘들고 미안했습니다. 그렇다고 당장 돈을 갚을 능력이 되지 않아 어떻게 할 수가 없어 고소인에게 양해를 구하고 제가 일을 해서 돈을 벌면 갚을 생각으로 그날 10시경 황홀모텔 근처에 있는 행복호텔 커피숍에서 고소인을 만나 앞으로 열심히 노력해서 올해 안에 갚을 테니 시간을 달라고 했습니다. 그랬더니 고소인이 저한테 사기꾼이라고 하면서 무조건 돈을 내놓으라고 해 제가 지난날의 정을 생각해서 6개월만 기다려 주면 꼭 약속을 지키겠다고 했더니 고소인이 그때까지 돈을 줄 수 있느냐고 해 이번에는 실수하지 않고 틀림없이 갚겠다고 했습니다. 그리고 지난날 같이 지내던 이야기를 하자 고소인이 화가 풀렸는지 다정하게 대해줘 이런저런 이야기를 하다 보니

커피숍이 문을 닫을 시간이 되었습니다. 그래서 고소인에게 우리 지난날처럼 모텔에 가서 한번 하고 가자고 했더니 안된다고 하면서도 눈치가 싫어하는 것 같지 않아 자연스럽게 같이 가서 성교하게 된 것입니다.

문 고소인은 피의자가 돈을 갚겠다고 해 행복호텔 커피숍으로 갔는데 피의자가 엉뚱한 이야기만 하면서 돈 이야기를 하지 않아 돈을 빨리 달라고 하자 근처에 있는 모텔에 가서 마지막으로 하고 싶은 이야기를 다 하고 돈을 주겠다고 해 따라갔다가 강간을 당했다고 하는데 아니란 말인가요

답 저는 절대로 강제로 성관계를 갖지 않았습니다.

문 고소인에 의하면 황홀모텔에 들어가 피의자가 침대에 앉자마자 '우리 옛날로 돌아가 다시 사랑하며 잘 지내자'고 해 빌려간 돈이나 주고 이야기하자고 하니까 피의자가 '돈은 무슨 돈이냐 말을 듣지 않으면 돈을 줄 수 없다'고 해 고소인이 결혼했으면서 미혼이라고 속이고 농락했으니 돈이나 내놓으라고 하자 강제로 옷을 벗기고 강간했다고 하는데 왜 거짓말을 하는가요

답 아닙니다. 그날 모텔에 들어가 평소에 하던 대로 각자 옷을 벗고 제가 먼저 샤워한 후 고소인도 샤워하고 나와 침대에서 성관계를 가졌습니다.

문 고소인의 옷을 강제로 벗기거나 때리지 않고 서로 좋아 성교했단 말인가요

답 네, 서로 좋아 성관계를 가졌습니다.

문 고소인이 모텔에서 돈 이야기를 하지 않던가요

답 제가 빌린 돈을 꼭 갚을 테니 걱정하지 말라고 하니까 고소인이 알았다는 듯이 고개를 끄덕이고 더 이상 돈 이야기는 하지 않았습니다.

문 고소인에 의하면 피의자가 자신을 침대 위에 눕혀놓고 몸 위에 올라가 윗옷을 벗기고 강제로 키스하면서 바지를 내리려고 해 두 다리를 꼬고 절대로 안 된다며 반항했다고 하는데 그런 사실이 없는가요

답 저는 그런 사실이 없습니다.

문 고소인은 피의자가 주먹으로 다리를 때리고 '이 XX년 돈은 무슨 돈이야, 빨리 옷이나 벗어! 옷을 벗지 않으면 여기서 살아남지 못할 테니 어디 누가 이기는지 해보자'며 계속해서 얼굴을 비롯하여 온몸을 구타하고 강제로 바지와 팬티를 벗긴 후 강간했다고 하는데 아니란 말인가요

답 고소인이 왜 그런 주장을 하는지 모르지만 저는 절대로 강제로 성관계를 갖지 않았습니다.

문 고소인은 피의자한테 강간을 당하면서 다쳐 진단서까지 제출했는데 왜 거짓말을 하는가요

이때 검사는 고소인이 제출한 진단서를 보여준 바,

답 저는 그런 사실이 없는데 고소인이 어떻게 진단서를 발급받았는지 모르겠습니다.

문	그럼 피의자는 고소인이 강간을 당하지 않았는데 허위로 진단서를 발급받아 고소했다고 생각하는가요
답	제 입장에서는 그렇게 생각이 듭니다.
문	피의자의 주장대로 고소인이 피의자가 좋아 성교했다면 피의자한테 강간을 당했다고 할 이유가 없지 않은가요
답	저도 그 이유를 모르겠습니다.
문	고소인과 성교 후 어떻게 했는가요
답	평소대로 잠시 이야기하다가 각자 옷을 입고 같이 나왔습니다.
문	밖에 나와서 바로 헤어졌는가요
답	아닙니다. 제가 택시를 잡아 고소인을 태우고 고소인의 집에 데려다주고 저는 제 집으로 갔습니다.
문	피의자는 지금까지 사실대로 진술했는가요
답	네, 사실대로 진술했습니다.
문	피의자에게 유리한 증거나 더 할 말이 있는가요
답	서로 좋아 성관계를 했는데 왜 강간을 당했다고 주장하는지 이해가 되지 않습니다.

위 조서를 진술자에게 열람하게 하였던 바, 진술한 대로 오기나 증감 변경할 것이 전혀 없다고 말하므로 간인한 후 서명날(무)인 케 하다.

진 술 자   장 강 쇠
2 0 1 2.   4.   3.
서울동부지방검찰청
검   사   조 검 사
검찰주사   한 훈 희

	피의자신문조서 (제2회 대질)		
성 명	장강쇠 (張江釗)	주민번호	760111-1000000

위의 사람에 대한 강간치상 등

피의사건에 관하여 2012. 4. 10.

서울동부지방검찰청

검   사   조 검 사 는(은)

검찰주사   한 훈 희 를(을)

참여하게 하고 피의자에 대하여 다시 진술 거부권이 있음을 알린

즉 신문에 따라 진술하겠다고 대답하다.

문   피의자는 전회에 사실대로 진술했는가요
답   네, 모두 사실대로 진술했습니다.
문   피의자는 강동구 길동에 사무실을 내고 무역업을 했다고
     했는데 사실인가요
답   네, 사실입니다.
문   피의자는 정말로 무역업을 했는가요
답   지난번에 말씀드린 대로 친구의 사업자등록증을 빌려 중국
     을 오가며 무역업을 했습니다.
문   고소인에 의하면 피의자가 오랫동안 놀다 보니 힘들다고 한

사실이 있다고 하는데 왜 거짓말을 하는가요

답   저는 그런 말을 한 사실이 없습니다.

문   고소인에게 물어봐도 좋은가요

답   네, 좋습니다.

이때 검사는 대기실에 있는 고소인을 불러 피의자의 옆에 앉게 한 후,

문   진술인이 이별이인가요

답   네, 제가 이 사람을 고소한 이별이입니다.

문   피의자는 진술인에게 오랫동안 놀다 보니 힘들다고 한 사실이 없다고 하는데 어떻게 생각하는가요

답   피의자가 돈을 빌려갈 때 3개월 후에 갚겠다고 해놓고 약속을 지키지 않고 여러 번 독촉해도 변제하지 않아 '무역업을 한다고 하더니 순 거짓말쟁이'라고 하자 아무 말도 못하고 고개만 숙이고 있었고, 그 후에도 본의 아니게 오랫동안 실업자가 되어 힘들다는 말을 자주 했습니다.

이때 검사는 다시 피의자에게,

문   고소인의 말을 잘 들었는가요

답   잘 들었는데 저는 실업자라고 한 사실이 없고 단지 사업이 힘들다고 한 사실이 있을 뿐입니다.

문   언제부터 사업이 힘들었는가요

답   고소인한테 돈을 빌릴 시점부터 힘들었습니다.

문   그럼 변제할 능력도 없이 고소인에게 돈을 빌린 것인가요

답 변제할 능력이 없는 상태에서 돈을 빌린 것은 사실이지만 사업이 잘되면 갚으려고 했는데 사업이 잘되지 않아 변제하지 못했을 뿐입니다.

이때 고소인이 할 말이 있다고 해 다시 진술인에게,

문 할 말이 무엇인가요

답 피의자가 정말로 사업을 했다면 증거를 제출하라고 해주세요. 피의자는 입만 열면 거짓말을 하는 사람입니다. 피의자 때문에 저와 언니가 매우 큰 고통을 받고 있습니다.

이때 검사는 다시 피의자에게,

문 피의자는 친구의 사업자등록증을 빌려 사업을 했다고 했는데 친구 명의로 세금을 납부한 내역서 등을 제출할 수 있겠는가요

답 친구가 일이 있어 미국에 갔기 때문에 지금은 제출할 수 없고 다음에 친구가 돌아오면 제출하도록 하겠습니다.

이때 고소인이 '저렇게 뻥을 잘 친다니까, 핑계 대는 데는 아주 선수야!' 라고 하다.

문 피의자는 2012. 3. 3. 고소인에게 빌린 돈을 변제하지 못해 고소인에게 양해를 구하고 일을 해서 돈을 벌면 갚을 생각으로 행복호텔 커피숍에서 고소인을 만났다고 했는데 사실인가요

답 네, 사실입니다.

문 그리고 서로 좋아서 황홀모텔에서 성관계를 했다고 했지요

답　네, 그렇습니다.

이때 검사는 다시 고소인에게,

문　피의자의 주장을 어떻게 생각하는가요

답　피의자는 말도 안 되는 소리를 하고 있습니다. 그날 피의자
　　가 저한테 빌려간 돈을 갚겠다며 행복호텔 커피숍으로 나오
　　라고 해서 갔는데, 마지막으로 모텔에 가서 이야기나 하고
　　돈을 준다고 해 따라갔다가 강간을 당했습니다.

문　피의자가 진술인을 강간했다는 증거가 있는가요

답　제가 제출한 진단서가 있지 않습니까. 제가 이 사람한테
　　맞고 강간을 당했기 때문에 진단서를 발급받은 것인데 그
　　것이 증거지 뭐가 증거란 말입니까. 그리고 저는 이 사람
　　이 너무나도 파렴치한이라는 생각이 들어 2012년 초부터
　　는 아예 만나지 않았는데 돈을 준다고 해 만났다가 이런
　　일을 당했습니다. 상식적으로도 유부남이 미혼이라고 속
　　여 간음하고 사업상 필요하다며 거짓말하고 사기를 쳐 고
　　통을 받고 있는데 무슨 미련이 있어 유부남과 성관계를
　　갖겠습니까.

이때 검사는 다시 피의자에게,

문　피의자는 고소인의 진술을 잘 들었는가요

답　잘 들었는데 제가 돈을 변제하지 못해 고통을 받는 것은 인
　　정하지만 강간은 하지 않았습니다.

문　고소인은 피의자한테 강간을 당했다며 진단서까지 제출했

는데 강간한 사실이 없다고 할 것인가요

답   진단서야 다른 일로 다쳐도 발급받을 수 있는 것인데 진단
      서를 발급받았다고 해서 그것이 꼭 강간한 증거라고 할 수
      없지 않습니까. 저는 너무나도 억울합니다.

문   그럼 고소인이 허위로 진단서를 발급받았단 말인가요

답   저는 허위로 진단서를 발급받았는지 알 수 없지만 혹 성관
      계 과정에서 제가 흥분하여 애무를 진하게 하다가 찰과상
      정도는 입힐 수 있다고 생각합니다만 강간하기 위해 때린
      사실은 없습니다.

이때 검사는 다시 고소인에게,

문   피의자의 주장을 어떻게 생각하는가요

답   피의자는 툭하면 거짓말을 하며 자신을 합리화하는 사람
      입니다. 애무를 하다가 진단이 3주나 나올 수 있나요. 지
      금도 허벅지에 약간의 멍이 남아 있는데 계속 부인하면
      절대로 합의하지 않을 테니 철저히 조사해 진실을 밝혀
      주시기 바랍니다. 그리고 만약 피의자가 계속 거짓말을 하
      면 언니가 당한 일까지 고소해 감방에서 못 나오게 할 생
      각입니다.

문   피의자와 언니 사이에 무슨 일이 있었는가요

답   피의자가 언니를 속이고 성관계한 사실이 있는데 이 사건이
      끝나면 언니가 고소하기 위해 준비하고 있으므로 피의자가
      계속해서 거짓말을 하면 언니한테 바로 고소장을 제출하라

고 할 생각입니다.

문 피의자와 언니 사이에 있었던 일을 지금 이야기할 수 없는
가요

답 언니가 이 사건이 끝나기 전에는 자기 프라이버시 문제라며
절대로 남한테 말하지 말라고 했기 때문에 말씀드리기 곤
란합니다.

이때 검사는 다시 피의자에게,

문 피의자는 고소인이 강간을 당했다며 진단서까지 제출했는
데 계속해서 서로 좋아 성교했다고 할 것인가요

답 (이때 피의자는 한참 동안 말을 하지 않고 있다가) 제가 잘
못했습니다.

문 무엇을 잘못했는가요

답 제가 고소인한테 사업을 한다고 속여 돈을 빌리고 강간한
행위 등을 잘못했습니다.

문 그럼 고소인의 주장을 모두 인정한단 말인가요

답 네, 모두 인정합니다.

문 피의자는 고소인의 언니를 강간한 사실이 있는가요

답 아닙니다. 절대로 그런 사실이 없습니다.

문 고소인의 언니와 구체적으로 무슨 일이 있었는지 모르겠지
만 피의자는 그 일 때문에 할 수 없이 잘못을 인정한다고
하는 것이 아닌가요

답 아닙니다. 제가 진심으로 잘못을 뉘우치고 인정하는 것입

니다.

이때 검사는 고소인이 제출한 고소장을 읽어보게 한 후,

문   고소인이 제출한 고소장 내용 전체를 인정하는가요

답   네, 모두 인정하고 죗값을 달게 받겠습니다.

문   지금까지 계속해서 혐의를 부인하다가 갑자기 고소인의 주
     장을 인정한다고 하는 특별한 이유가 있는가요

답   고소인이 설마 진단서를 발급받아 고소하리라고는 생각하
     지 못했는데 진단서를 보니 제가 더 이상 거짓말을 해도 소
     용 없을 것 같아 사실대로 진술하는 것입니다.

문   피의자는 고소인의 언니와의 문제 때문에 할 수 없이 범죄
     사실을 인정하는 것이 아닌가요

답   아닙니다. 제가 잘못했기 때문에 인정하는 것입니다.

문   고소인에게 무역업을 하고 있다고 하면서 돈을 빌린 것도
     거짓말인가요

답   네, 모두 거짓말입니다.

문   고소인에게 빌린 돈을 어디에 사용했는가요

답   일부는 용돈으로 쓰고 일부는 경마장을 다니며 썼습니다.

문   더 할 말이 있는가요

답   다시는 이런 짓을 하지 않도록 하겠습니다.

이때 검사는 다시 고소인에게,

문   피의자의 처벌을 원하는가요

답   네, 처벌해 주세요.

문   본 사건과 관련하여 추가로 제출할 증거나 더 할 말이
      있는가요

답   저와 언니가 이 사람 때문에 너무나도 큰 상처를 입었습
      니다.

위 조서를 진술자에게 열람하게 하였던 바, 진술한 대로 오기나 증감 변경할 것이 전혀 없다고 말하므로 간인한 후 서명날(무)인 케 하다.

                   진 술 자   장 강 쇠
                             이 별 이
                   2 0 1 2.   4.   10.
                   서울동부지방검찰청
                   검   사   조 검 사
                   검찰주사   한 훈 희

조 사 후 기

　이 사건을 읽어본 독자들 중에는 어떻게 이런 일이 있을 수 있을까 하고 의아하게 생각하는 분도 있을 거라고 생각합니다. 그러나 실제로 우리가 생각하지 못하는 의외의 사건이 많이 일어납니다.

　장강쇠와 이별이의 언니 이송화의 관계는 조사를 마친 후 이별이를 설득해서 들은 내용입니다. 처음에는 언니가 절대로 이야기하지 말라고 했다며 말하지 않으려고 해, 아무에게도 말하지 않고 본인이 문제 삼기 전에는 절대로 조사하지 않을 테니 걱정하지 말라고 설득해서 그 내용을 들을 수 있었습니다. 수사기관에서 일하는 사람은 범죄에 대한 냄새(?)를 맡으면 어떻게든 확인해서 처벌할 수 있으면 처벌하고 싶어 하는 기질 같은 것이 있기 때문에 그 내용을 꼭 듣고 싶었습니다. 그리고 솔직히 어떤 내용인지 궁금하기도 했습니다.

　장강쇠를 구속하여 재판을 받도록 기소한 지 며칠이 지나 이별이가 장강쇠에 대한 고소 취소장과 그의 처벌을 원하지 않는다는 내용의 탄원서를 작성하여 가지고 왔습니다. 처음에는 장강쇠가 오랫동안 감옥에서 썩기를 바랐는데 장강쇠의 부인이 자식을 데리고 찾아와 장강쇠 대신 용서를 빌고, 장강쇠도 구치소에서 잘못했다는 내용의 편지를 보내와 마음이 아파 고민하다가 장강쇠의 부인과 합의한 후 고소 취소장과 탄원서를 써왔다는 것입니다. 그래서 장강쇠가 기소되어 사건이 법원에 있으니 탄원서와 고소 취소장을 법원에 제출하라고 안내해 준 후 다른 사건에 파묻혀 이 사건을 잊고 있었는데 어느 날 장강쇠가 석방되어 검찰청으로 필자를 찾아왔습니다. 가끔 필자한테 조사를 받은 사람 중에 인간적으로 잘 대해줘 고맙다며 처벌을 받고도 찾아오는 사람이 있긴 하지만 생각지도 않은 장강쇠가 찾아온 것입니다. 그래서 처음에는 조사에 대해 불만을 품고 항의하려고 찾아왔는가 하고 경계했습니다. 그런데 자기가 구치소에서 구금되어 있어 보니 정말 큰 죄를 지었다는 생각이 들고 이별이가 언니와의 관계를 말했는데도 더 이상 수사를 확대하지 않고 덮어줘 너무 고맙다는 인사를 하러 왔다는 것입니다. 그래서 필자가 "당신이 불구라서 일을 할 수 없다고 해도 나쁜 짓을 해서는 안 되지만 멀쩡한 사람이 나쁜 짓을 하면 더더욱 안 된다. 우리나라가 아무리 불평등이 심하고 기득권 세력이 모든 것을 움켜쥐고 있어 서민들이 벌어먹고 살기 힘들다고 해도 건강하여 일을 할 수 있다면 먹고 살 수 있는 길이 있다는 것만으로도 좋은 나라라고 생각한다. 그러니 앞으로는 떳떳하게 일하고 좋은 일을 하며 살아가라"고 했습니다. 그랬더니 좋은 말을 해줘 고맙다고 눈물을 흘리며 다시는 죄를 짓지 않고 열심히 살아가겠다고 했습니다. 필자는 장강쇠가 돌아간 후 속으로 어떻게 저런 사람이 이런 죄를 지을 수 있을까 하고 생각하면서 "사람은 원래 선한가, 아니면 악한가" 하고 인간의 본성에 대해 많은 생각을 했습니다.